CTRL0005

COMUNICACIÓN EN LENGUA CASTELLANA PARA EL EMPLEO. NIVEL 2

CTRL0005

COMUNICACIÓN EN LENGUA CASTELLANA PARA EL EMPLEO. NIVEL 2

Mª Del Mar Alique Pérez

La ley prohíbe
fotocopiar este libro

CTRL0005 - COMUNICACIÓN EN LENGUA CASTELLANA PARA EL EMPLEO. NIVEL 2
© Mª Del Mar Alique Pérez
© De la edición: Ra-Ma 2024

Editado por:
RA-MA Editorial
Calle Jarama, 3A, Polígono Industrial Igarsa
28860 PARACUELLOS DE JARAMA, Madrid
Teléfono: 91 658 42 80
Fax: 91 662 81 39
Correo electrónico: editorial@ra-ma.com
Internet: **www.ra-ma.es** y **www.ra-ma.com**
ISBN: 978-84-1036-087-7
Depósito Legal: M-26016-2024
Maquetación: Antonio García Tomé
Diseño de Portada: Antonio García Tomé
Filmación e Impresión: Safekat
Impreso en España en noviembre de 2024

A mi familia

Índice

1 Comunicación y lenguaje

Una de las bases en que se sostiene toda sociedad es la **comunicación**, es decir, el **proceso por el que se transmite una información**: *la sirena de una ambulancia, un perro que ladra...* Estos son ejemplos de **actos de comunicación** que se desarrollan diariamente y que, a menudo, pasan inadvertidos, pero son indispensables en cualquier sociedad puesto que su objetivo es establecer un contacto que permita la **relación** entre individuos.

1.1 NATURALEZA Y ELEMENTOS DE LA COMUNICACIÓN

1.1.1 LA COMUNICACIÓN, FUNDAMENTO DE LA VIDA SOCIAL

El funcionamiento de todas las sociedades animales y humanas es posible gracias a la **comunicación**. Esta consiste en un acto mediante el cual **un individuo establece con otro un contacto que le permite transmitirle una información**. *Un león ruge* porque otro ha invadido su territorio y con su rugido amenaza al invasor y previene a su familia, *el locutor* que por televisión informa de las noticias, realizan actos de comunicación, pero fuera del mundo animal y humano también se producen fenómenos de comunicación, así, el *termostato* que regula la temperatura de una habitación, cuando esta baja, ordena al sistema de calefacción que se ponga en marcha.

Para que exista **comunicación**, hace falta una serie de **elementos** que intervienen en mayor o menor medida sobre el proceso: **emisor, mensaje, receptor, canal, código** y **situación**.

1.1.2 LA COMUNICACIÓN HUMANA

Se establece de manera principal mediante el **lenguaje oral** o **escrito**, pero no exclusivamente, en efecto, la comunicación puede establecerse por medios estrictamente **visuales** (*señales de circulación, dibujos, lenguaje de sordomudos, banderas, etc.*); **táctiles** (*sistema Braille, presiones con la mano o con el pie*); **sonoros** pero no lingüísticos (*palmadas, el timbre del final de la clase, etc.*); **olfativos** (*un perfume que evoca un recuerdo especial*), etc.

1.1.3 ELEMENTOS QUE INTERVIENEN EN LA COMUNICACIÓN

Todo acto de comunicación se produce necesariamente entre una persona (o varias) que actúa como **EMISOR**. Se han de diferenciar **dos tipos** de emisores: la **fuente** y el **transmisor**, es decir, emisor real y emisor virtual. El **emisor real** o **fuente** es el **origen del acto de comunicación**, donde se produce el proceso de creación del mensaje; el **emisor virtual** o **transmisor** es el que **ejecuta la operación de transmitir** el mensaje una vez que se ha codificado.

El mensaje del emisor llega a un destinatario (o varios) que actúa como **RECEPTOR**, igualmente que sucede con el emisor, existen **receptores virtuales** *(si en un cartel publicitario, el emisor virtual transmitiera el mensaje a otro personaje que pudiera aparecer en el anuncio, este sería solo un receptor virtual)* y **receptores reales** *(serían los espectadores, que son los **verdaderos destinatarios** del mensaje).*

En la **relación** del **Emisor** y el **Receptor** hay **tres circunstancias** que **condicionan** la comunicación:

1. La **intención comunicativa** *(un médico no tiene la misma intención comunicativa con sus colegas que con su hijo).*

2. Las **presuposiciones**. El **conocimiento del mundo** por parte de cada uno de los interlocutores –*experiencias, informaciones, sensaciones* - cuanto mayor sea el conocimiento de la realidad que comparte el Emisor y el Receptor, más presuposiciones se darán y, por ello, más simple será el acto comunicativo.

3. La **competencia comunicativa.** El **conocimiento** que el Emisor y el receptor tienen del **código** empleado en la comunicación. Cuanto menor sea el conocimiento del código por parte de alguno de los interlocutores, más limitado estará el proceso comunicativo.

Existen, además, **otros elementos** que intervienen en un acto de comunicación:

■ El **MENSAJE** es el **contenido de las informaciones** que el emisor envía al receptor: *significado de la luz roja* (no pase) del semáforo, etc. Para que un **mensaje** sea **comprendido perfectamente** ha de ser **interpretado** dentro del **proceso global de comunicación**: *las intenciones del emisor, las características individuales y sociales del emisor y del receptor, el medio empleado para transmitir el mensaje, la situación en que se produce.* Estos elementos y otros son imprescindibles para elaborar e interpretar correctamente un mensaje. ***Un disparo*** *es diferente en el juez que da salida en una carrera que el de un policía que quiera dar el alto a un delincuente.*

■ El **CANAL** es la **vía** (*medio*) por la cual **circula** el **mensaje**: aire, *en el mensaje del hablante al oyente; aire y ondas hertzianas en mensaje radiofónico, etc.* El canal sirve de enlace entre el Emisor y el Receptor. Los canales pueden ser **naturales**, empleados en la comunicación cuando apenas hay distancia entre el Emisor y el Receptor (*aire, tacto*) o **artificiales**, cuando hay condiciones de espacio y tiempo entre Emisor y Receptor (*teléfono, correo*).

Además del mensaje, **otros elementos de la comunicación están condicionados por el canal**: la *relación* entre Emisor y Receptor, que puede facilitar el intercambio de papeles – **bidireccional** -, o solo permitir la comunicación en un sentido – **unidireccional**-; la *situación* en que se desarrolla la comunicación, y, primordialmente, la *forma del código* empleado: *lenguaje escrito en una carta, lenguaje oral en una conversación.*

■ El **CÓDIGO** es un conjunto limitado y moderadamente extenso de **signos**, que se combinan mediante ciertas reglas conocidas por el Emisor y el Receptor. En el **lenguaje**, el código está formado por **fonemas** (o **letras**, si es escrito), **morfemas, palabras** y **reglas sintácticas**. *En el semáforo, el código está formado por tres signos, correspondientes a sus tres luces de colores, etc.*

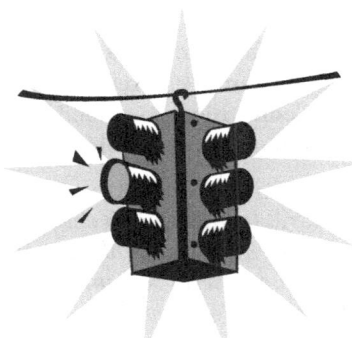

El **signo** se podría definir como un **elemento que suple a otro** y por esta unidad, adquiere un **significado**, una **información** relacionada con la realidad a la que se refiere.

El signo se estructura en **tres partes**:

■ **Significante** o parte física y perceptible del signo.
■ **Significado** o parte conceptual del signo. Es la imagen mental que se asocia al significante.
■ El **referente** o realidad a la que hacen referencia el significante y el significado.

Los **signos** pueden **clasificar en**:

1. Clasificación **según los sentidos de percepción**. *Táctiles, gustativos, olfativos, visuales y auditivos.*

2. Otra clasificación es la de **signos naturales** (*carácter natural*), no hay intención por parte del Emisor: *el humo que sugiere que hay fuego*. Estos signos naturales se denominan **indicios**. A veces pueden producirse artificialmente para adquirir un significado diferente: *humareda blanca o negra para indicar en un cónclave el resultado de la votación*) y **artificiales** (*creados específicamente para transmitir una información*). Se caracterizan por ser **arbitrarios** y **convencionales**: no hay ninguna relación que justifique la asociación de los signos con los conceptos a los que se refieren y son utilizados por acuerdo de ciertos colectivos.

3. La última clasificación está en la **relación que guardan con el referente**. **Iconos**: tienen alguna semejanza con el objeto que representar (*fotografía, retrato, un mapa a escala real...*). **Símbolos**: no tienen ninguna relación con su referente, son arbitrarios y convencionales (*banderas que representas un país o la escritura*).

EMISOR	MENSAJE	RECEPTOR
	CANAL	
	CÓDIGO	
CONTEXTO		

Por fin, el **CONTEXTO**. Es la **situación** en que el emisor y el receptor se encuentran y que permite en muchas ocasiones interpretar correctamente el mensaje. El contexto es, además, el **conjunto de factores lingüísticos y extralingüísticos** (**entorno** –*circunstancias espaciales y temporales* -) que influyen en el comunicación. Así, un mensaje como *"la hora" comunica cosas diversas, dicho por una madre a un hijo, para despertarlo; por el profesor a los alumnos en una clase; señalar el reloj, etc.* Las **circunstancias** que **rodean** al acto de **comunicación** pueden **hacerlo** mucho **más complejo**. *Un pañuelo blanco no dice lo mismo en una plaza de toros que en un vehículo sonando el claxon.*

Hay que tener en cuenta otro factor situacional, el **marco**, que es la **tipología del texto** en que se realiza el acto comunicativo **y** el **modo de expresión empleado** para llevarlo a cabo: *variedades textuales, lenguaje oral o escrito, formas de elocución, etc. Me han quedado las "Mates"*, este mensaje es aceptable en tanto que pertenece a una conversación oral; *se casaron, comieron perdices y fueron felices*, mensaje aceptado dentro de un marco narrativo y literario: un cuento infantil.

Por último, otro factor situacional concluyente es la **relación entre los interlocutores**. Según sea esta (*social, familiar, coloquial, institucional*) así será el **tono** del mensaje. *Una persona no se comunica igual con su jefe que con sus amigos.* Dependiendo de esta relación entre interlocutores, cambiará la forma de expresar los menajes y cambiará en consecuencia su **registro comunicativo.**

1.1.4 LA INFORMACIÓN

Un mensaje comunica información. La **información** es la transmisión de algo que desconoce el receptor.

La cantidad de información que comunica un mensaje puede medirse a raíz de los trabajos realizados por el investigador norteamericano **Claude Shannon**.

Para medir cualquier cosa se necesita una unidad. Las unidades que se utilizan para medir la cantidad de información se denominan en inglés **bits** (binar y digits "cifras binarias"); en español las llamamos **bites**.

El **bite** es la cantidad de información que transmite un mensaje, cuando, en aquella situación, solo dos mensajes son posibles, y ambos con idéntica probabilidad de aparición.

Igualmente, ante la pregunta *¿viene hoy la tía?*, solo caben dos mensajes por parte de nuestro interlocutor: sí o no.

Supongamos ahora que a nuestro interlocutor le realizan un contrato de trabajo, si le preguntamos *¿por cuánto tiempo?*, las respuestas o mensajes pueden ser distintos, por lo tanto, la información aportada por cada uno de esos mensajes, **es mucho mayor** que sí o no como en el caso anterior, Sí o no solo aportan un bite de información; en cambio la respuesta a el tiempo del contrato aporta más bites de información a quien ha realizado la pregunta.

1.1.5 MEDIOS DE COMUNICACIÓN

Hay que recordar, que a lo largo de la historia, el ser humano ha abierto, diversos sistemas para **acumular** como para **divulgar** información. Si las primeras formas de comunicación requerían la proximidad física, con el tiempo la **escritura**, y después, la **imprenta** permitieron el intercambio a distancia.

Los **MEDIOS DE COMUNICACIÓN** (*periódicos, revistas, radio y televisión*) tienen gran importancia en la actualidad como **fuentes de información**. Suelen tratar **temas de actualidad** por medio de **exposiciones sencillas, de carácter didáctico y dirigidas a un público no especializado.** Su desventaja es la **fugacidad** de la información que transmiten y la **superficialidad** del proceso de algunos temas por la inmediatez que solicita la elaboración informativa.

Más actualmente, los **avances tecnológicos** han facilitado la transmisión de contenidos a gran número de personas, en cualquier parte del mundo, así, han surgido los **MEDIOS DE COMUNICACIÓN SOCIAL**.

 **¿SABÍAS QUE...?**

Llamamos medios de **comunicación social** o de **grandes masas** a los medios **impresos** (periódicos, revistas, folletos), **medio radiofónico** (radio), los medios **audiovisuales** (televisión, cine) y **digitales** (Internet).

Los medios de comunicación (o, como en inglés se llaman, *mass media*) poseen una capital importancia para el idioma.

Tienen una **función positiva**: la de contribuir a la **nivelación idiomática del país**, difundiendo el estándar por todo él. Los medios de comunicación pueden resultar sumamente beneficiosos para que cualquier persona adquiera un nivel idiomático aceptable.

Los medios de comunicación, además, de acumular y divulgar información, **otras veces** se convierten en vehículos de **formas expresivas muy deficientes**, **y** sobre todo, en vías de **penetración de extranjerismos**, entre estos destacan los **anglicismos**; las más importantes agencias informativas del mundo emiten las noticias en inglés; si se traducen rápidamente y sin cuidado, se filtran a los medios palabras y giros no españoles, otras veces son errores por mero desconocimiento de nuestra lengua.

En general, los **efectos** de los medios de comunicación sobre el idioma son **más beneficios que negativos** pero se deben evitar sus defectos.

1.1.5.1 Medios impresos

La **Prensa combina imágenes con la palabra escrita** como sucede en el libro, en el cómic, en el folleto o en la prensa electrónica.

En los **PERIÓDICOS** se puede obtener **información** muy valiosa de **distinta clase**, según el **género** periodístico:

- ▪ **NOTICIAS** (*breve y concisa*), **REPORTAJES** (*noticia más amplia que permite un estilo más personal*) y **CRÓNICAS** (*elaboración personal del hecho informativo realizada por alguien que ha sido testigo del suceso*). Estos tres elementos informan sobre **sucesos** de **actualidad**. Se puede incluir la **ENTREVISTA**, puesto que es un reportaje especializado que permite conocer con detalle opiniones y maneras de pensar de diferentes personajes.

- ▪ **ARTÍCULOS DE OPINIÓN.** Aportan **valoraciones** y **reflexiones** sobre diferentes temas. El autor da su visión personal sobre el asunto tratado.

- ▪ **CRÍTICA CULTURAL**. Informa y ofrece una valoración sobre temas del mundo de la cultura y de los espectáculos.

- ▪ **SUPLEMENTOS**. Incluyen **informaciones de mayor profundidad** sobre temas monográficos: educación, ciencia, salud, arte, literatura, motor...

¿SABÍAS QUE?

El LENGUAJE PERIODÍSTICO se debe caracterizar por: Objetividad, precisión, claridad y captación de la atención.

Las **REVISTAS** son **publicaciones periodísticas**, pero no de carácter diario. Pueden aparecer cada semana, cada quince días, mensualmente... Habitualmente, suelen tratar **asuntos cuyo interés permanece durante más tiempo** que los presentados en los periódicos. Pueden tener **carácter general**, si incluyen temas de muy variada índole, **o especializado**, si tratan temas muy específicos: literatura, deportes, política, humor, coches o ciencia.

Las **REVISTAS ESPECIALIZADAS** resultan interesantes como **fuentes de información**, porque, frecuentemente, son el único medio de **transmisión de nuevos conocimientos**: las revistas sobre Ciencias Humanas, de Ciencia y Tecnología son buen ejemplo de ello.

La PRENSA tiene la desventaja de que la información aparezca en ella con algún retraso (*no en la digital*), mediante una mayor amplitud informativa (*mayor cantidad de noticias o ampliaciones complementarias de las ya dadas*), y sobre todo, mediante comentarios realizados dentro de la línea ideológica del periódico y de sus colaboradores. Los lectores de un diario o de una revista, no solo buscan información (*que a veces ya conocen*) sino un enfoque y su comentario.

Hay periódicos y revistas de **información general**, y los hay de **carácter especializado** (*deportivo, médico, económico, cinematográfico, etc.*). Los primeros suelen tener **secciones informativas** para dar noticias (*política, nacional, internacional, sucesos, deportes, etc*), y **secciones críticas**, en las que se comentan las noticias del día o se discuten o plantean cuestiones de interés general. Información y crítica se dan unidas muchas veces en las crónicas de teatro, cine, economía, vida social, etc.

En muchas ocasiones, el periódico o la revista lleva en lugar destacado un artículo sin firma, llamado **editorial**, que expresa el **punto de vista** de dicho diario o revista sobre una cuestión de palpitante importancia.

Gran auge tiene los **reportajes** (*artículos sobre ciudades, instituciones actividades curiosas, personajes, etc.*) y las **entrevistas** con personas cuyos puntos de vista pueden ser de interés público

Para que la comunicación no vaya solo de los medios al público, sino para que este intervenga también, y por tanto, haya una verdadera comunicación existen las **cartas al director** en los periódicos, escritas por los lectores, y las **conversaciones** entre oyentes y locutores en los otros medios de comunicación.

Entre los medios de comunicación impresos existe, además, el Folleto, una obra impresa, no periódica, de menor número de páginas que un libro, dedicado a diferentes temas: *Viajes, ciudades, gastronomía, etc.,* en muchos casos el texto aparece acompañado por fotografías, planos, dibujos...

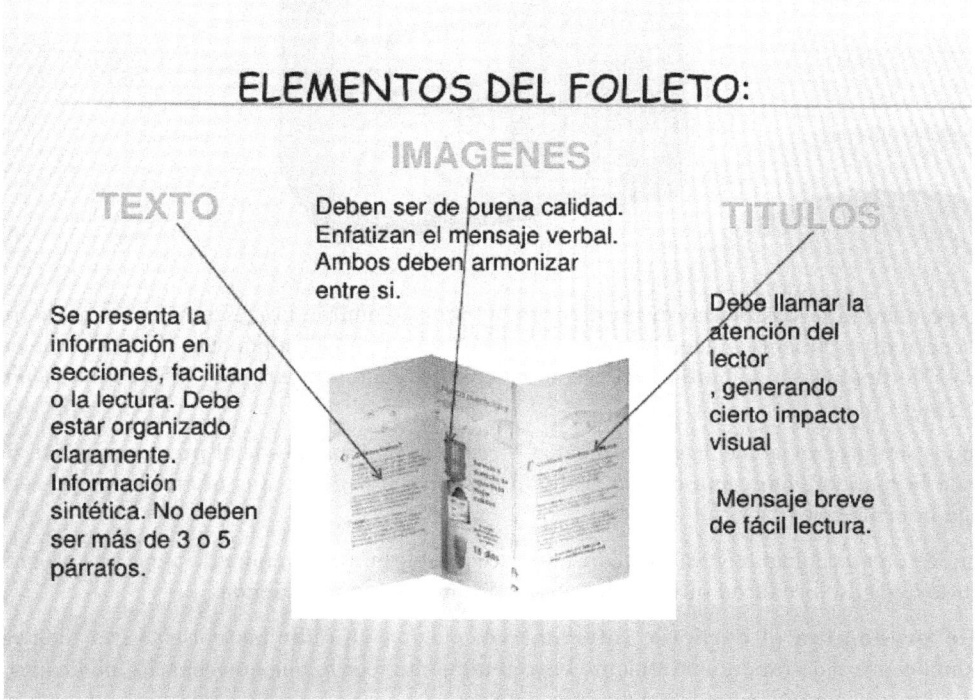

1.1.5.2 Medios radiofónicos

- ✓ *En 1875, Alexander Graham **Bell** inventó el teléfono.*

- ✓ *En 1901, Guglielmo **Marconi** creó la radiotelegrafía sin hilos.*

- ✓ *En **1909**, la combinación de estos dos inventos permitió transmitir la voz humana a gran distancia sin necesidad de conductores. Había nacido **La Radio**.*

La RADIO es un medio de transmisión auditiva a través del cual se difunden mensajes diversos que combinan el **código verbal** y **elementos sonoros**.

¿SABÍAS QUE...?

La **RADIO** tiene dos funciones esenciales: proporcionar **información** y **entretenimiento**.

En la radio predomina la **transmisión en directo**, aunque se emiten programas grabados, lo frecuente es que la audiencia escuche directamente al locutor. Esos receptores tienen mayor unión con el emisor que en otros medios, bien sea a través de llamadas telefónicas, del correo electrónico o de un chat, que les permiten opinar, preguntar, concursar, etc.

Los micrófonos son prórrogas técnicas de los oídos, ofrecen la realidad desde el **punto de vista del locutor**, de quien ha captado la realidad, para una misma realidad pueden darse diferentes puntos de vista, según los matices de quien trata la información.

La radio emplea una tecnología ligera y rápida, que hace posible emitir con inmediatez lo que ocurre. Sus mensajes son rápidos, por lo que si se producen interferencias, la información no se entiende.

En la radio predomina el carácter informativo: pueden difundir las noticias con más rapidez que los periódicos. El público les pide fundamentalmente entretenimiento, por lo que sus espacios dedicados a comentarios y discusiones de interés común suelen ser reducidos, salvo en ocasiones excepcionales, sin embargo, en los países de mayor cultura y madurez cívica, esos espacios son amplios.

Los **mensajes** que se reciben por medio de la radio se construyen mediante la **combinación** de distintos **elementos de carácter auditivo**:

- ■ **Palabra**. Las palabras de los locutores o de las personas que intervienen en los programas constituyen el **pedestal** de la radio. En sus intervenciones prevalece el **estilo coloquial.**

- ■ **Efectos Sonoros.** En las retransmisiones radiofónicas se incluyen **sonidos**, bien grabados de la **realidad** (*lluvia, motor de un coche, tren en marcha...*), bien creados de **forma artificial** por un equipo técnico. En la retransmisión se intenta **evitar los ruidos** (*tos, golpes al micrófono...*) y se recurre al **silencio** para marcar la transición de un programa o otro, crear ambiente...

■ **Música.** Puede aparecer sola con lo que acapara todo el **protagonismo** (*algunos programas musicales*) o emplearse de **fondo** como **acompañante** de la **palabra**.

¿SABÍAS QUE...?

Entre los **PROGRAMAS INFORMATIVOS** se encuentran el DIARIO hablado, que se emite a horas fijas; el BOLETÍN informativo, de menor duración y que se emite de manera regular cada hora; y el FLASH, que interrumpe la programación para introducir una noticia urgente.

Por medio de la **radio** se difunden **distintos tipos de mensajes**: noticias, opiniones, información cultural y deportiva, música, publicidad... Dos de los **géneros más constantes** en la programación de las distintas emisoras son la **entrevista** y la **tertulia** (*un grupo de personajes opina sobre distintos temas de actualidad),* que tienen como **pilar el diálogo**.

¿SABÍAS QUE...?

LA ENTREVISTA radiofónica consiste en un **diálogo** en el que el entrevistado responde a una serie de **preguntas** planteadas por el presentador.

El entrevistador suele partir de un **guión** previo pero debe estar pendiente de los posibles **cambios** según el desarrollo de la conversación. La **inmediatez** de este medio impide realizar correcciones posteriores que sí son posibles en la entrevista de la prensa escrita.

La entrevista en la radio frecuentemente es **breve** y se incluye en programas como **testimonio** (*informativos, programas deportivos, etc.*) o **entretenimiento** (*magazines*). La entrevista está destinada a la **imagen** de personajes, suelen interrumpirse con **momentos musicales** e **intervenciones** de otras personas que aportan vitalidad al diálogo.

¿SABÍAS QUE...?

LA TERTULIA radiofónica consiste en **intercambiar opiniones** varias personas sobre variados **asuntos** para que los oyentes pueden llegar a **conocerlos mejor**.

Las **tertulias** suelen tener un **tono coloquial** y sus intervenciones se suceden con rapidez, llegando, incluso, a solaparse. El **presentador** actúa como **moderador**, en ocasiones, se limita a presentar a los contertulios, introducir el tema y regular los turnos de palabra.

1.1.5.3 Medios audiovisuales

Gran parte de los mensajes que recibimos actualmente se reciben a través de **medios audiovisuales**, su presencia es tan diaria que apenas observamos el gran influjo que ejercen en nuestro juicio de la realidad y en la formación de nuestro dictamen sobre lo que nos rodea.

 **¿SABÍAS QUE...?**

Los medios audiovisuales construyen su mensaje mediante la combinación de los códigos **verbal** (*palabra*), **sonoro** (*música* y *sonido*) y **visual** (*imagen*).

Los **medios audiovisuales** de mayor presencia en la actualidad son la **televisión**, el **cine** y los sistemas **multimedia** (*CD-ROM, DVD, libro electrónico, videojuego...*), cada uno posee sus peculiaridades técnicas, que determina la forma de transmisión.

CARACTERÍSTICAS

- **Simultaneidad** en la emisión y recepción de sus contenidos, de modo que el receptor no tiene posibilidad de repasarlos.

  Cuando vemos un programa en la **televisión** o una película en el **cine**, no podemos dar marcha atrás para volver sobre el mensaje.

- Otros medios técnicos como el **CD-ROM**, el **vídeo**, el **DVD**... que permiten **guardar y revisar** el mensaje con posterioridad, **pero** se trata solo de sistemas de **almacenamiento**: en ese momento el **mensaje audiovisual ya ha sido emitido.**

- Las **imágenes** y los **sonidos** de los medios audiovisuales **representan** la **realidad**. Las cámaras y los micrófonos, que son prolongaciones técnicas de los ojos y de los oídos, respectivamente, no muestra la realidad en sí, sino el punto de vista de quien la ha captado. Así, una cámara puede ofrecer diferentes representaciones de la misma realidad, según distintas impresiones.

▪ La **recepción** de los **mensajes** de los medios audiovisuales puede realizarse de forma **individual, grupal o masiva**.

- *Recepción individual*. El usuario recibe solo sus mensajes. Se escucha la radio estando solo, correo electrónico.

- *Recepción grupal*. Se reúne un pequeño número de usuarios que mantienen relación, como la televisión que se ve con la familia, amigos, la radio si se escucha con un grupo...

- *Recepción masiva*. Sus mensajes llegan a personas que no se relacionan entre sí. En una sala de cine hay personas que no se conocen.

En los medios audiovisuales y en algunos medios impresos, las **imágenes y el texto verbal se interrelacionan** para transmitir el mensaje.

Entre la **imagen** y la **palabra** que la acompaña se pueden dar distintos tipos de **relaciones**: *redundancia, comentario, anclaje* y *complementariedad*.

1. **Redundancia**. La imagen repite lo que se expresa en el texto, es decir, ilustra el contenido del mensaje verbal.

2. **Comentario**. La imagen ofrece un determinado significado y el texto comenta y amplia la información transmitida.

3. **Anclaje**. La imagen ofrece distintos significados y el texto guía la interpretación hacia el sentido que le ha dado el emisor.

4. **Complementariedad**. Texto e imagen se necesitan mutuamente, el mensaje no se entiende sin que aparezca uno de los dos.

1.1.5.3.1 Televisión

La TELEVISIÓN es el **medio de comunicación social más importante**. A la rapidez informativa añade el poder de atracción de la imagen en movimiento.

 **¿SABÍAS QUE...?**

Los **OBJETIVOS** de la televisión son: **entretener**, **informar** y, en menor medida, **formar**.

Los espacios de **ENTRETENIMIENTO** ocupan la mayor parte del tiempo de emisión. Entre los espacios **INFORMATIVOS**, el más especial es el **TELEDIARIO**, donde se emiten las noticias de actualidad.

✓ *1929*. Baird inició **una emisión regular** desde los estudios de la **BBC**.

✓ Décadas de *1930* y *1940*. La televisión incorpora la **tecnología electrónica y el medio se expande.**

✓ **Años 50**. **Generalización** a todo el mundo.

✓ *1956*. Se difunde en **España**.

En la Televisión predomina el carácter informativo: pueden difundir las noticias con más rapidez que los periódicos. El público les pide fundamentalmente entretenimiento, por lo que sus espacios dedicados a comentarios y discusiones de interés común suelen ser reducidos, salvo en ocasiones excepcionales, sin embargo, en los países de mayor cultura y madurez cívica, esos espacios son amplios.

La **Televisión** es un **medio audiovisual** que confecciona sus **mensajes** mediante la mezcla de **elementos visuales** y **sonoros**.

El público recoge de forma simultánea y sucesiva las **imágenes** y los **elementos sonoros**, que se interrelacionan en el mensaje televisivo con el objetivo de **entretener, informar** y establecer **opinión**:

- **Imágenes**. Se utilizan tanto **imágenes fijas** (*un mapa del tiempo, un gráfico de la Bolsa*) como en **movimiento** (*vídeos, películas*). Se pueden extraer de la **realidad**, ser creadas por **animación** o generadas por medio del **ordenador**.

- **Elementos Sonoros**. Las **palabras** especifican, amplían o fijan los contenidos visuales. La **música** los refuerza o modifica. Los **efectos sonoros** (*incluso los ruidos*) contribuyen a crear ambiente y el **silencio** centra la atención en el componente visual.

En el campo **informativo** de la televisión junto a los **Informativos** se encuentra el **DOCUMENTAL** que trata temas de **interés permanente** o de **actualidad informativa**.

1.1.5.3.2 Cine

El Cine es un medio de transmisión audiovisual cuyos **mensajes combinan elementos visuales y sonoros** (*palabra, música y efectos sonoros*).

A diferencia de la Radio y la Televisión, el Cine no se transmite en directo: las **imágenes** y los **sonidos** se graban previamente en una **película** y se proyectan, después en una **sala especial** abastecida con una **gran pantalla** y potentes **altavoces**. El Cine es un **espectáculo público**.

✓ En **1895**, los hermanos **Lumière** realizaron la **primera proyección pública en París**. Sus películas de cine **mudo** contaban historias cotidianas.

✓ Las **primera película española** fue *Salida de misa de doce del Pilar de Zaragoza,* **1896**.

✓ El Cine **sonoro** se inició con la película estadounidense *El cantador de Jazz,* **1927**. El **color** se incorporó en **1935** en *La feria de la vanidad*.

El **Cine** es el resultado de un proceso que **se inicia con la producción y termina con la exhibición** en una sala, a partir de un **guión** elaborado por el guionista. El **director**, dispone la filmación y el **productor** asume lo gastos hasta el final del rodaje.

Una vez rodadas todas las escenas, se envían al **montador**, quien selecciona y organiza las tomas (*toma: fragmento de película comprendido entre el arranque y el paro de la cámara*) hasta llegar al resultado final. El filme ya está listo para su **distribución** y **exhibición** en salas comerciales.

El **Filme** es la **película cinematográfica** que se exhibe en las **salas**. Si su duración es **inferior a treinta minutos**, se denomina **Cortometraje** o Corto.

Una película **narra una historia** cuya ordenación se prepara en el montaje, en este proceso se seleccionan las tomas y se elige el tiempo fílmico, es decir, el orden de presentación de los hechos.

El **Plano** es el **encuadre** desde el que se toma la imagen. Los tipos de planos se relacionan con el tamaño de la figura humana que se ofrece al filmar. Existe planos lejanos, planos medios y planos próximos.

El **Ángulo** es el **punto de vista físico** desde el que se registra la escena, puede ser normal (*cámara a la altura de los ojos*), picado (*de arriba hacia abajo*), contrapicado (*de abajo hacia arriba*) y aberrante (la *cámara se inclina lateralmente*).

1.1.5.4 Medios digitales

Los avances de **las Nuevas Tecnologías de la Información**, en especial de **Internet**, proporcionan la transmisión de los tradicionales medios audiovisuales o radiofónicos, además, las nuevas tecnologías permiten dar carácter audiovisual a otros **textos**, que, como escritos, pueden **acompañarse de imágenes en movimiento y de sonido.**

INTERNET corresponde a los medios de **comunicación digitales**, es una *red de telecomunicación informática de distribución mundial*. El enlace entre los usuarios (*sus ordenadores*) y la red se realiza mediante un servidor, que no es sino otro ordenador muy potente, encendido las 24 horas del día, capaz de mantener varias conexiones simultáneamente y disponible para toda la red.

Como la informática es digital, se utiliza un medio de transmisión analógica, y es necesario un aparato que haga compatible el teléfono y el ordenador, el *módem*.

Internet es la ***autopista de la información***, por donde viajan textos, sonidos e imágenes conjuntamente a grandes velocidades. Se dispone en la red de numerosos servicios, por ejemplo envío y recepción de correo electrónico (***e-mail***) o de archivos informáticos (**FTP**), participación de grupos de debate (**news**), charlas (**chats**), videoconferencias, redes sociales, etc.

Internet puede considerarse un océano de información en el que se emplean diferentes servicios de búsqueda y acceso. La red de redes es **W**orld **W**ide **W**eb – WWW -, (*nació para enlazar puntos y lugares),* es decir, **"telaraña mundial",** más conocido simplemente como **Web** que se ha impuesto definitivamente.

La **razón** del **éxito** de la Web es la **incorporación de la tecnología hipertexto mediante hiperenlaces** que permiten pasar de un documento de información a otro, seleccionando las palabras resaltadas en ellos, es así fácil *"navegar"* por la red hasta encontrar el dato que se busca. Este servicio Web puede utilizarse con diferentes programas informáticos, llamados *"navegadores"*.

EJERCICIOS

1. Una persona da palmadas al finalizar una obra de teatro, realiza un acto de comunicación. ¿Cuáles son los elementos de la comunicación?

2. Una señal de tráfico, realiza un acto de comunicación. ¿Cuáles son los elementos de la comunicación?

3. Invéntense contextos (emisores y receptores) en el que el siguiente mensaje comunique informaciones distintas:

- La entrada

4. Invéntense un mensaje señalando y describiendo los elementos de la comunicación

5. Pónganse por orden aproximado, de más a menos, los siguientes mensajes, según su cantidad de información

- En julio hace calor.
- Entré a trabajar allí en julio.
- En julio se celebran las fiestas.
- En julio nevó

6. Invéntese una noticia, primero para contarla a un amigo y después para expresarla en un telediario.

7. Invéntese una noticia desde diferentes puntos de vista.

8. Nómbrese al menos tres medios de comunicación por los que se enteran los receptores de noticias urgentes. ¿Por qué se caracterizan dichos medios?

9. Piénsese en un programa de radio informativo y en otro deportivo. ¿Cómo se utilizan en cada uno de ellos los elementos sonoros?

10. Escríbase una entrevista sobre un personaje que te interese.

11. Explíquese que ventajas y desventajas ofrece la televisión frente a la radio.

12. ¿Qué caracteriza a la televisión?

13. Señálense las principales características del cine.

14. Señálense las principales características de los medios digitales.

1.2 LENGUAJE, LENGUA Y HABLA

Lenguaje es la **capacidad** que toda persona tiene de comunicarse con las demás personas, mediante **signos orales** (*y si su desarrollo cultural lo permite, también* **escritos**). El Lenguaje es la capacidad de los seres humanos para poder emitir **mensajes**.

El ser humano tiene rasgos intelectuales: es capaz de interpretar la realidad como un conjunto de objetos con un valor simbólico, para ello, emplea distintos sistemas de **signos** tanto **orales** como **escritos**, que componen el **Lenguaje verbal**.

El ser humano, además, del Lenguaje verbal puede emplear un lenguaje apoyado en fenómenos no verbales: **imágenes, gestos, sonidos, actitudes, olores, etc**. es el **Lenguaje no verbal**.

El lenguaje presenta manifestaciones distintas en las diversas comunidades que existen en la Tierra; cada una de esas **manifestaciones** recibe el nombre de Lengua o Idioma. La Lengua, por tanto, es un **sistema de signos** que los hablantes aprenden y retienen en su memoria. Se trata de un **código** que conoce cada hablante – oyente. En España existen cuatro lenguas o idiomas: el *castellano* (que, por ser la lengua oficial, de denomina también *español*), el *catalán*, el *gallego* y el *vascuence*).

 **¿SABÍAS QUE...?**

La Lengua es un **producto social** de la facultad del lenguaje.

Cuando en un país coexisten varias lenguas, como en España, una de ellas, favorecida por circunstancias históricas y culturales muy diversas, ha sido elevada al rango de *LENGUA OFICIAL* del Estado. Quiere decir que **en dicha lengua se promulgan las leyes, se redactan todos los documentos públicos y se realizan todas las manifestaciones lingüísticas de alcance nacional**. Por tanto, es la lengua que saben hablar, leer y escribir casi todos los ciudadanos y que asegura la comunicación entre todos ellos, aunque hayan nacido en regiones del país donde se hablan otro idioma o dialecto. En ciertas naciones, sin embargo, hay dos o más lenguas oficiales, así, en Bélgica el francés y el flamenco son lenguas oficiales.

Ese **código**, conocido y respetado por cuantos hablan una lengua, permite *cifrar* (*cifrado es la operación de coger unos signos lingüísticos el hablante para mandar un mensaje*) y *descifrar* (*descifrado es la operación que realiza el oyente para entender un mensaje*) mensajes. El acto singular por el cual un hablante cifra un mensaje concreto, extrayendo del código los signos y las reglas que necesita en aquel momento, se denomina Habla. El Habla es como la realización material, concreta y perceptible de la Lengua.

Frente a la **lengua** que es *inmaterial* (*se aloja en la memoria*), el **habla** es *material* (*puede oírse o leerse*); frente a la **lengua** que es *social* (*está a disposición de todos los hablantes*), el **habla** es *individual* (*es el empleo que hace un hablante particular de la lengua*).

¿SABÍAS QUE...?

La **Lingüística** es la ciencia que estudia el lenguaje.

1.2.1 FUNCIONES DEL LENGUAJE E INTENCIÓN COMUNICATIVA

La **comunicación** está **condicionada** por las **circunstancias situacionales** en que se produce, pero también por las **intenciones** con que es utilizada la comunicación por los individuos.

Una lengua es, primordialmente, un instrumento que utilizamos para diversas finalidades. Cada una de estas finalidades de denomina **función**, son las **FUNCIONES DEL LENGUAJE**.

EMISOR → MENSAJE →RECEPTOR
HABLANTE → MENSAJE →OYENTE

Cada uno de estos **tres elementos** determina **una función** diferente del lenguaje.

Cuando la comunicación se centra principalmente en el **contenido del mensaje** (*el doble de 2 es 4, la rosa es una flor, etc.*), el lenguaje desempeña una **función** meramente REPRESENTATIVA o REFERENCIAL. Es, por tanto, la función dominante de los mensajes que comunican afirmaciones o preguntas.

Se reconoce por los siguientes **rasgos**: Oraciones enunciativas, verbos en indicativo, orden lógico de los elementos oracionales y la ausencia de recursos ornamentales. ***No irán al viaje.***

El **hablante** puede emitir un mensaje con el que **exprese sentimientos propios**. Puede hacerlo de muchas formas: con interjecciones (*ay, oh, bah, ojalá, etc.*), alternando el orden normal de las palabras (*¡Un listillo, eso es lo que tú eres!*), mediante giros y entonaciones de carácter exclamativo (*¡Quién podía imaginarse eso!*), empleando determinados sufijos (*Es un hombrecillo muy extraño*); etc. El hablante, entonces, añade a la función representativa (*que es normal en todos los mensajes lingüísticos*) otra función más, denominada función EXPRESIVA o EMOTIVA.

Se reconoce por los siguientes **rasgos**: Presencia de oraciones exclamativas o interrogativas, palabras con carga efectiva y significados expresivos, interjecciones y pronombres que refuerzan la presencia del "yo" emisor. *¡Pero qué guapo es mi perro!*

Muchas veces el hablante emite un mensaje con la finalidad de **actuar sobre el comportamiento del oyente**, llamando su atención *(¡Manuela!, ¡ps!)*, dirigiendo su conducta mediante imperativo (*¡Siéntate!*), advertencias (*Compre calamares T, mire el semáforo antes de cruzar*). De este modo, a la función representativa de estos mensajes, se sobreañade otra función distinta: la función CONATIVA o APELATIVA.

Se reconoce por los siguientes **rasgos**: Uso de oraciones exclamativas, verbos en modo imperativo, vocativos y formas pronominales que marcan la presencia del "tú" receptor. *¡Adela, ven aquí rápidamente!*

Las tres funciones pueden aparecen compatiblemente en un mensaje. *Pero ¿es que no puedes callarte un rato?*

F. EXPRESIVA	F. REPRESENTATIVA	F. CONATIVA
HABLANTE	MENSAJE	OYENTE

¿SABÍAS QUE...?

Por tanto las **tres funciones fundamentales** del lenguajes son: **REPRESENTATIVA, EXPRESIVA Y APELATIVA o CONATIVA**, pero existen **otras** funciones: **Fática, Metalingüística** y **Poética** o **Estética**.

La función FÁTICA o de CONTACTO. Por ella se comprueba que la **comunicación** entre Emisor y Receptor **no** sufre **interrupción**, y que el canal por el que circula el mensaje está abierto. La comunicación está accesible; es decir, son mensajes que indican el inicio, la continuidad o el final de un acto comunicativo.

Se reconoce por los siguientes **rasgos**: Oraciones interrogativas que sirven de muletillas en muchas conversaciones. *¿De acuerdo? ¿Vale?*

La función ESTÉTICA o POÉTICA. El lenguaje puede desempeñar una función característica de la Literatura (*oral y escrita, en prosa o en verso*), llamada función poética. La desempaña cuando se emplea el código para **atraer la atención del receptor sobre la forma del mensaje**, creando belleza por medio de artificios y recursos que causen extrañeza al receptor, ya que hace un uso del código lingüístico distinto del usual.

Se reconoce por los siguientes **rasgos**. Utilización de recursos que pretenden provocar extrañeza (*metáforas, rimas, comparaciones...*). Predomina en los textos literarios, pero puede aparecer en otro tipo de escritos (*publicidad, lenguaje proverbial –refranes -*).

> *Calvos, barbudos, en hilera, los montes cántabros son peregrinantes que,*
> *por los siglos de los siglos, hacen romería.*

> Ramón de Basterra

La función METALINGÜÍSTICA trata de la relación del lenguaje con el resto de la conducta humana determinada por la cultura, son interrelaciones entre la lengua y la cultura de un pueblo. Se emplea **la lengua para hablar sobre la propia lengua**. El elemento principal es el **código**.

Se reconoce por los siguientes **rasgos**: Emplea mensajes enunciativos y objetivos, presencia de términos específicos de la lengua. *Definiciones que hacen los diccionarios del significado de las palabras*.

EJERCICIOS

▬ **1.** Dígase cuál es la diferencia entre lenguaje, lengua y habla.

▬ **2.** Qué es la lengua oficial de un país. Pónganse ejemplos.

▬ **3.** Dígase cuál es la función lingüística dominante en cada una de las expresiones siguientes.

- ■ Solo necesito dos Euros, mamá.
- ■ El AVE llega a Barcelona.
- ■ ¡Que te caes, sujétate!
- ■ Deme algo, por favor.
- ■ En Julio hace mucho calor.
- ■ Cierra la puerta porque hay corriente.
- ■ ¿Será capaz de negar que lo ha hecho él?
- ■ De tal palo, tal astilla.
- ■ ¡Y aún se queja!
- ■ Hagan juego, señores.
- ■ ¡Largo!
- ■ Disculpa: no sé que me pasa.

▬ **4.** Dígase se los siguientes mensajes no verbales son representativos, expresivos o apelativos.

- ■ El dibujo de la figura de un hombre o una mujer en la puerta de un cuarto de baño.
- ■ Una palmada en la espalda.
- ■ Un guiño de un abuelo a su nieto.
- ■ El dedo índice ante los labios significando silencio.
- ■ Una señal de tráfico que indica prohibido el paso.
- ■ Una persona tapándose la nariz.
- ■ Una alianza en el dedo.

1.3 UTILIZACIÓN DE LA LENGUA PARA ADQUIRIR Y EXPRESAR CONOCIMIENTOS, EXPRESAR IDEAS, SENTIMIENTOS PROPIOS Y REGULAR LA PROPIA CONDUCTA

Tres son las **funciones esenciales de la lengua**:

■ Adquirir conocimientos.
■ La relación con los demás.
■ La comunicación con uno mismo.

Estas tres funciones son **fundamentales para el desarrollo intelectual de las personas**. Es un fundamento notable de la comunicación, un instrumento eficaz para pensar, comprender, reflexionar, conversar o preguntar

Con la lengua se habla y se escribe pero el **lenguaje permite** OBTENER CONOCIMIENTOS **y darles sentido**, así, cuando se lee, se escucha, se habla o se escribe se produce un proceso mental de combinación y ordenación de palabras y oraciones con el cual se crea información. Esta **información**, al ser examinada y procesada, se convierte **en conocimiento** que puede ser asimilado por los individuos.

 ¿SABÍAS QUE...?

El **conocimiento humano** es el efecto de un proceso mental fundado en el lenguaje y éste, a su vez, permite desarrollar el pensamiento.

El lenguaje no solo sirve para adquirir o transmitir conocimientos, sino que además, admite ESTABLECER RELACIONES ENTRE LOS SUJETOS, **conocer a los demás** y **aprender de ellos**.

Usar la lengua significa, por tanto, **conocer y conocerse**, porque la lengua no solo adquiere y transmite conocimientos, sino que también es utilizada para COMPARTIR IDEAS Y EXPRESAR SENTIMIENTOS, comprender a los otros, respetar y estimar sus opiniones.

Esta interacción lingüística es un apoyo de la adquisición de **valores** y contribuye a la REGULACIÓN DE LA PROPIA CONDUCTA, el respeto a las normas y la resolución de conflictos.

El lenguaje proporciona la intervención de las personas en la sociedad, les habilita para tomar decisiones, organizar el conocimiento general y de uno mismo. La lengua permite el pensamiento y la autoconciencia.

Para ADQUIRIR Y EXPRESAR LAS IDEAS nos servimos de la **lengua**. La *necesidad* y la *intención de comunicar a otros un mensaje nacen en la mente* de cada uno. Para establecer esa comunicación, utilizamos **signos** a los que hemos convenido en dar un significado. Supongamos que estás en clase y necesitas que te presten un folio para hacer un ejercicio escrito. En la mente se plantea la necesidad de tener el folio y enseguida surge la **intención** de pedirlo al compañero. El medio para obtener lo que quieres es la **emisión de un mensaje** que exprese lo que deseas. Es imprescindible que el compañero entienda el mensaje, por lo tanto, la comunicación ha de establecerse mediante signos que los dos comprendáis. Para conseguir el folio se emiten unos sonidos , cada sonido posee un valor y al combinarse entre sí, dan como resultado **significados** que, encadenados forman una frase, es decir, la **expresión del mensaje** que deseabas comunicar, la exposición de la idea que nació en tu mente.

Si en vez del sonido, se usa la **escritura**, ocurrirá el mismo proceso, siendo en este caso los **signos gráficos** el medio de comunicación. De todas formas, siempre surgieron en la mente, como motivos primeros, **la necesidad y la intención de comunicar algo.**

Las formas que adopta el mensaje son la frase, la **oración**, para comunicar la **intención** del hablante. (*Posteriormente, se abordara la oración y los tipos de oración en otro tema*).

En las variedades de la lengua, en la **FORMA DE COMUNICARSE**, además de las **circunstancias socioculturales** del hablante, destaca la **situación** en que se origina el acto comunicativo y la **intención** de los interlocutores. Se pueden utilizar diferentes **formas de expresión en función del lugar** donde se establezca la comunicación, de **quién** sea el **Receptor**, del **contenido** de los mensajes y de cuál sea la **intención** del **Emisor**.

Adquirir conocimientos, expresar ideas, sentimientos propios y mostrar la conducta del Emisor, en ocasiones se ven **influidos** por la **situación** que envuelve al hablante o por su **intención**. *Los hablantes tienden a expresarse de formas distintas según dónde y con quién se encuentren: en familia, con amigos, en el trabajo, etc*. Las **diversidades** que el hablante selecciona con el **fin de adaptarse** a cada situación comunicativa reciben el nombre de **REGISTROS LINGÜÍSTICOS**:

- **Registro formal**. Empleo cuidado de la lengua. *Conferencia o entrevista de trabajo.*

- **Registro no formal**. Empleo de la lengua en un nivel menos elaborado, más familiar. *Diálogo entre familiares, amigos, conversación telefónica distendida.*

Cuanto mayor sea la **competencia comunicativa** del hablante, mayores posibilidades tendrá de cambiar el registro y adecuarlo a la situación en que se halle.

La **inadecuación** del registro a la situación, **a veces**, puede ser **intencionada** con el objetivo de producir efectos humorísticos o de otro tipo. *Se está triste pero se frivoliza con la situación.*

En la **relación** entre los interlocutores se da para el cambio de registro:

- El **papel** que asume el **Emisor** y el **Receptor**. *Padre e hijo. Jefe y empleado.*

- La **edad** y el **sexo** de los interlocutores.

- La **profesión**, los **intereses** de cada uno y su **personalidad**. *Tendero, abogado, visitar un museo o estar de fiesta.*

- En la **intención comunicativa**. Cuando se realiza un acto de comunicación se puede **informar** (*noticia*), **convencer** (*motivos para ir a una excursión*), **entender**, **dar consejos, etc.**

En el **contexto** se debe diferenciar:

- ◼ **Marco social**. No se habla igual en una clase de Geografía, en una cena con amigos o en un debate político.

- ◼ **Marco textual**. La lengua varía si se elabora una declaración de amor, un informe científico o se participa en una conversación familiar.

El **canal** varía según sea la forma de expresión, varía si se habla o se escribe.

En el **contenido** del mensaje, no se expresa igual el mensaje si se expresa con tristeza o con alegría. *Tristeza en un desengaño amoroso, alegría por aprobar una oposición.*

Para **adquirir conocimientos, expresar ideas, sentimientos propios**, en muchas ocasiones se emplea la **LENGUA COLOQUIAL**, que es la variedad utilizada habitualmente para comunicarse con personas cercanas. Es el registro más utilizado en la vida cotidiana.

La **LENGUA COLOQUIAL** se trata de una **expresión relajada** y **espontánea**. Son frecuentes las **incorrecciones** pero en general **respeta la norma**. Las incorrecciones suelen estar determinadas por el desconocimiento de la norma. **No** se debe **confundir** la **LENGUA COLOQUIAL con** una lengua **vulgar**.

La **ESPONTANEIDAD** y LA **EXPRESIVIDAD** de la **LENGUA COLOQUIAL**, llevan a que el **Emisor incluya valoraciones** en los mensajes que emite y deja vislumbrar su **personalidad** en los actos de habla. Esta espontaneidad se mantiene también en la importancia que tienen los **recursos no verbales**, sobre todo los **gestos**.

1.3.1 DENOTACIÓN Y CONNOTACIÓN

LA DENOTACIÓN consiste en usar las **palabras** con el significado que poseen, **sin** añadir **valores personales**.

*La **llave** abre la cerradura*

LA CONNOTACIÓN es una **significación subjetiva**, en la que se añaden valores de carácter personal y social al significado de una palabra.

*Eres la **llave** de mi corazón*

Las **palabras** tienen una **carga denotativa o connotativa** en función del **enunciado** en el que aparezcan.

1.4 VARIEDADES SOCIALES EN EL USO DE LA LENGUA. USOS FORMALES E INFORMALES

Un estudiante no habla igual con sus compañeros en el recreo que cuando lo llama el director del centro en que estudia a su despacho. Una persona no habla igual con un amigo cuando están de fiesta que cuando tiene que comunicarle una noticia grave. Todos los hablantes **cambiamos de manera de hablar** según la actitud que consideramos más apropiada (***cambio de registro idiomático***) o que nos dicte la situación psicológica del momento: *frialdad, seriedad, emotividad, etc.* todas estas – y otras muchas – **actitudes psicológicas del hablante** imponen variaciones al estándar (*lengua modelo*), son VARIEDADES MOTIVADAS POR LA **ACTITUD** DEL HABLANTE. La mayor o menor cultura permite una mayor o menor riqueza de matices. Esas actitudes pueden y deben manifestarse igualmente en la **lengua oral** y **en la escrita**.

Una lengua presenta peculiaridades en las DIFERENTES **ZONAS GEOGRÁFICAS** donde se habla, no es igual el castellano de Castilla-León que el castellano de Andalucía.

Además, considerando la **SOCIEDAD estratificada** en **clases**, con características culturales propias, a cada estrato le corresponde un **distinto nivel sociocultural en el uso lingüístico**.

Quienes han dado **mayor importancia al comportamiento idiomático** presentan un **lenguaje más cuidado** frente a quienes se han desatendido más de la importancia lingüística, que, generalmente, manifiestan contenidos escasamente complejos y matizados, aunque los contenidos tengan gran riqueza, suele faltar el instrumento adecuado para expresarlos.

Hay variedades que se deben a **motivos sociales**, es decir, a circunstancias socioeconómicas y culturales.

Los **grupos sociales** originan la **aparición** de LENGUAS ESPECIALIZADAS o JERGAS, así, **grupos de profesionales** emplean recursos léxicos específicos denominados **tecnicismos**. Se habla, además, de jergas cuando la **variedad corresponde a grupos marginales** con una forma de hablar que impide su comprensión a los que no pertenecen al grupo. Estas variedades reciben el nombre de **ARGOST**.

Por lo tanto, las lenguas no muestran un código uniforme en todos sus hablantes, muestran **variantes en su realización y deferencias de hablante a hablante** en el uso real.

Las **variedades** de una lengua pueden originarse por motivos diversos:

■ **Circunstancias de carácter social** y **cultural**. Distinto grado de instrucción de los componentes de una comunidad lingüística, estatus social, edad... Las **variedades sociales** se producen **por** la pertenencia de los hablantes a **grupos**.

- **Intención** de los hablantes y de la situación en que se encuentren.

- **Zonas geográficas** diferentes de **una misma lengua**. Asimismo se establecen diferencias por los **grupos de inmigrantes.**

Las **variedades sociales** son **consecuencia** del **diferente nivel de conocimiento** que cada hablante tiene de las **normas** de uso de su **lengua**.

Las **variedades** de una lengua son **expresiones distintas de un idioma común** a todos los hablantes de una comunidad lingüística. Estos hablantes suponen que el uso que hacen de la lengua determinados grupos sirve de **modelo** para el resto, porque se aproximan en mayor medida al **ideal de lengua**, al que se denomina **LENGUA ESTÁNDAR.**

 **¿SABÍAS QUE...?**

Se llama **lenguaje formal** al lenguaje cuidado y **lenguaje vulgar** al desatendido.

El **LENGUAJE FORMAL** organiza de un **modo más matizado** y **diferente** las **relaciones entre sus miembros**. La comunicación de la **afectividad** resulta así **muy limitada** en el **LENGUAJE VULGAR**, y aún más cuando se intenta comunicar contenidos intelectuales.

Se da el nombre de **CÓDIGO RESTRINGIDO** al conjunto de recursos lingüísticos propios del **lenguaje vulgar**; y el de **CÓDIGO ELABORADO** al característico el **lenguaje formal.**

No ha sido metódicamente descrito el **CÓDIGO RESTRINGIDO** empleado al hablar por un número de población hispanohablante. Se puede apuntar, no obstante, algunos de sus **rasgos** más claros:

1. **Limitación** del número de **vocablos**. **Escasez** de **sinónimos**.

2. **Limitación** muy acusada en **adjetivos** y **adverbios**.

3. **Oraciones cortas**, gramaticalmente simples, no acabadas con frecuencia, de sintaxis pobre.

4. **Empleo simple** y **repetitivo** de las **conjunciones** o de las **locuciones conjuntivas**: *o sea, y entonces, porque, así es que, etc.*

5. **Desorganización** del contenido de la información.

6. **Abundancia** de la **construcción impersonal**. *Y es que uno es como es; Se va tirando; Y dice uno...*

7. **Afirmaciones**, **negaciones** y **mandatos categóricos**. *Que fue así, que lo digo yo; ¡Ni hablar!; ¡Porque te lo digo yo!*

8. **Vergüenza** ante las **afirmaciones futuras**. *El lunes quiero ir a...; en lugar de iré.*

9. Frecuente **apelación al consenso del interlocutor**. *¿No cree usted que mi mujer debía hacer más?*

10. Empleo (aunque decreciente en las generaciones más jóvenes) de **refranes**. *Haz lo que quieras, pero quien mal anda...*

11. **Uso abundante** de **interjecciones** (*juramentos, votos, lamentos...*) u oraciones interjectivas.

12. **Resistencia** (que resulta casi siempre de la incapacidad) a la **expresión personal** e **individualizada**. No se desea salirse de lo que es normal y corriente dentro del grupo a que se pertenece.

Cabe destacar que el **CÓDIGO RESTINGIDO no** es solo **propio** de la **clase social menos favorecida**, puesto que, entre las **clases económicamente superiores**, hay multitud de **personas** que **solo saben emplear este código**. El **CÓDIGO ELABORADO** va **unido** a la **instrucción** y la **cultura**, no al dinero.

La extensión del **CÓDIGO ELABORADO** a toda la sociedad es un **deber** de los **poderes públicos** y un **derecho** de los **ciudadanos**.

1.4.1 ESPAÑOL

El español presenta variaciones (**dialectos**, como el *andaluz*, el *extremeño*, el *canario*, el *español de América*, etc.) debidas a motivos geográficos e históricos. Normalmente estas variedades se deben a sucesos de conquista o de repoblación.

La lengua ideal es una **coiné**, término griego con que se designa ese modelo de lengua en el que todos los hablantes coinciden para reconocerla como un buen modo de hablar o de escribir.

La unidad de la lengua española, pese a sus diversidades por causas históricas, geográficas, culturales y sociales, está asegurada porque cuantos la hablamos poseemos un mismo ideal de lengua. A pesar de esa unidad ideal la realidad lingüística ofrece abundantes variedades como son la **CAUSAS SOCIALES**.

Razones fundamentalmente económicas determinan que unas personas tengan acceso fácil a la cultura y que otras tengan de interrumpir su formación cuando aún es muy rudimentaria, esto se manifiesta claramente en su empleo de la lengua.

Distinguimos el **ESPAÑOL CULTO**, tal como se presenta en todos los dominios del idioma y que permite una fácil comunicación hablada y escrita entre quienes lo conocen. Esta variedad del español se manifiesta en la *conversación*, en la *prensa*, en *libros científicos, filosóficos, literarios*, etc. este español culto no debe ser resultado de la **pedantería**, que en definitiva, es una manifestación de **vulgaridad**.

Existen también las **JERGAS** particulares de una **determinada profesión** (*médicos, abogados, albañiles, etc.),* que cuentan con abundantes palabras que no son de empleo general. Quienes las usan dentro de su ambiente profesional, pueden expresarse fuera de él, en un español culto o vulgar, según sea su cultura. **Otras jergas** son la **jergas sociales**, denominadas **ARGOTS**, empleadas por grupos sociales marginales, en ocasiones es el rasgo identificativo más relevante del grupo.

Destacan en estas jergas:

- **Creación** de **neologismos**. *Chapar, dar la brasa.*
- **Cambios de significado**. *Loro → Aparato de música.*
- **Extranjerismos no utilizados en la lengua común**. *Es muy heavy.*
- Creación de **palabras nuevas añadiendo sufijos**. *Bocata.*
- **Reducir palabras**. *Poli.*
- Uso de **comodines**. *Guay, total.*
- **Palabras malsonantes** o **tacos**.

Llamamos **LENGUA FAMILIAR** a la que, cualquiera que sea nuestra instrucción, hablamos en el seno de la familia o en círculos de amigos, con palabras y giros que no utilizaríamos, tal vez, en otras ocasiones.

En general, podemos denominar **persona culta** a la que es capaz de **cambiar** de **REGISTRO IDIOMÁTICO**, es decir, la persona que puede **variar** su **manera** de **expresarse en función** de las **personas** con quienes habla.; puede usar indistintamente entre jerga profesional, o la coiné, que es el español culto, o la lengua familiar hasta la claramente vulgar. Será culta una persona que puede elegir entre las siguientes expresiones: *Me siento muy dichoso* (culto), *estoy muy feliz* (familiar), *estoy como unas castañuelas* (vulgar o coloquial).

Una persona habla **español vulgar** cuando su cultura es tan limitada, que no sabe cambiar de **registro**.

Un caso particular de registro, es el **REGISTRO IDIOMÁTICO JUVENIL**.

Los jóvenes tienden a **diferenciarse de los adultos** y **afirmarse frente a ellos** con **modalidades lingüísticas propias** que constituyen un registro especial. Estas modalidades se dan, por supuesto, en zonas muy superficiales del idioma: *saludos, despedidas, calificaciones, tratamientos, fórmulas amorosas...* Y suelen **cambiar** *con* mucha **rapidez**, porque cansan y son sustituidas por los grupos juveniles siguientes. En realidad, no se trata de innovaciones, sino de meras variaciones retóricas elegidas entre el repertorio de posibilidades que el sistema lingüístico ofrece.

1.4.1.1 Vulgarismos

El **vulgarismo** no es por sí solo síntoma de incultura, ni descalifica culturalmente a quien lo emplea. Las personas cultas emplean muchas veces vulgarismos cuando hablan descuidada y familiarmente. El vulgarismo que revela falta de **cultura** es el que emplean muchísimas personas que no saben expresarse de otro modo.

¿SABÍAS QUE...?

Cuando se tiene una formación notable se debe evitar los vulgarismos, esforzándose por conocer y usar una lengua culta.

En un **uso formal de la lengua** deben ser evitados los vulgarismos.

■ VULGARISMOS INTENCIONADOS

Hay vulgarismos, perfectamente respetables que obedecen a una ignorancia inocente, pero los hay *no espontáneos* sino **intencionados**, con ellos, sus usuarios pretenden **diferenciarse como clase social** o como grupo frente a otros hablantes a quienes consideran "inferiores". Tal es el comportamiento frecuente de los nacidos en grandes ciudades frente a quienes proceden de los pueblos; el de "castizos" frente a los "llegados" y hasta maleantes, frente a las personas comedidas; el de los "señoritos" frente a los humildes, el de los jóvenes frívolos, que afirman su imaginaria distinción "in" frente a los "out" que no participan de los ritos y audacias de la modernidad, etc.

Tales **vulgarismos intencionados** suelen responden a una conciencia de superioridad tan falsa como pretenciosa.

■ PRINCIPALES RASGOS DE LOS VULGARISMOS ESPONTÁNEOS

Los **vulgarismos espontáneos**, tanto rurales como de ciudad, son el resultado de una **escolarización deficiente**. He aquí algunas de sus características principales:

– **Vacilaciones en las vocales átonas.** Por confusión de prefijos, analogías, acción de fonemas vecinos, etc., se observan alteraciones como **restrojo** por *rastrojo*, **carnecería** por *carnicería*, **estilla** por *astilla*, **ancía** por *encía*, **estituto** por *instituto*, **decumento** por *documento*, etc.

– **Alteraciones en los diptongos.** A veces se produce la reducción del diptongo a una sola vocal como **pacencia** por *paciencia*, **anque** por **aunque**, **ventiuno** por *veintiuno*, **concencia** por *conciencia*, etc.

– **Formación de diptongos con vocales que estaban en hiato.** Dos vocales van en hiato cuando, estando en contacto, no forman diptongo: *ba-úl*, vulgarmente se tiende a reunirlas dentro de una sola sílaba, formando diptongo: **baúl, maíz, ahí**. En ocasiones, las vocales **e, o**, llegan incluso a hacerse **i, u**, respectivamente: **maistro, pasiar, pior, Juaquín** (por *maestro, pasear, peor, Joaquín*).

– **Desarrollo de g (o b) ante diptongos que empiezan por u.** Se oye **güele** por *huele* (de *güele* se ha formado *goler* por *oler*), **cacagüete** por *cacahuete*, **güerto** por *huerto*, **buevo** por *huevo*, etc.

– **Metátesis o cambio de posición de los fonemas.** Se oye **cocreta** o **cocleta** por *croqueta*, **Grabiel** por *Gabriel*, **humadera** por *humareda*, etc.

– **Distorsiones morfológicas.** Afectan a todas las partes de la oración y muy especialmente al verbo: **hiciendo** por *haciendo*, ayer **lavemos** la ropa por ayer *lavamos* la ropa; **haiga** por *haya*; **andé** por *anduve*; **vinistes, cantastes, tuvistes**, etc., por *viniste, cantaste, tuviste*, etc.; **ties** por *tienes*; **sentaros, callaros**, etc., por *sentaos, callaos*, etc.

– **Distorsiones sintácticas. Cantaría** por *cantara*, **en las condicionales**: Si yo estaría en tu lugar... (en vez de *estuviera*). **Empleo del plural en vez del singular**, cuando el verbo haber se utiliza como impersonal: **Hubieron** muchos invitados (en vez de *hubo*), **habían** más vecinos que amigos (por *había*). Este error se observa también con los verbos que sirven de *auxiliares a haber*: No **suelen** haber entradas estas horas (por *suele*), **debían** de haber allí trescientas vacas (por *debía*).

– **Emplear superfluamente la preposición "de" tras verbos como decir, ordenar, pensar, etc.** *Le dije de que no fuera, yo opino de que no debería hacerse, etc.*

■ PÉRDIDA DE LA –D INTERVOCÁLICA

Es frecuente: *bailaor, comío, sentío, crúo, espantáo, na*, pero resulta inadmisible y debe ser cuidadosamente evitado.

Problema especial presentan las palabras terminadas en **–ado**: *mercado, mirado*, etc. Es corriente su pérdida total, lo cual produce un efecto de ordinariez, pero su articulación plena parece pedante, por ello **es aconsejable la pronunciación de una –d breve y suave.**

■ PRONUNCIACIONES VULGARES DE LA –D EN FINAL DE PALABRA Y DE SÍLABA

En posición final de palabra, la **–d** suele ser viciosamente omitida, son por tanto vulgares y censurables las pronunciaciones **verdá, Madrí, realidá**, etc. (*verdad, Madrid, realidad*, etc.). En algunas partes de Castilla y León y, especialmente, en Madrid, se oye también *verdaz, Madriz, realidaz*, etc., una pronunciación aún más monstruosa que la anterior. Esta **–d**, realizada con **–z**, aparece también en posición final de sílaba: *azmirar, azquirir*.

Muchos catalanes y valencianos pronuncian –t en posición final de palabra: **virtut, edat**, etc. (*virtud, edad*, etc.).

■ EL SESEO

Consiste en realizar la **c** y la **z** como **s**, los seseantes pronuncian **plasa** por *plaza*, **resar** por *rezar*.

Este fenómeno cubre grandes zonas del ámbito español: **Andalucía, Extremadura, Canarias** e **Hispanoamérica**. Y **no** puede ser **considerado** como un **vulgarismo**; en cambio, el seseo es **vulgarismo** en personas poco instruidas de **otras regiones.**

■ EL CECEO

Es el fenómeno inverso al seseo. Consiste en pronunciar la **s** como **c, z**. De esta manera, los ceceosos dicen meza por mesa, zeñor por señor. Se trata de un fenómeno andaluz popular y absolutamente evitable.

■ EL YEÍSMO

Consiste en pronunciar la **ll** como **y**: **yave** por *llave*, **gayina** por *gallina* etc., afecta a extensas zonas de España (*Murcia, Extremadura, Canarias, provincias de Castilla como Salamanca, Madrid, etc.*) y gran parte de Hispanoamérica.

El yeísmo **no alcanza la consideración de vulgarismo** crudo, **pero deber ser evitado**, para diferenciar pares de vocablos como halla y haya, olla y hoya, etc.

■ DEQUEÍSMO

Consiste en utilizar la proposición "de" ante la conjunción "que" cuando su presencia no resulta obligada. ***De que*** *quiero*, *Cree **de que** la respuesta no es correcta.*

■ JERGAS DE CIUDAD

La **jerga** es el lenguaje propio de un determinado grupo de personas. Mismamente:

Una parte considerable del habla desgarrada de Madrid y otras ciudades, procede de la lengua de los **gitanos**: *gachí, gachó, pinrel* (pie), *achares* (celos), *barbián* (gallardo), *camelo, canguelo, cañí* (gitano), *chipén, gilí, guaja, jinadama* (miedo), *jiñar* (evacuar el vientre), *lacha* (vergüenza).

La fuente más caudalosa del habla baja madrileña es la distorsión de vocablos, su adaptación a otros significados: *galleta* (bofetada, golpe), *pasta* o *mosca* (dinero), *bote* (propina en el bar), etc.

El habla de ciertos jóvenes supuestamente "distinguidos" y "audaces" impone expresiones como: *Me gusto de Alberto* en vez de Me gusta Alberto, *Me puso a cien* (Me enojó mucho), *es hinchante* (es divertido), etc.

1.4.1.2   Variedades producidas por la educación y la situación social

El **grado de educación** de los ciudadanos depende en gran medida, de su **situación social**, no limitada esta exclusivamente a **factores económicas**, sino también al hecho del tipo de **población** que vivan (*no ofrecen las mismas posibilidades educativas una gran ciudad y una aldea*) y al **ambiente familiar**.

Las personas, en general, que han tenido una **buena educación**, cualquiera que sea la región en la que vivan, tienden a **borrar las diferencias** regionales y emplean un idioma estándar correcto. Tienen conciencia clara de lo que es propio de su región, y lo evitan cuando se expresan fuera del medio familiar o local. Por el contrario, los hablantes imperfectamente educados no perciben aquellas diferencias y se alejan en ocasiones del estándar con vulgarismo, regionalismos o localismos.

La posesión de un estándar común a todos, cualquiera que sea su procedencia geográfica o social, es la misión más importante que debe afrontar una escolarización suficiente, *"hablar y escribir bien" es requisito imprescindible para la elevación del nivel individual y colectivo y para una perfecta conciencia cívica*.

1.4.1.3 Lenguajes específicos

Los temas de que hablamos o escribimos imponen a su vez variación al estándar. No hablamos igual cuando tratamos de cine o de temas cotidianos, que cuando tenemos que realizar una exposición sobre un tema en concreto. No utilizamos el mismos "registro" para un mensaje a un amigo que para responder en un examen.

Las **variedades** más importantes impuestas por la **materia** o **tema** son los **LENGUAJES ESPECÍFICOS** de las distintas profesiones, técnicas, ciencias y artes. En estos lenguajes específicos se emplean una gran cantidad de palabras, llamadas **tecnicismos** palabras propias y exclusivas de tales variedades idiomáticas: tecnicismos de juristas, médicos, albañiles, toreros, deportistas, químicos, etc.

EJERCICIOS

1. Explíquense las funciones esenciales de la lengua.

2. Escríbanse oraciones en las que las siguientes palabras se empleen denotativa y connotativamente: Anciano, pesadilla, dolor, ojos, cielo, verano, oscuridad, brillo, saltar, luna.

3. Invéntese una situación donde se exponga cómo nace un mensaje y cómo se expresa.

4. Explicar qué razones justifican que el español presente tantas variedades.

5. Decir que significa "cambio de registro idiomático".

6. Señálar la diferencia entre registro formal y registro no formal.

7. Qué es la lengua coloquial. Pónganse ejemplos.

8. Explicar las variedades de la lengua.

9. Señálar las características de un código restringido.

10. ¿Qué es una jerga?

11. Decir qué significan las siguientes palabras de jerga: abucharar, buga, chapar, flipar, fusca, guiri, kely, mangui, mazo, moña, nasty, peluco, piltra, tangar, tigre, tolai.

12. Explicar qué destaca en los argots.

13. Indicar los rasgos de los vulgarismos espontáneos.

14. Señalar los vulgarismos de las siguientes oraciones.

- T'has trago un hueso.

- ¡No es una groma¡

- A ese pavo le dicen el Pirilí

- Nos trae toos los huevos.

- L'ha tomao con eso.

- Ve al mercao a por bacalado.

- Vengo d'ahí que he salío de hacer una vesita.

- Estoy pa servir a usté.

- No sé lo que tien que l'han tomao con él.

- Lo he sentío de mayar.

- ¿Qué gusta la seña?

- ¡Me ha esgarrao la farda!

15. Escribir vulgarismos espontáneos.

16. Las variedades idiomáticas que presentan los siguientes textos se deben a la materia o tema de que tratan. Por los tecnicismo que en ellos aparecen, dígase a que idioma técnico corresponden:

- *Los sauropterigios eran unos reptiles acuáticos, de cabeza pequeña, cuello muy largo, cuerpo grueso, de forma ovalada y piel desnuda protegida por una cubierta de costillas ventrales, cuyos miembros provistos de cinco dedos tenían forma de aletas.*

- *En los estrechos que comunican un mar con el océano vecino se originan corrientes a causa de la diferencia de temperatura entre las aguas de las dos cuencas y, sobre todo, por las diferencias de salinidad, condicionadas por el régimen climático del mar.*

1.5 DIFERENCIAS ENTRE COMUNICACIÓN ORAL Y ESCRITA

Todos sabemos que no hablamos igual que escribimos. Para muchos, escribir resulta sumamente difícil y prefieren expresarse oralmente. Lengua oral y lengua escrita son las dos variedades fundamentales que impone al patrón el **medio de comunicación** empleado.

Las **diferencias** entre ambas maneras expresivas son claras. Muchos escritores (*desde Juan de Valdés, en el siglo XVI que se lo propuso como táctica estilística*) han manifestado su deseo de escribir igual que se habla, es decir, renunciando a las "tiranías" gramaticales y retóricas de la pluma, pero se trata de un ideal inalcanzable, dadas las aludidas diferencias entre la lengua oral y la escrita, que se pueden **resumir** así:

- Normalmente **se escribe en ausencia del interlocutor** (*en el caso de novelistas, poetas, etc., ni siquiera existe un interlocutor concreto*). Ello obliga a

- Imponer un **orden en las ideas**, que tal vez no sea el espontáneo, para que no sufra la compresión;

- A **decirlo todo explícitamente**, sin apoyarse en gestos;

- A **dar el tono** (*grave, humorístico, indiferente*, etc.), que en la lengua oral proporciona la entonación;

◾ A **emplear el idioma con más rigor**: no podemos – o no debemos – cometer faltas gramaticales o impropiedades de léxico: si en la lengua oral pueden atribuirse a descuido y rapidez elocutiva, el escribir son manifestaciones de ignorancia. Añádanse las dificultades suplementarias de la puntuación, acentuación y corrección ortográfica.

◾ El **lenguaje ora**l es **más expresivo** pero incluye **más imprecisiones** como consecuencia de las dudas y vacilaciones en la expresión y el **lenguaje escrito** es **más normativo**, requiere un mayor esfuerzo en su elaboración.

◾ **Ambas formas de expresión** pueden tener **diferentes grados de elaboración según la situación** en que se produzcan: *un coloquio o un discurso no requieren el mismo grado de planificación y de exigencia lingüística; igual ocurre entre un mensaje escrito en un móvil o un trabajo académico.*

◾ En la **lengua escrita** se admiten (*y exigen a veces*) **giros y vocablos** que en la lengua oral resultarían rebuscados y pedantes. Abusar de tales términos en una escritura podría resultar también pedante. Por otra parte, escribir bien obliga a renunciar a clichés, a fórmulas fijas, a manifestar en suma la personalidad de algún modo.

Aprender bien una lengua consiste realmente en **aprender dos lenguas**, con un gran fondo común, pero **con sensibles diferencias**: la lengua oral y la lengua escrita y ese **aprendizaje** está muy **condicionado** además por la **educación** recibida. Las personas de escasa cultura la manifiestan más cuando escriben que cuando hablan y hay quienes al hablar parecen mostrar un nivel cultural aceptable que se hace inaceptable cuando se expresan por escrito (*cuidado: esto ocurre mucho entre estudiantes*).

El **canal** que se utiliza en el habla determina también la variedad lingüística empleada. La **LENGUA ORAL** se realiza mediante los **sonidos articulados** y La **LENGUA ESCRITA** a través de los **signos gráficos** que representan la expresión oral.

Sin embargo, la **escritura no** es una **mera representación de la lengua oral**. La utilización de la lengua **oral** o de la lengua **escrita depende** de las diferentes **situaciones comunicativas**: *examen oral o examen escrito, conversación telefónica o correo electrónico, una noticia en televisión o en un periódico.* Estos son algunos casos en los que pueden verse las diferentes variedades lingüísticas dependientes de la situación comunicativa y de la expresión.

EJERCICIOS

■ **1.** En el siguiente texto, señálense los rasgos propios de la ***lengua escrita*** que posee:

■ **Otra vez – me decía también mi hermano-, cuando volvíamos acá, vimos a una zagala, una cabrera, que enhiesta sobre un picacho de la falda de la montaña, a la vista del lago, estaba cantando con voz más fresca que las aguas de este.**

Miguel de Unamuno

■ **2.** Invéntese una situación en lengua oral y luego en lengua escrita.

■ **3.** ¿Qué diferencias existen entre la lengua escrita y la lengua oral?

■ **4.** Qué significa "aprender dos lenguas".

2

Principios básicos en el uso de la lengua castellana

Los textos con los que nos comunicamos al hablar o al escribir se forman relacionando **unidades más pequeñas**, que también transmiten un **mensaje completo**.

¿Qué vas a ver en el ordenador?
¡Bah! ¡Qué cansancio!

2.1 ENUNCIADOS. CARACTERÍSTICAS Y MODALIDADES. DIFERENCIA ENTRE ORACIÓN Y FRASE

2.1.1 ENUNCIADOS. CARACTERÍSTICAS Y MODALIDADES

Las palabras combinadas en las expresiones anteriores poseen sentido completo para el receptor, cada una de ellas constituye un **enunciado**.

Los **enunciados** presentan **distintas formas**.

- **Palabras**: *¡Bah!,* interjección. ¿Qué vas hacer? *Nada*, pronombre indefinido.
- **Sintagmas**: *¡Qué buena siesta!*, Sintagma Nominal.
- **Oración**: *Goya no quiere helado.*

De este modo, se diferencian **dos tipos de enunciados**:

Los **enunciados no oracionales**, representados por palabras o sintagmas (*con o sin preposición*) y los **enunciados oracionales**, cuya forma es la de la oración (*simple o compuesta*).

 **¿SABÍAS QUE...?**

El **ENUNCIADO** es la unidad mínima de comunicación, delimitada por pausas, que transmite un mensaje completo.

Todo enunciado **gana sentido** en una **situación comunicativa determinada**, así, *¡Qué bien!*, en una situación de alegría no es igual que si se dice lo mismo pero con ironía (*sarcasmo*).

2.1.2 DIFERENCIA ENTRE ORACIÓN Y FRASE

La **Sintaxis** es la ciencia que se ocupa de la máxima unidad gramatical que es la **oración**.

Como los enunciados, las **oraciones transmiten mensajes completos** y están **delimitadas por pausas** (*un silencia en el habla y un punto en la escritura*).

¿SABÍAS QUE...?

La **ORACIÓN** es la unidad mínima lingüística dotada de significación completa en que puede dividirse el discurso.

La ORACIÓN presenta una estructura unitaria, fonética, gramatical y de significado.

La **oración** está formada por **dos constituyentes** inmediatos: un **sujeto** y un **predicado** que entre sus **núcleos** se establece una **concordancia**.

El **SUJETO** de una oración puede aparecer **dicho o** estar **omitido** (*sujeto elíptico, omitido o tácito*). En las oraciones con **sujeto elíptico**, este se recupera a partir del verbo:

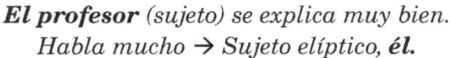

El profesor (sujeto) *se explica muy bien.*
Habla mucho → Sujeto elíptico, *él.*

El **fonema** forma parte de otras unidades superiores (*monemas, palabras, oraciones*). Lo mismo acontece con el *monema* y la *palabra*: el primero forma parte de una palabra, o es una palabra, y esta forma parte siempre de una oración. Solo la oración no forma parte de otra unidad lingüística mayor.

La **palabra** tiene sentido completo pero no comunica nada. Una palabra como "*casa*", posee un significado que el Diccionario define perfectamente, no obstante, para que esa palabra comunique algo, debe insertarse en una oración: *la casa está fría*.

La **oración** comunica un **sentido completo**: *¡Qué vestido más bonito has comprado!*; si dividimos esta oración en partes (*¡Qué vestido – más bonito – has comprado*), tales partes podrán tener sentido, pero no será completo; no constituirán actos de comunicación, por tanto, esas partes son **frases**.

La **FRASE** es un conjunto de palabras que basta para dar sentido aunque no constituye una oración completa. Es un enunciado que no incluye un verbo en forma personal.

Lo que decimos (*las oraciones concretas que usamos*) cuentan a veces con menos elementos o funciones que **lo que pensamos**.

En **lo pensado**, la oración se presenta con todas sus palabras y todas sus relaciones perfectamente claras. Si veo que Raquel hace algo que no debe y la reprendo diciéndole solo **¡Raquel!,** tenemos que distinguir en esa oración dos niveles o estructuras.

- **Lo que pienso**: "Raquel, no debes hacer eso".
- **Lo que digo** realmente: "¡Raquel!".

Llamamos al primer nivel (*lo pensado*) **estructura profunda** de la oración y al segundo nivel (*lo dicho o escrito*) **estructura superficial**. La estructura profunda y la superficial pueden coincidir (*la hierba es verde*) pero, a veces, hay grandes diferencias entre ellas.

Consideremos una oración cuyas estructuras superficial y profunda coincidan:

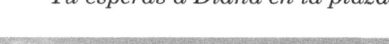

Tú esperas a Diana en la plaza

Hay muchas maneras de decir esto en el discurso:

Espera a Diana en la plaza (con supresión de tú).
La esperas en la plaza (sustituyendo, además, a Diana por la).
En la plaza la esperas (invirtiendo, además, el orden de los elementos), etc.

Son, como vemos, tres oraciones con la misma estructura profunda (*pensado*) que la anterior, discrepan solo en su estructura superficial (*dicho o escrito*). Puede darse también el caso contrario: una misma estructura superficial corresponde a veces a estructuras profundas diferentes.

EJERCICIOS

- **1.** Escríbanse tres enunciados de cada tipo.
- **2.** Escríbanse tres oraciones con sujeto presente en la oración y tres oraciones con sujeto elíptico.
- **3.** Qué diferencia hay entre oración y frase. Póngase tres ejemplos de cada clase.
- **4.** Explíquese estructura profunda y estructura superficial. Póngase un ejemplo.
- **5.** Enúnciense oraciones que, con estructura superficial distinta, correspondan a esta estructura profunda.

  - **El público aplaudió la representación con entusiasmo**

2.2   TIPOS DE ORACIONES

 **¿SABÍAS QUE...?**

La **oración** es la unidad mínima lingüística dotada de significación completa en que puede dividirse el discurso.

Recordemos:

Las oraciones **se clasifican** en función de **dos criterios**:

■ La **actitud del hablante** ante lo que anuncia: Enunciativa, interrogativa, exclamativa, imperativa, desiderativa y dubitativa.

■ La **estructura sintáctica** que posee.

Existe un grupo de enunciados que se consideran **oraciones**, **aunque no responden a la estructura Sujeto – Predicado,** son las **ORACIONES IMPERSONALES**, en estas oraciones el Sujeto no aparece expreso ni se puede recuperar a partir del verbo.

Hace tiempo de eso
Ayer nevó
Por fin clarea

2.2.1 MODALIDADES DE ORACIONES SEGÚN LA ACTITUD DEL HABLANTE

Las oraciones según su **significado** de dividen en clases. El **sentido** de una oración puede ser:

■ **Enunciativo**. Comunica que algo sucede, ha sucedido o sucederá, bien de modo afirmativo (*Ya nieva*), bien de modo negativo (*Ya no nieva*). **ORACIÓN ENUNCIATIVA** (**afirmativa o negativa**).

■ **Interrogativo**. Se pregunta, bien de modo directo (*¿Qué hora es?),* bien de modo indirecto (*Quisiera saber qué hora es*). **ORACIÓN INTERROGATIVA** (**directa o indirecta**).

■ **Imperativo** o **exhortativo**. Se da una orden. *¡Callaos!* **ORACIÓN IMPERATIVA** o **EXHORTATIVA**.

■ **Exclamativo**. Se expresa simplemente algo. *¡Qué tarde!.* **ORACIÓN EXCLAMATIVA**.

■ **Dubitativo** o **posible**. Se expresa una duda o una posibilidad. *Tal vez está enfadado.* **ORACIÓN DUBITATIVA** o de **POSIBILIDAD**.

■ **Optativo** o **Desiderativo**. Expresa un deseo. *¡Ojalá nos toque la lotería1.***ORACIÓN OPTATIVA** o **DESIDERATIVA**.

. . . .

`2.2.2` **MODALIDADES DE ORACIONES SEGÚN LA ESTRUCTURA SINTÁCTICA**

Se puede hablar de:

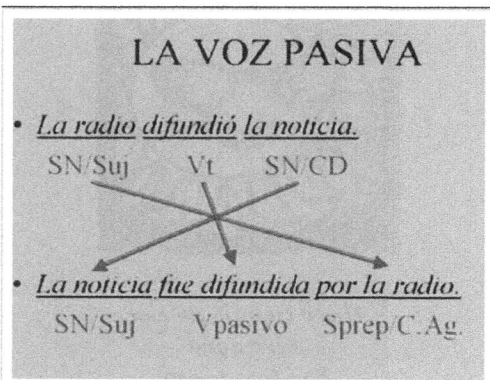

■ **ACTIVAS**. El Sujeto realiza la acción del verbo. ***El pintor hizo un retrato***.

■ **PASIVAS**. El Sujeto sufre o parece la acción del verbo. Pueden ser de **dos tipos**:

   – **Pasivas Puras**. Presentan el verbo en **voz pasiva** (ser + participio) y suelen llevar un **Complemento Agente** (introducido con"por") que realiza la acción verbal. ***El retrato ha sido realizado por el pintor***.

   – **Pasivas Reflejas**. Se forman con la partícula **se** y el verbo en voz **activa**. ***Se vende hotel en Valencia***.

■ **ATRIBUTIVAS**. Se construyen con los **verbos copulativos** ser, estar o parecer más un atributo y su predicado se denomina **Predicado Nominal**. *El pintor es el creador del retrato.*

■ **PREDICATIVAS**. Se construyen con **verbos no copulativos** (o con ser, estar, parecer cuando no actúan como copulativos) y su predicado se denomina **Predicado Verbal**. *Angélica vio el retrato*.

■ **TRANSITIVAS**. Son oraciones de Predicado Verbal que se construyen con **Complemento Directo**. *Esa galería ha expuesto varios retratos*. El núcleo del predicado es un verbo transitivo. Necesitan un CD para completar el sentido.

■ **INTRANSITIVAS**. Son oraciones de Predicado Verbal que se construyen **sin Complemento Directo**. *El retrato fue a la exposición*. El núcleo del predicado es un verbo intransitivo. El verbo puede aparecer sin complementos.

■ **REFLEXIVAS**. En realidad, son una **variedad de las transitivas**. En ellas, el **CD** o el **CI designan a la misma persona a la que se refiere el sujeto**. *Raquel se lava (= Raquel lava a Raquel)*. Pueden ser **REFLEXIVAS DIRECTAS** (cuando la función de los **pronombres reflexivos es la de CD**. *Raquel se duchó hace un rato*) o **REFLEXIVAS INDIRECTAS** (cuando la **función es de CI**. *Raquel se colgó la mochila*).

2.2.3 **ORACIONES SIMPLES Y COMPUESTAS**

Los **textos** se forman relacionando oraciones y otras estructuras gramaticales.

 **¿SABÍAS QUE...?**

El **texto** es la **unidad comunicativa máxima** y transmite un **mensaje coherente** y **completo**.

El texto debe presenta, además, **COHERENCIA**, **COHESIÓN** y **ADECUACIÓN**.

■ **Coherencia**. Los enunciados que forman un texto transmiten un sentido completo y único, es decir, se refieren a la misma realidad. Para que un texto presente coherencia, sus enunciados deben centrase en un tema, así, no es coherente el siguiente enunciado:

Ha comprado un regalo en "Maravillas" y un cliente le dijo que cenara morcilla

■ **Cohesión**. Los enunciados de un texto deben hallarse bien interrelacionados desde el punto de vista gramatical y léxico. La cohesión se manifiesta en los textos por diversos **procedimientos**, que son **léxicos** cuando atienden a las palabras y sus significados y, **gramaticales**, cuando se emplean recursos morfosintácticos.

He leído ese libro porque su autor me gusta mucho.

– **Procedimientos Léxicos**. Proporcionan continuidad de sentido al texto a partir de los significados de las palabras. Los principales son la repetición, la reiteración y la asociación.

● *Repetición*. Reproducción exacta de la misma palabra o expresión en distintos lugares del texto.

● *Reiteración*. El sentido de un término se repite por medio de palabras o expresiones diferentes. Se emplean sinónimos. *El **jefe** llegó, el **dirigente** durmió*.

- *Asociación*. Las palabras que aparecen en el texto tienen un vínculo de sentido. Este puede establecerse de diferente manera. Por oposición o complementariedad. *No era ni guapo ni feo*; o por hacer referencia al mismo campo de la realidad. *Vio ríos, lagos, lagunas, mares.*

- **Procedimientos Gramaticales**.

  - *Anáfora*. Introducción de palabras que apuntan a **elementos ya nombrados**. *Esta **casa** está encantada, quien **ella** (elemento anafórico, se refiere a casa)...*

  - *Catáfora*. Introducción de **términos que avanzan otros** que se van a mencionar. *Le dijo **así: Esta casa está encantada** ("así" es un elemento anafórico, el adverbio "así" hace referencia a la oración que le sigue):*

    Entre los procedimientos **anafóricos y catafóricos** se encuentran los *Pronombres personales, los Pronombres demostrativos, los pronombres relativos, los Pronombres y Determinantes posesivos y los Adverbios* (cumplen está función solo adverbios que cambian de referente dependiendo de quién habla → ***Aquí**, en la **caravana**, hace calor. Fuimos al **parque**. **Allí**, hace fresco*).

  - *Conectores*. Palabras o expresiones que **hacen claras las relaciones** que constan entre los **contenidos** de un texto. Pueden actuar como conectores las *Conjunciones, Locuciones conjuntivas, Adverbios y Locuciones adverbiales*. *Hace calor, **así que** se irá a la piscina. **Como** hace calor, se irá a la piscina. **Si** hace calor se irá a la piscina* (Así que, como, si: conectores).

- **Adecuación**. Para que un conjunto de enunciados formen un texto debe adecuarse a la situación comunicativa en la que se emite pues en ella cobra sentido, así, dos oraciones que parecen incoherentes, son significativas en la conversación de un dibujo.

 **¿SABÍAS QUE...?**

Las **oraciones** que componen los textos pueden ser **simples** o **compuestas**.

ORACIÓN SIMPLE

Estructura → SUJETO – PREDICADO. Concordancia

ORACIÓN COMPUESTA

Dos o más estructuras SUJETO – PREDICADO. Concordancia.

El **Orden Lógico** de los constituyentes de la oración es **sujeto, verbo y complementos,** pero, este orden **se cambia** con mucha frecuencia en numerosas **oraciones interrogativas o sí se desea destacar algún elemento** de la oración, por lo cual se coloca **al principio** de la misma.

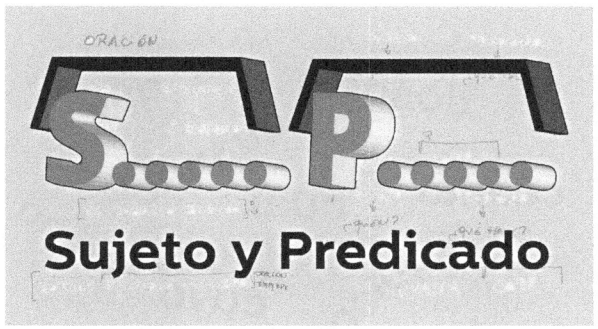

Francisca regaló flores
*¿**Era** bonito el anillo?*
***Al instante** llegó el novio*

La **ORACIÓN SIMPLE** es la que posee **un solo predicado**, es una oración formada por dos constituyentes inmediatos (**sujeto y predicado,** una sola estructura SUJETO - PREDICADO) cuyos núcleos se relacionan mediante **concordancia**.

La **ORACIÓN COMPUESTA** es la que tiene **dos o más predicados**, en ella se unen dos o más estructuras SUJETO – PREDICADO, igualmente con **concordancia**.

*El **pescador** (SUJETO) **salió** al mar (PREDICADO)→ Oración Simple.*
*El **pescador permanecía** serio mientras **que contaba** lo ocurrido → Oración Compuesta (DOS PREDICADOS, para un mismo sujeto).*

En la oración **compuesta** aparecen las **PROPOSICIONES** que son cada una de las secuencias dotadas de estructura oracional que se combinan para constituir una oración compuesta.

 **¿SABÍAS QUE...?**

Las **proposiciones** que forman una oración compuesta pueden relacionarse de dos maneras distintas según el **grado de dependencia** que tienen entre sí. Estas dos maneras se denominan **coordinación**, **yuxtaposición** (*sólo unión*) y **subordinación**.

■ La **Coordinación** es la relación entre oraciones simples, sintácticamente **equivalentes** e **independientes** entre sí. "*La casa es buena y los campos son muy fértiles*".

■ En la **Yuxtaposición** se omiten los enlaces, las oraciones aparecen colocadas unas al lado de otras sin unión material, en realidad sí tienen unión ya que las comas (*o punto y coma*) en el lenguaje escrito y las pausas y la entonación en el lenguaje oral, son verdaderos nexos de enlace de unas oraciones con otras. "*Entro, salgo, me muevo sin cesar*".

■ En la **Subordinación una proposición desempeña una función gramatical** dentro de otra oración." *Me gusta **que** actúes así*" (sujeto → que actúes así).

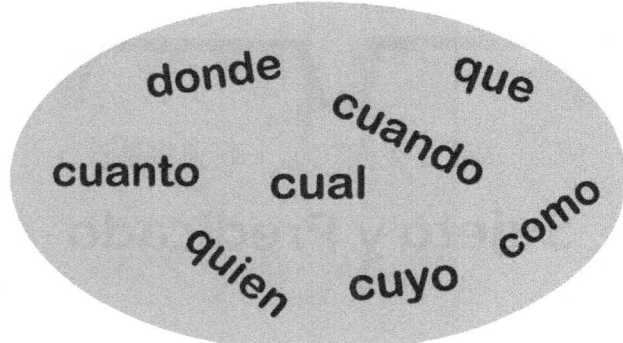

EJERCICIOS

■ **1.** Escríbase una oración con cada modalidad de oración según la actitud del hablante y según la estructura sintáctica.

■ **2.** Explíquese los tipos de procedimientos gramaticales.

■ **3.** Escríbanse tres oraciones impersonales ¿Por qué son oraciones impersonales?

■ **4.** Sepárense los sujetos y predicados de las oraciones anteriores.

■ **5.** Enlácense entre sí los enunciados del siguiente recuadro para crear un texto. Introdúzcanse los cambios que se consideren convenientes.

  ■ La sombrilla está guardada en el trastero. El Sol sale. Los botines no son un calzado adecuado.

■ **6.** Escríbase un texto utilizando los siguientes conectores: Ciertamente, cuando, pero, porque, y, para que, verdaderamente.

■ **7.** Qué diferencia una oración simple de una oración compuesta.

■ **8.** Díganse tres oraciones simples y tres oraciones compuestas. En las oraciones compuestas, señálese la relación entre las proposiciones.

2.3 SINTAGMAS. CLASES DE SINTAGMAS

Toda oración se compone de **unidades sintácticas más pequeñas**, denominadas **SINTAGMAS**. El Sintagma es una unidad menor que la oración y funciona dentro de esta como un todo.

La oración **"El gato araña"** consta de dos sintagmas:

El gato / araña

Y el sintagma **araña** consta de una sola palabra, sin embargo, *no por ello debemos renunciar a la idea del sintagma como bloque de monemas*: araña, consta, como sabemos de dos monemas: **arañ-** (lexema) +-**a** (desinencia verbal).

La oración ***"Los chicos mayores marcharon ayer"*** consta de dos unidades menores que la oración; cada una por separado está dotada de sentido y las palabras que lo forman relacionadas y ligadas entre sí. En cada grupo, hay una palabra que actúa como **núcleo** del sintagma, es decir, como **elemento más importante** que en cierta manera arrastra a los demás. En el primer caso, esa palabra **núcleo** es el **nombre** sustantivo **"muchachos"**. En el segundo caso, es el **verbo "marcharon"**.

De la relación del sintagma nominal (*núcleo un nombre*) con el sintagma verbal (*núcleo un verbo*) nace la **oración** gramatical.

Existen diferentes clases de sintagmas: **Nominal, Verbal, Preposicional, Adjetival y Adverbial.**

2.3.1 SINTAGMA NOMINAL. EL DETERMINANTE. LOS PRONOMBRES

El **SINTAGMA NOMINAL** tiene por **NÚCLEO UN NOMBRE,** el cual va precedido, en la estructura profunda, de un ***determinante*** (*artículo, demostrativo, indefinido, etc*.: las **alfombras**, ese **balcón**, algún **pájaro**).

Lo representamos con el símbolo **SN**. En la estructura superficial se presenta a veces sin determinante: *Como* **pan**; **María** *ha venido.*

La casa azul

En el grupo de palabras anterior,"**casa**" es la palabra más importante, es el **núcleo del sintagma nominal** (***nombre***), acompañado de "*la*" (*determinante*) y "*azul*" (*adjetivo calificativo*).

El **SINTAGMA NOMINAL** obedece a las siguientes **reglas**:

1. SN→Número + Grupo Nominal (N.º +GN)

2. GN→Determinante + Nombre (Det. +N)

La regla 1) indica que un **sintagma nominal** consta de (*o se rescribe como*) **número** (*singular o plural*) seguido de un **grupo nominal**; y la regla 2) dice que, a su vez, el **grupo nominal** consta de un **determinante** (*artículo, demostrativo, indefinido, etc.*) y de un **nombre**. Y así, son sintagmas nominales:

Las fiestas   **Estas manzanas**
Algunas mañana   **Dos Euros**

Cuya **estructura** se puede representar, así gráficamente:

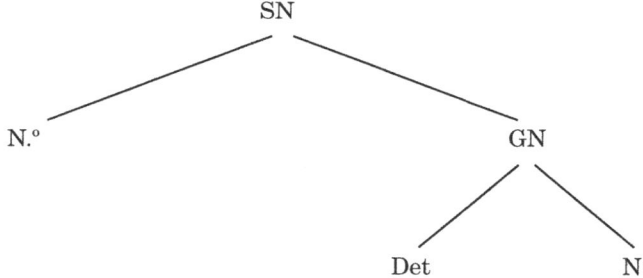

Los **nombres** presentan **número** (*singular o plural*) y **género** (*femenino o masculino*). El **género** del nombre contribuye a establecer la **coherencia** dentro del **sintagma nominal**, obligando a que los determinantes y posibles adjetivos (*cualidades*) que lo acompañan concierten con él. Esta misma función adherente desempeña **también** el **número**.

Rasgos del nombre

Los **rasgos** del nombre son: **masculino o femenino, común o no común, contable o no contable, animado o no animado -, concreto o abstracto.**

- **Masculino, femenino**. Género: [+ masculino], [- masculino].

- **Común, no común**. Este rasgo opone los nombres comunes como *casa, perro, etc.*, a los propios como *Ramón, Soria, etc.* [+ común], [- común].

- **Contable, no contable**. Este rasgo opone los nombres que podemos contar (*mesa, lápiz, etc.*) a aquellos que no podemos contar (*luminosidad, arena, trigo, etc.*). [+ contable], [- contable].

- **Animado, no animado**. El rasgo animado es característico de nombres que designan personas y animales, como *Francisca, gato, alumno, chica, etc.*, frente a los que son nombres de vegetales y objetos sin vida como *cama, roca, árbol, Tajo, etc.* [+ animado], [- animado].

- **Concreto, abstracto**. Este rasgo opone los nombres de objetos materiales (*puerta, humo, perfume, etc.*) a los nombres de objetos inmateriales (*angustia, alegría, pánico, amistad, etc*). Los nombres concretos se perciben por los sentidos. [+ concreto], [- concreto].

2.3.1.1 El determinante

En la estructura profunda de cualquier oración, los **nombres** que en ella figuran van siempre **precedidos de un determinante**:" *Las gallinas picotean el gran*", sin embargo, el determinante no aparece muchas veces en la estructura superficial. Ello ocurre principalmente:

- Cuando el SN es un nombre propio. *Daniela ha acertado (no se dice "la Daniela"...).*

- un pronombre (palabra que sustituye al nombre) personal. *Ella no fue.*

- un nombre común en plural. *Aparecieron coches por el monte.*

- Aunque hay muchas ocasiones en que el determinante aparece con un nombre propio (*La buena de Marta ha venido*) o con el nombre común en plural (*Aparecieron unos coches por el monte*).

Los **Determinantes** sirven para señalar los seres a que nos referimos en el sintagma nominal. **Preceden al nombre e indican a quién nos referimos**, añadiendo ciertos matices y como actualizando en cada caso la palabra base que vamos a emplear en el sintagma, se puede decir que el determinante es una palabra que presenta al nombre (*sustantivo*).

Los **determinantes** que podemos anteponer al núcleo del sintagma nominal son:

	LOS ARTÍCULOS
	LOS DEMOSTRATIVOS
DETERMINANTES	LOS POSESIVOS
	LOS INDEFINIDOS
	LOS NUMERALES

Los **ARTÍCULOS**. Se anteponen a un nombre ya conocido por el que habla y por los que escuchan. Sus formas son: **el, la, los, las**. A veces, el artículo "el" se une a las preposiciones **a** o **de** con las que se contrae formando un solo signo: **al** (a + el), **del** (de + el).

El **nombre**, núcleo del sintagma nominal, arrastra, como elemento principal que es, al **artículo** haciéndole tomar su **género** y su **número** (*femenino o masculino, singular o plural*).

La montaña (nombre femenino, singular; por tanto, el artículo, femenino, singular)

Los **DEMOSTRATIVOS**. Actualizar a un ser señalando su **situación** con relación al hablante y a los que escuchan. Sus formas son:

Para el ser **próximo** al que habla: **este, esta, estos, estas**
Para el ser **medianamente** alejado: **ese, esa, esos, esas**
Para el ser que está **lejos** del hablante y de receptor: **aquel, aquella, aquello, aquellas**

Los demostrativos toman el **género** y en **número del nombre** que acompañan.

Este libro, esas manzanas, aquel coche.

Los **POSESIVOS**. Preceden al núcleo del sintagma nominal señalando a quién pertenece el ser designado por él, indican **posesión**. Sus formas son:

Habiendo **un solo poseedor**: **mi, mío, mía; mis, míos, mías; tu, tuyo, tuya; tus ,tuyos, tuyas; su, suyo, suya; sus, suyos, suyas**
Habiendo **varios poseedores**: **nuestro, nuestra, nuestros, nuestras; vuestro, vuestra, vuestros, vuestras; sus, suyos, suyas**

Los posesivos toman el **género** y en **número del nombre** que acompañan.

Los **INDEFINIDOS**. Señalan al nombre indicando, de **forma imprecisa**, su **cantidad** o su **naturaleza**. Sus formas son: **un, una, unos, unas; algún, alguna, algunos, algunas: bastante, bastantes; cierto, cierta, ciertos, ciertas: cualquier, cualquiera; demasiado, demasiada, demasiados, demasiadas; distinto, distinta, distintos, distintas; igual, iguales; mucho, mucha, muchos, muchas; otro, otra, otros, otras; varios, varias, etc.**

Los indefinidos toman el **género** y en **número del nombre** que acompañan.

Los **NUMERALES**. Señalan al nombre concretando la **cantidad** de seres que él designa (**cardinales**): *cinco manzanas*; o el **orden** que ocupan en una serie ordenada de seres (**ordinales**): *segundo piso*. Sus formas son:

Cardinales. Un, una, dos tres, cuatro…	
Ordinales: primero o primer, segundo, tercero, cuarto…	

Los numerales toman el **género** y en **número del nombre** que acompañan.

2.3.1.2 Los pronombres

El **pronombre** es la palabra que ponemos **en el lugar** que podría ocupar un **nombre**. El pronombre concuerda en **género y número** con el nombre que sustituye.

Ella volverá. La palabra **"ella"** (*femenino, singular*) ocupa el lugar que corresponde al ser que nos referimos (*Marta, Ana, María… → femenino, singular*), por lo tanto "ella" es un pronombre.

Llamamos **antecedente** al nombre que hemos sustituido. Si estamos hablando, por ejemplo, de un **camión** y decimos: "**Él** era grande"; **camión** será el antecedente del pronombre **él**.

La sustitución de los nombres por otras palabras – PRONOMBRES – es muy frecuente y la hacemos continuamente al expresarnos. **Los motivos fundamentales de dicha sustitución son simplificar y hacer flexible el lenguaje.**

*"Teresa **me** dijo que **le** trajeras los caramelos para dár**melos** a **mí**"*

En esta oración, **me y mí** sustituyen (*por ejemplo a Graciela*) **le** sustituye a Teresa; **los** sustituye a caramelos. Si no se produjeran estas sustituciones, la oración quedaría de esta manera: "**Teresa** dijo a **Graciela** que trajeras a **Teresa** los **caramelos** para dar a **Graciela** los **caramelos**", por tanto, el lenguaje pierde simplicidad y flexibilidad.

Entre los pronombres se encuentran: Los **personales**, **reflexivos y recíprocos, interrogativos**, los **posesivos**, los **demostrativos**, los **indefinidos** y los **relativos** (*que, cual quien, cuyo*).

Los **PRONOMBRES PERSONALES** son: **él, ella, ellos, ellas, lo la, le, los, las, les, se, etc.**:

Me lo (= el estuche) *ha entregado **él*** (= el maestro)
Les (=sobrinos) *di tu regalo*

Las formas **me, mí, te, ti** son también **pronombres** (sustituyen nombres personales yo y tú que figuran en la estructura profunda), **nosotros** *(-as),* **vosotros** *(-as),* **nos, os**:

*No ha mirado a **yo** → No **me** ha mirado*
*No me ha mirado a **yo** → No me ha mirado a **mí***
*No insultó a **tú** → No te insultó a **ti***
Dio un regalo a **yo** y **ellas** → **Nos** dio un regalo

Los **PRONOMBRES PERSONALES NEUTROS** Son **ello** (*que funciona siempre como sujeto o complemento preposicional*) y **lo** (*que funciona como complemento directo*).

> *Ganamos la carrera y* **ello** (= ganar la carrera) *nos alegró.*
> *Quiso arreglar la avería pero no dio con* **ella** (= arreglar la avería).
> *Me preguntó dónde estabas, pero yo no* **lo** (= dónde estabas) *sabía*

"Lo", como sustituto neutro de "las cosas" o "el conjunto de cosas", se construye seguido de adjetivo: lo bueno, lo notable, lo útil, etc., formando el conjunto un SN, que puede desempeñar cualquier función.

No debemos confundir el pronombre neutro **"lo"** con el pronombre masculino **"lo"** (*me ha preguntado por su hermano, pero no lo ha visto*), que sustituye a un SN (*su hermano*). Este último admite variación de género y número (... pero no **la** he visto, pero no **los / las** ha visto); el neutro nunca la admite.

Los **PRONOMBRES REFLEXIVOS** (**la acción la realiza y la recibe el mismo persona**) son variantes de los nombres o pronombres personales, que aparecen en la estructura superficial de la oración, cuando esta contiene un sintagma nominal que repite al sintagma nominal sujeto.

> **Yo** *afeito a yo* → *Yo* **me** *afeito*
> **Vosotros** *preparad té a vosotros* → *Preparа***os** *té*

 **¿SABÍAS QUE...?**

Son **Pronombres reflexivos me, te, se; nos, os, se**. Si van precedidos de proposición: **mí, ti, sí** (o **él** o **ella**); **nosotros** (*-as*), **vosotros** (*-as*), **sí** (o **ellos** o **ellas**)

Los **PRONOMBRES RECÍPROCOS** (**nos, os, se**) constituyen otra variedad de los personales, **expresan acción intercambiada** por dos o más personas.

> **Nos** *comunicamos a menudo*
> *¿No* **os** *conocéis?*
> **Se** *tratan*

Los **INTERROGATIVOS** son: **qué** y **cuál** (**-es**).

> *¿Con* **cuál** *libro te quedas?*
> *¿***Qué** *prefieres?*

Los **PRONOMBRES POSESIVOS** (denotan **pertenencia**) no son nunca determinantes. Resultan de **transformar** un sintagma preposicional constituido por la preposición **"DE"** y de un nombre personal (de + yo → **mí** o **mío**), o un pronombre personal (de + él → **su** o **suyo**), o un sintagma nominal (de + la chica → **su** o **suyo**; de + Jacinta → **su** o **suyo**).

Los pronombres posesivos pueden ser de **un solo poseedor o de varios poseedores** y que algunos tienen **formas tónicas** y **formas átonas**. Expresan también la personas gramaticales.

		Formas tónicas	Formas átonas
1ª persona	Un poseedor	Mío, mía, míos, mías	Mi, mis
	Varios poseedores	Nuestro, nuestra, nuestros, nuestras	
2ª persona	Un poseedor	Tuyo, tuya, tuyos, tuyas	Tu, tus
	Varios poseedores	Vuestro, vuestra, vuestros, vuestras	
3ª persona	Uno o varios poseedores	Suyo, suya, suyos, suyas	Su, sus

Los **PRONOMBRES DEMOSTRATIVOS NEUTROS** son: **esto, eso** y **aquello**, que equivalen, respectivamente, a "este, ese, aquel objeto o cosa o acción":

*¿Qué es **esto**?*
*Se enfadó por **eso***
*Ya ha olvidado **aquello***

Los **PRONOMBRES INDEFINIDOS** son: **alguien, nadie, algo, nada, uno/a, poco, mucho, todo, bastante, demasiado**.

Los **PRONOMBRES RELATIVOS** son: **que, cual quien, cuyo**.

DIFERENCIA ENTRE EL NOMBRE Y EL PRONOMBRE

El **pronombre** tiene un **significado variable** que depende siempre del antecedente.

Casa, colegio, perro, maceta..., la idea que se tiene de estos seres encaja siempre en cada una dentro de unas mismas características pero si se emplea pronombres: **él, ella, estos, ellas...**, los significados pueden variar, ya que dependerá del ser a que se refieran.

EL PRONOMBRE COMO NÚCLEO DEL SUJETO

El **pronombre**, al desempeñar las funciones que haría en la oración su nombre antecedente, puede ser, como es natural, núcleo del sujeto:

*Ellos (los **niños**) juegan mucho*
*Esta (**Nuria**) lo hizo mal*

EL PRONOMBRE COMO COMPLEMENTO DEL NÚCLEO DEL SUJETO

El **pronombre** puede funcionar de complemento del núcleo en sustitución de un nombre que lo sea.

*El jardín de **ellos** (de mis **amigos**) es muy amplio.*

2.3.1.3 Funciones del sintagma nominal

Dentro de una oración, un **SN** puede funcionar **sin preposición** o **precedido de una preposición**: en este último caso, se denomina *Sintagma Preposicional* (S. Prep.):

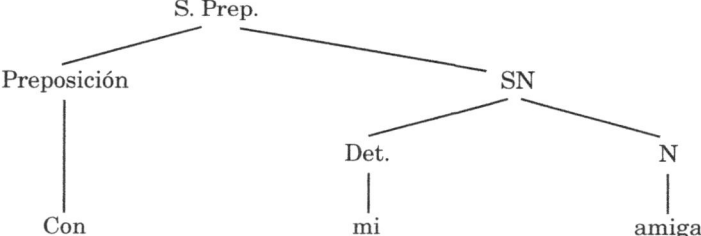

Como **sintagma nominal** propiamente dicho, puede **funcionar** como: **sujeto** (*Está dibujando Mariana*), **atributo** (*Ese pescado es merluza*), **vocativo** (*Espérame, Pili*) y **complemento directo** (*No tengo dinero*).

Y **cuando se presenta como** *sintagma preposicional* puede ser: **complemento directo** (*Saludé a tus tíos*), complemento **indirecto** (*Regalé un pañuelo a Merche*), complemento **de un nombre** (*He leído un libro de historia*), complemento **de un adjetivo** (*Estoy loco de alegría*) y complemento **de un verbo** (*salió con su amigo*).

◼ **Función de sujeto**. Esta es la función fundamental del sintagma nominal. Su importancia es de primer orden en la oración.*" La ciudad está cerca"* (La ciudad es sujeto). En tal función de **sujeto**, el **SN** se presenta como **constituyente inmediato de la oración (O).** En las demás funciones que puede desempeñar el **SN** nunca se une directamente a **O**, sino a otros símbolos inmediatos. En algunos casos, el sujeto puede ir detrás del predicado:*"Suena el teléfono"*.

El **SN nunca lleva preposición cuando funciona como sujeto**, con una sola **excepción**: **varios sujetos** (que realizan **conjuntamente una acción**) pueden ir precedidos de la preposición **"entre"**: *"subimos el armario **entre mi abuelo y yo**. Lo pararon **entre todos los amigos**"*.

■ **Función de vocativo**. Cuando utilizamos el nombre para **llamar** o **invocar** a alguien, desempeña la función de **vocativo**. Se construye sin preposición y lleva entonación independiente (*por eso se escribe entre comas*). Esto indica que no guarda relación gramatical con las demás palabras de la oración (*no es sujeto, no es atributo, no es complemento, etc.*). Su papel, es autónomo y desempeña la **función apelativa** (o **conativa**) del lenguaje.

Puede ir al principio, en medio o al final de la oración:*" **Sereno**, ábrame la puerta; te espero, **Ana**, en la calle; no le hagas caso, **María**".*

■ **Función de atributo**. En las oraciones copulativas (verbo ser, estar o parecer – si este equivale a los anteriores: *parece (es) listo, parece (está) enfermo* -) el sintagma nominal puede desempeñar la función de **atributo**.*"Mi vecina Nieves es bibliotecaria"* (bibliotecaria es el atributo).

 **IMPORTANTE**

¡No olvidar!: sólo son verbos copulativos **ser** y **estar**.

- Se construye **sin preposición el SN** cuando funciona como **atributo**. Un **SN** desempeña esta función cuando **se une a otro SN** (*que funciona como sujeto*), mediante los verbos **ser** o **estar**.

- *A los verbos **ser** y **estar** (que puede unir un SN con un adjetivo: El aceite está caliente) los llamamos **copulativos**, y forman parte de sintagma predicativo (**S. Pred**).*

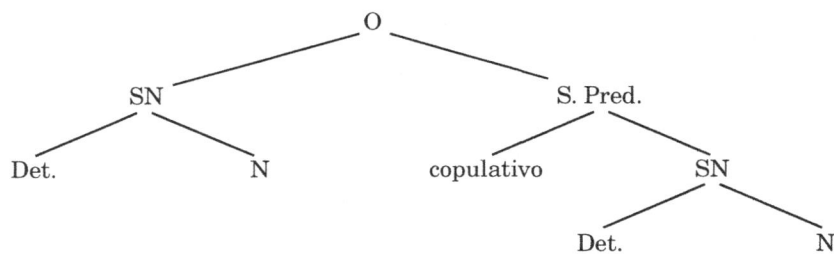

Esa (Det.) chica (N) es (copulativo) la (Det.) enfermera (N)

El conjunto del verbo copulativo y del atributo se denomina **PREDICADO NOMINAL de la oración:**

Predicado nominal → *copulativo + atributo*

¿SABÍAS QUE...?

La función de **atributo** no es exclusiva del **SN**: puede desempeñarla un **adjetivo con los copulativos ser** (*La nieve es blanca*) o **estar** (*El agua está fría*) **o un sintagma preposicional con ser** (*Marcelino es de Madrid*) o **estar** (*Mi amigo está de uñas*). En estos, casos, es blanca, está fría, es de Madrid, está de uñas, son también **predicados nominales**, porque blanca, fría, de Madrid y de uñas son **atributos**.

En ocasiones:

– **El verbo copulativo puede no aparecer**: ¡*Mañana, [es] fiesta!*. Esto también sucede cuando el atributo es adjetivo: *Perro ladrador, [es] poco mordedor.*

– **La oración queda reducida al atributo**: *[Hoy es una] ¡Hermosa mañana!, ¡Qué barbaridad! [es eso que nos ha contado].*

– Puede ocurrir **lo mismo** que en el anterior caso **si el atributo es adjetivo**: *¡Qué listo! [eres tú], [Eso que me dices es] ¡Genial!*

– **Qué**, en los ejemplos *¡Qué mentira!, ¡Qué lince!*, es un morfema de carácter afectivo-exclamativo.

◼ **Función de complementos**. Complemento Directo, Completo Indirecto, etc.*"El coche de Javier"* (de Javier es complemento del nombre).

– **COMPLEMENTO DIRECTO (CD)**. Desempeña tal función el **SN** que acompaña a un **verbo no copulativo y transitivo** para constituir el sintagma predicativo (**S. Pred**). **Hay verbos que necesitan forzosamente un SN para poder constituir el predicado**: *comprar, pedir, decir, arrancar, etc.*, (porque necesito por fuerza comprar, pedir, decir, arrancar alguna cosa). Son los **verbos transitivos**, que construyen el **complemento directo**. Otros verbos, los verbos **intransitivos**, **no** necesitan dicho complemento (*nacer, morir, nadar, respirar, crecer, etc.*), estos verbos no llevan **complemento directo**. A veces, algunos verbos transitivos se construyen sin complemento directo, porque se omite mediante una transformación de supresión: *Leo [algo] en el sofá*. En ocasiones, el SN que funciona como complemento directo se presenta con la preposición "**a**": *He visto a tu hermano*. **Si se expresa el CD** con un **pronombre personal**, este será: **lo, la, los, las**: *He comprado una casa* → ***la** he comprado*.

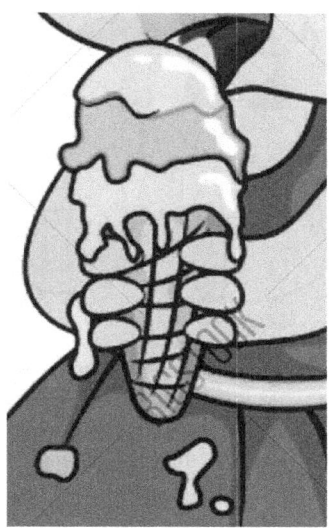

– **COMPLEMENTO INDIRECTO (CI).** Es un sintagma preposicional, con "**a**", que indica la persona, animal o cosa que **reciben** el provecho o el daño de la **acción verbal**. Puede construirse **con** verbos **transitivos** (*los cuales, por tanto, llevarán también **complemento directo***) **o** con verbos **intransitivos**:

*La niña dio **su helado** (CD → su helado, necesito dar algo: el helado) **al gato** (CI → al gato, el gato recibe en provecho de la acción)*

*La película gustó **a los niños** (CI → a los niños, los niños reciben el provecho de la* acción)

El **CI** se sustituye mediante los pronombres, **le, les**: *La abuela dio su bizcocho a la nieta* → ***Le** dio su bizcocho, La excursión gustó a los niños* → *La excursión **les** gustó*.

– **COMPLEMENTO DE UN NOMBRE**. Un SN completa a otro, uniéndose a este por medio de una preposición (*es decir, sirviéndole de complemento preposicional*): *Lo puse en una caja **de madera** (de madera, complementa al nombre caja)*.

– **COMPLEMENTO DE UN ADJETIVO.** Un nombre puede servir de complemento de un adjetivo, sin preposición o con ella: *Tiene un jarrón **verde mar**, vive en la zona **limítrofe con Málaga***.

 ¿SABÍAS QUE...?

Los nombres pueden formar parte también de los **complementos circunstanciales** del verbo, pero, por no ser tal función específicamente suya, los estudiaremos al tratar del sintagma predicativo.

2.3.2 SINTAGMA PREDICATIVO

El **SINTAGMA PREDICATIVO (S. Pred)**, está constituido por un **verbo**, bien solo (*El pez / nada*) **o seguido de un sintagma nominal** (*Adela / dejó la cinta*), de un **sintagma preposicional** (*Hernando tropezó / en la carrera*) o **de ambos** (*muchos pájaros construyen / los nidos / en los árboles*), pero el S. Pred puede **también construirse** con un **verbo copulativo** (*ser o estar*) **seguido** de un **SN** (*Andrés / fue cazador*) o un **S. Adj** (*La tarde / está triste*) o un **S. Prep.** (*Dolores es / de Puentes*).

El **NÚCLEO** del **SINTAGMA PREDICATIVO** es el **VERBO**. Su función fundamental es la de hacer de predicado de la oración:

Se encontró un loro

En la oración anterior todas las palabras están relacionados entre sí, forman un sintagma y se reúnen alrededor de **una de ellas, dotada de mayor importancia**: **Encontró**. Esta palabra es el núcleo del sintagma, es un **verbo** y hace la función de predicado de una oración.

El sintagma predicativo es uno de los constituyentes inmediatos de la oración:

O→ SN + S. Pred.

Llamamos **sintagma predicativo** a lo mismo que la Gramática tradicional llama predicado, esto es, el fragmento de oración que **dice algo** a propósito **del sujeto**:"*El coche* (sujeto) ***ha atropellado a un mayor*** (predicado)"

¿SABÍAS QUE...?

El **verbo** (V) es el **constituyente obligatorio del predicado verbal**. Los verbos son aquellas palabra que pueden variar para expresar tiempo, persona, modo y aspecto (*aparte el número*).

¿SABÍAS QUE...?

El Sintagma Predicativo puede ser de dos tipos. Con **verbo copulativo** (*ser o estar*) o con **otros verbos**.

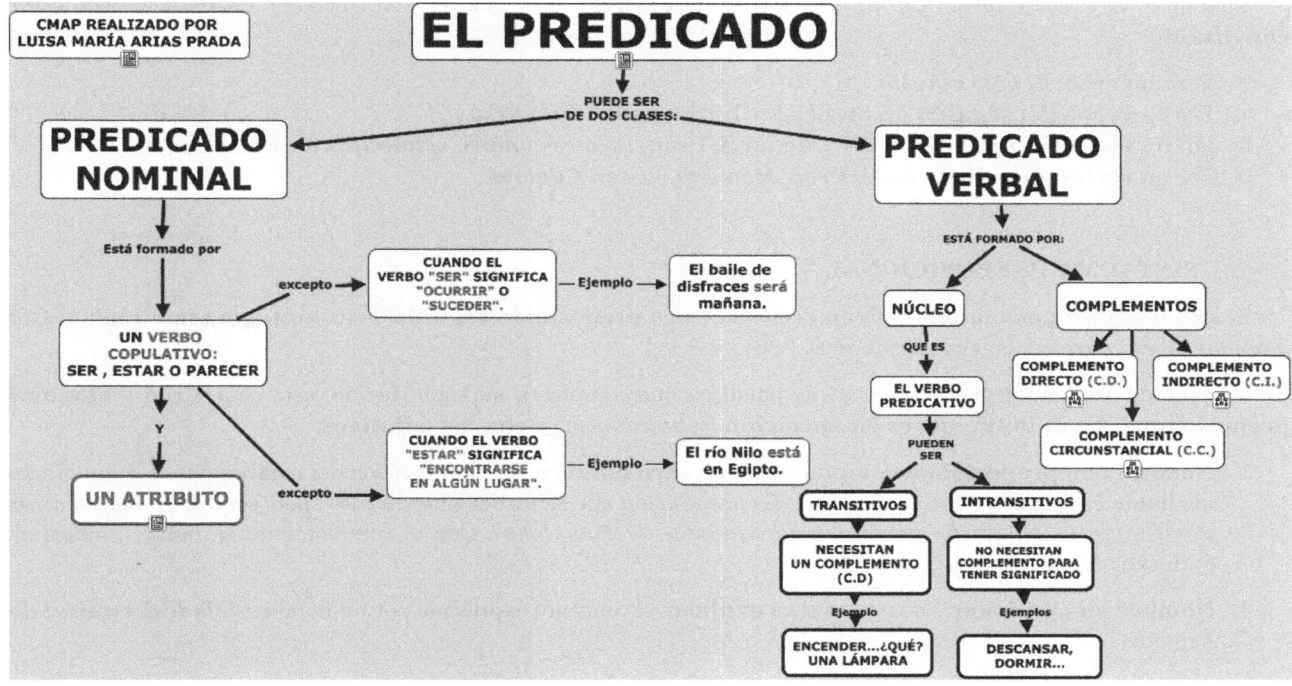

Cuando el sintagma predicativo se forma con **verbos copulativos**, recibe el nombre de PREDICADO NOMINAL y el **verbo copulativo va seguido de un atributo**, que puede ser:

- Un **sintagma nominal** (con ser): *Esa señora es la profesora*.

- Un **sintagma adjetivo** (con ser o estar): *El cocido es (o está) delicioso*.

- Un **sintagma preposicional** (con ser o estar). *Berta es de Zamora, Alonso está de un humor de perros*.

- Cuando el sintagma preposicional **(P. Prep.) funciona como atributo equivale a un adjetivo**: *de Valencia = valenciano*.

- **El atributo (SN, S. ADJ o S. Pred)** se distingue de otras funciones en que **se identifica con el sujeto**: Esa señora = **profesora**, el cocido = **delicioso**, Alonso = **de un humor de perros**.

Cuando el S. Pred se forma con un **verbo no copulativo**, se denomina PREDICADO VERBAL. Puede estar **constituido**:

- Por un **verbo**: *El gato **maulló**.*
- Por un **verbo (V) seguido de un SN**: *Ese perro **ganó el concurso**.*
- Por un **verbo seguido de un SN y de un S. Prep**: *Dolores **compró esta bufanda en Andorra**.*
- Por un **verbo seguido de un S. Prep**: *Manolita vive **en Cáceres**.*

2.3.3 SINTAGMA PREPOSICIONAL

El **sintagma preposicional (S. Prep.)** consta de una **preposición seguida** de un **sintagma nominal**: *"por la mañana, en esa vitrina"* (en esa vitrina → S. Prep.).

Un sintagma nominal puede tener otras palabras que completen su significación, esto ocurre con **sintagmas preposicionales con los nombres en aposición** (*concordancia*) **y con los adjetivos**.

- **Nombre con preposición, complemento de otro nombre**. La significación del nombre puede completarse mediante otro nombre con preposición. La preposición que se utiliza en este caso suele ser **"de"**:" *Las camisas de Matilde, la puerta de madera, los habitantes de Pamplona"*. Con el complemento se indica propiedad, materia, origen.

- **Nombre en aposición.** Se emplea para **explicar** el concepto expresado por un nombre: *"Madrid, **capital de España**.*

*El SINTAGMA PREPOSICIONAL (P. Prep.) que forma **parte** del Sintagma Predicativo (**P. Pred**) puede ser: complemento **directo**, complemento **indirecto** y complemento **circunstancial**.*

2.3.4 SINTAGMA ADJETIVAL

El **núcleo** – palabra más importante de un sintagma - de un **Sintagma Adjetival (S Adj)** es el **adjetivo**: *"La noche está lluviosa"* (**lluviosa → S Adj**).

Los **adjetivos** expresan **cualidades** de los seres. Por tanto, completan a estos y funcionan, por lo común, como **complemento nominal** adjunto. Desempeñan su función de **complemento del nombre uniéndose** a él **directamente** (*el cuaderno **azul***) **o después** de un verbo **copulativo** (*Rodrigo es **alto***).

2.3.5 SINTAGMA ADVERBIAL

Los ADVERBIOS son palabras invariables que acompañan al verbo (*adverbium = junto al verbo*), sirviéndole de **complementos circunstanciales**.

 **¿SABÍAS QUE...?**

Los **adverbios** son complemento intrínseco del **verbo**, de la misma manera que el **adjetivo** lo es del **sustantivo**.

Algunos adverbios pueden ser **complementos de un adjetivo** (*Parece **muy listo***) **o** de **otro adverbio** (*Llegó **muy tarde***).

Desde el **punto de vista formal**, los adverbios se dividen en **simples** (*hoy, así, no, pronto, etc.*) y **compuestos**. Estos se dividen, **a su vez**, en:

- Compuestos con el nombre **mente** convertido en morfema: *felizmente, suavemente, etc.*, son los adverbios más claros.

- **Locuciones verbales**: *a la chita callando, a hurtadillas, en un tris, en un periquete, en rigor, de pie, a gatas, etc.*

Desde el **punto de vista de la circunstancia que expresan**, esto es, de su significado, se distinguen estas clases de adverbios (*simples o compuestos*): de **lugar** (*aquí, ahí, allí, encima, enfrente, etc*), de **tiempo** (*antes, enseguida, al instante, en un santiamén, etc*), de **modo** (*claramente, ingenuamente, punto por punto, a manos llenas, ala chita callando, etc.*), de **cantidad** (*bastante, tan , a más y mejor, escasamente, etc.*), de **afirmación** (*ciertamente, en efecto, en verdad, etc.*), de **negación** (*en la vida, jamás, tampoco, etc.*), de **duda** (*quizá – quizás, tal vez, probablemente, etc.*

Desde el **punto de vista formal, son iguales ciertos adverbios de cantidad y ciertos determinantes** indefinidos, pero **se distinguen**:

- **Morfológicamente**, porque cuando funcionan como **adverbios** son **invariables**: *corro bastante - corremos bastante*. Cuando funcionan como indefinidos, pueden variar de forma: *Había bastante gente – Había bastantes personas - Había bastantes.*

- **Sintácticamente**, porque el determinante acompaña al nombre y el **adverbio** complementa a un **verbo**, a un **adjetivo** o a un **adverbio**

Como Adverbios

Estudia **mucho**

Piensa muy **poco**

Ya no juega **más**

Como Determinantes

Tiene **mucha** inteligencia

Había **poco** público

No le des **más** fruta

A veces, el **SN sin preposición** funciona superficialmente como **adverbio**, es decir como complemento circunstancial: *Martín me llamó* **el martes**, *te lo he dicho* **muchas veces**, *ha salido del trabajo hace* **veinte minutos**.

EJERCICIOS

◼ **1.** Qué es un sintagma. Díganse las clases de sintagmas que existen y qué palabras son sus núcleos.

◼ **2.** Pónganse dos ejemplos de cada sintagma.

◼ **3.** Descompóngase la siguiente oración en sus sintagmas componentes:
   ◾ **Las motos dieron veinte vueltas a la pista**

◼ **4.** ¿Por qué SN y S. Pred son los constituyentes inmediatos de la oración?

◼ **5.** ¿Son lo mismo determinante y artículo?

◼ **6.** ¿Qué significa "*coherencia*" en el sintagma nominal?

◼ **7.** Enumérense los rasgos que poseen los siguientes nombres: Tobías, alcachofa, león, perseverancia, televisor.

◼ **8.** Escríbanse dos oraciones con cada tipo de determinantes.

◼ **9.** Señálense los sintagmas presentes en las oraciones anteriores.

◼ **10.** Señálense las funciones de los siguientes sintagmas nominales:
   ◾ Los músicos tocan los instrumentos
   ◾ Esos hombres son policías
   ◾ Carmen estaba en Sevilla
   ◾ Tomás, te esperan
   ◾ El presidente avisó a los diputados
   ◾ Matías cuida de su mascota
   ◾ El niño dio comida a la tía
   ◾ Les gustó el partido

◼ **11.** En las oraciones del ejercicio anterior señálense los tipos de sintagmas predicativos.

◼ **12.** Escríbanse dos oraciones con sintagma preposicional, dos con sintagma adjetival y dos con sintagma adverbial. Señálense además los sintagmas nominales y predicativos indicando sus funciones o clases.

2.4   SER, ESTAR. VERBOS AUXILIARES. VERBOS PRONOMINALES

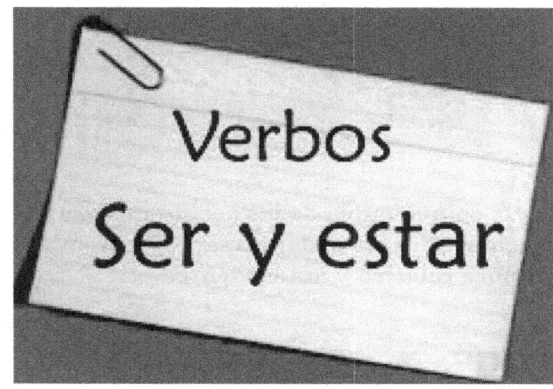

Los verbos **ser** y **estar** forman un PREDICADO NOMINAL **si se unen a un SN, A un S Adj o a un S Prep.**, y son entonces verbos **copulativos** o cópulas.

Ser y **estar** funcionan como verbos **copulativos** cuando **unen el sujeto con su atributo**, identificándolos y son verbos **predicativos** cuando **no** realizan ninguna **unión**, sino que **ellos** mismos **reciben** un **complemento circunstancial**.

*El agua es **cristalina** (cristalina → **atributo**).*
*Los alumnos estuvimos **en el aula** (en el aula → **CCL**)*

Llamamos **Verbos Auxiliares**, a los verbos **haber**, que sirve para formar los **tiempos compuestos** de la conjugación (*hemos bailado*) y **ser**, con el que se forma la **voz pasiva** (*fuimos despedidos*)

Los **Verbos Pronominales** son aquellos que **se conjugan** obligatoriamente **con un pronombre**: arrepentirse, jactarse, quejarse, atreverse, etc.

2.5   SUJETO Y PREDICADO. CONCORDANCIA.

El **ORDEN** de los ELEMENTOS ORACIONALES puede ser **LÓGICO** o **PSICOLÓGICO**. El **primero** sería el formado por **SUJETO + VERBO + COMPLEMENTOS (CD, CI, CC)**, sin embargo, este tipo de construcción se altera por criterios psicológicos: el tema o la información relevante ocupa una posición destacada dentro de la oración.

La **CONCORDANCIA** radica en la **coincidencia de los accidentes gramaticales entre ciertos elementos de la oración**. Las **principales relaciones de concordancia** se producen entre **sustantivo y artículo, sustantivo y adjetivo, sujeto y verbo, pronombre relativo y antecedente.**

¿SABÍAS QUE...?

El sujeto y el predicado tienen que tener correspondencia, correlación.

¿SABÍAS QUE...?

El **SUJETO** es un **SN** a propósito del cual se afirma, se niega, se pregunta, se exclama, se duda o se desea algo, o al que se le manda algo; y el **PREDICADO**, es lo que se afirma, se niega, se pregunta, exclama, se duda o se desea del SN, o lo que se le manda.

En todas las oraciones se establece una **relación de concordancia** entre el **núcleo del sujeto** y el **núcleo del predicado**.

El **sustantivo** o pronombre que funciona como **núcleo** del **sujeto** y el núcleo del **predicado,** el **verbo**, deben **coincidir**, deben tener concordancia en el número (*singular o plural*) y persona (*primera, segunda o tercera*).

La montaña	está nevada
Sujeto	Predicado

La **montaña** (*tercera persona, singular*) **está nevada** (*tercera persona, singular*), no se puede decir: la **montaña** está **nevadas**, no hay concordancia.

La **CONCORDANCIA se establece con los pronombres personales** *yo* , singular, *nosotros / as*, plural, para la primera persona; *tú*, singular, *vosotros / as*, plural, para la segunda persona; *él, ella, ello,* singular, *ellos / as*, plural, para la tercera persona.

CONCORDANCIA EN TERCERA PERSONA

También concuerdan en tercera persona:

- Los pronombres usted, ustedes que se refieren a la segunda persona. ¿Ustedes son de Guadalajara?
- Los pronombres demostrativos, posesivos, numerales e indefinidos. Nadie parecía interesado en su discurso.
- Todos los sustantivos. Los tres investigadores expusieron los avances de su investigación.

Los **sustantivos colectivos con adyacente preposicional** pueden **concordar** en **singular o plural**. *Un grupo de estudiantes **apuntó** / **apuntaron** otros motivos*

En las oraciones también se establecen relaciones de **concordancia entre el ADJETIVO y el sustantivo al que se refiere.**

El adjetivo **concuerda** con el sustantivo o pronombre al que se refiere en **género** (*femenino o masculino*) y **número** (*singular o plural*).

Los **adjetivos** mantiene la **concordancia** con el sustantivo en su función de **adyacentes** (Ady) del núcleo del sintagma nominal y cuando actúan como **atributo** (At) o complemento predicativo (C. Pvo).

*Es **adecuada** (At) esa aplicación → No, "Es adecuado esa aplicación*
*Dejó **preparada** (C. Pvo) la ensaladilla → No, "Dejó preparado la ensaladilla*

2.6 COMPLEMENTOS VERBALES

Un sintagma verbal puede tener **otras palabras que completen y perfeccionen** su significado. Esto ocurre con los llamados **complementos directos, indirectos y circunstanciales y con los adverbios.**

El SINTAGMA PREPOSICIONAL (P. Prep.) que forma **parte** del Sintagma Predicativo (**P: Pred**) puede ser: complemento *directo, complemento indirecto* y *complemento circunstancial*.

EL COMPLEMENTO DIRECTO

EL COMPLEMENTO DIRECTO (**CD**). Es la palabra que **precisa** la significación del **verbo transitivo** y denota a la vez el **objeto** (*persona, animal o cosa*) en que **recae directamente la acción** expresada por aquél.

Alejandro lee *el periódico*

La acción del verbo **leer recae directamente** sobre el objeto **periódico**, por lo que este es **complemento directo** de dicho sintagma verbal.

El complemento directo se relaciona a veces con el verbo al que completa por medio de la preposición **"a"**, esto ocurre con **nombres de persona o animales irracionales**:"*He visto **a** Marta, montó **a** Pegaso, dejó **al** (a + el) cerdo*". De todas las maneras, es difícil establecer una regla precisa sobre el uso de la preposición "a" delante del complemento directo.

 **¿SABÍAS QUE...?**

El **complemento directo** se puede pronominalizar mediante **lo, los, la, las.**

Miró a su hermana = la miró

Para **reconocer el complemento directo** podemos también pasar la oración **de voz activa a voz pasiva**:

Bernardo construyó esta iglesia (voz activa).
Esta iglesia fue construida por Bernardo (voz pasiva)

Esta iglesia ha pasado a ser sujeto (*sujeto paciente → recibe la acción, no la realiza*) de la oración pasiva. Ello indica que era **complemento directo**.

Si realizamos la misma prueba con la oración:

Esta escultura cuesta cien euros
Cien euros son costados por esta escultura

La segunda oración **no es aceptable**, por tanto cien euros no funciona como complemento directo.

2.6.1 EL COMPLEMENTO INDIRECTO

EL COMPLEMENTO INDIRECTO (CI). Mediante él, se señala **quién recibe el daño o el provecho de la acción**. Se construye **habitualmente** con la preposición **"a"**: "*Dejó el bolso **a** Margarita, compraré agua **a** mi tía*". **También** puede ir **precedido** de la preposición **"para"**: "*Trajo una tarta **para** Lucrecia*".

Cuando el complemento indirecto está **representado por un pronombre** átono (**me, te, le, les**), **no** lleva **preposición**: "*Entréga**le** este libro, déja**me** el bolígrafo*".

A veces en la oración **no** se hace **mención** expresa del **complemento directo**, aunque **sí** del **indirecto**. Esto ocurre **en oraciones transitivas en las que se sobrentiende aquél**: "*Escribe **a tu padre** (una carta → complemento directo), abre **a tu madre** (la puerta → complemento directo).*

¿SABÍAS QUE...?

El complemento **indirecto** se puede pronominalizar mediante **le** o **les**. Son también complementos indirectos me, te, se, nos, os (*os requieren*).

2.6.2 EL COMPLEMENTO CIRCUNSTANCIAL

Mediante este complemento se **señala el modo, lugar, tiempo, causa, medio o instrumento o compañía de la acción** (*la circunstancia*) expresada por el verbo El complemento circunstancial **(CC).**. Se construye **con diversas preposiciones**:"*Juega al balón **con** zapatilla, bailaron **en** la calle, dibuja **con** el lápiz, salieron **a** las tres*".

El COMPLEMENTO CIRCUNSTANCIAL PUEDE SER DE:

- ▪ **LUGAR**. Jugo **en el parque**. ¿*Dónde* jugo?

- ▪ **TIEMPO**. Jugo en el parque **el sábado**. ¿*Cuándo* jugo?

- ▪ **MODO**. Jugo en el parque el sábado **con alegría**. ¿*Cómo* jugo?

- ▪ **INSTRUMENTO**. Jugo en el parque el sábado con alegría **con la raqueta**. ¿*Con qué* jugo?

- ▪ **COMPAÑÍA**. Jugo en el parque el sábado con alegría con la raqueta **con su padre**. ¿*Con quién* jugo?

2.6.3 EL COMPLEMENTO ADVERBIAL

Funcionalmente hablando, con el **adverbio complementamos** la **significación del verbo**:"*Corría **lentamente**, dibujaron **abajo**, vienen **mañana***". La función principal del adverbio es la de **complemento circunstancial.**

EJERCICIOS

1. Qué es el sujeto y el predicado de una oración.

2. Qué significa que "el sujeto y el predicado tienen concordancia".

3. Qué es un verbo pronominal.

4. Señálense las oraciones que presentan discordancias y escríbanse correctamente:

- La mitad de los exponentes llegaron tarde a la conferencia.
- Vino tarde el anfitrión y su esposa.
- La mitad de los exponentes llegó tarde.
- Gigantesco fue la pregunta.
- Aquella parte no observaron a las indicaciones.
- Aquella parte no observó calmados a las indicaciones.

5. Escríbanse una oración de concordancia en tercera persona con **usted**, una oración con un posesivo y una oración con un sustantivo.

6. Relaciónense los siguientes sustantivos y verbos para crear oraciones y completarlas añadiendo al menos dos adjetivos calificativos a cada una:

- Niña – medias – hermano
- Gustar – chocolate – pantalón
- Vestir – abuela - cartas

7. Señálense todos los **complementos** de las siguientes oraciones:

- Ha estallado una bomba
- Lo hace todo en un abrir y cerrar de ojos
- El público reaccionó con presteza
- ¡Un buen arroz te comerías tú!
- La sobrina del medico se ha casado
- Los montes no están lejos
- Pon la carne en el frigorífico
- Pedro es de capital
- Su abuelo es militar
- Toca el piano exquisitamente
- La perra amamanta a los cachorros en el establo
- Eso no lo aprobará el sábado en el pleno
- Le dio al balón con la punta de la bota
- Le pego
- Macarena engañó a sus primas
- Saltó por encima del toro

8. En las oraciones del ejercicio anterior hay alguna **locución adverbial**, señálense.

■ **9.** Diferénciese en las oraciones siguientes los usos **copulativos** y **predicativos** de **ser** y **estar**: Señálense además los sintagmas existentes y complementos.

- La ceniza es gris
- Los chicos estuvieron en el campamento
- Noelia está en la discoteca
- Roberta es de armas tomar

■ **10.** Escríbanse dos oraciones de cada tipo de complemento

---

2.7 ORACIONES COMPUESTAS

Oración compuesta es aquella oración que cuenta **con dos o más predicados,** los cuales son centros de otras tantas **proposiciones:**

El ebanista ha fabricado dos cómodas y tres sillones (el ebanista ha fabricado dos cómodas y el ebanista ha fabricado tres sillones).

Las **proposiciones** que forman una oración compuesta pueden relacionarse de dos maneras distintas según el **grado de dependencia** que tienen entre sí. Estas dos maneras se denominan **coordinación**, **yuxtaposición** (*solo unión*) y **subordinación.**

■ Dos o más proposiciones se unen mediante **COORDINACIÓN**, y se llaman entonces **PROPOSICIONES COORDINADAS,** para formar una **oración compuesta** cuando **no** existe **entre ellas** ninguna **dependencia.** El hablante las reúne en una unidad mental pero las **proposiciones podrían funcionar** como **oraciones independientes**:

Pasa la mañana en la biblioteca o [pasa la mañana] en su casa

■ En la **SUBORDINACIÓN**, en cambio, una de las proposiciones, **PROPOSICIÓN SUBORDINADA**, desempeña una **función** gramatical **dentro** de otra oración (*que es la PROPOSICIÓN PRINCIPAL*). Esto es, la **subordinada** funciona como **sujeto**, **atributo** o **complemento de** la oración **principal.**

*Me gusta **que actúes así** (sujeto)*
*Esa señora es **la que cobra** (atributo)*

■ En la **YUXTAPOSICIÓN** las oraciones van unidas por comas (*o punto y coma*) y son independientes.

Corre, salta, vuela
No tardes; comemos con los abuelos

PREPOSICIONES Y CONJUNCIONES

Las **preposiciones** y las **conjunciones**, ambos vocablos invariables, **establecen relaciones en** el seno de la **oración**, la **diferencia** entre ellas es neta:

■ La **PREPOSICIÓN relaciona** siempre dos **palabras** en el seno de una oración o de una proposición:" *Hemos ido **a** casa **de** Carmina; siempre desayuna chocolate **con** churros*".

Las preposiciones siempre encabezan un SINTAGMA PREPOSICIONAL (*su núcleo es un nombre*), que funciona como **complemento preposicional** de otra palabra. Su regla de reescritura es la siguiente:

S. Prep → preposición + SN

Esto quiere decir que la **preposición siempre va seguida de un SN** (*o de una secuencia que funciona como sintagma nominal*):"*Me conformo **con que él lo confiese**" = con su confesión.*

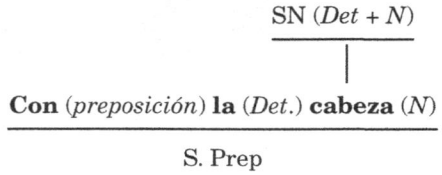

SN (*Det + N*)
|
Con (*preposición*) **la** (*Det.*) **cabeza** (*N*)

S. Prep

 **¿SABÍAS QUE...?**

Las **preposiciones** son. **A, ante, bajo, cabe, con contra, de, desde, en, entre, hacia, hasta, para, por, según, sin, sobre, tras.**

El **SINTAGMA PREPOSICIONAL** funciona como:

– Atributo. *Adela es de Toledo.*

– Complemento de un nombre. *Café con leche.*

– Complemento de un pronombre. *Alguien de tu grupo.*

– Complemento de un adjetivo. *Verde de envidia.*

– Complemento de un verbo directo (*saludó a la prima*), indirecto (*envió rosas a su hermana*), circunstancial (*irán a Venecia*). "**A**" es la única preposición que va en el S Prep. cuando funciona como CD o CI.

■ La **CONJUNCIÓN relaciona** siempre dos **proposiciones** en el seno de una oración compuesta (*aunque, superficialmente, parezca que relaciona dos palabras):" El ladrón saltó y huyó por la cerca; tu hermano es listo [tu hermano] pero antipático; dale tarta o [dale] bizcocho".*

La conjunción **une**, además:

– **Dos sujetos**. Lorenzo **y** Catalina son amigos.

– **Dos verbos**. Olga estudia **pero** no aprueba.

– **Dos atributos**. Eva ¿es morena **o** castaña?

– **Dos complementos**. Este tornillo no sale con destornillador **ni** sin destornillador.

Como la relación que existe entre dos proposiciones puede ser de coordinación o de subordinación, ello hace que debamos distinguir entre **conjunciones coordinantes** y **conjunciones subordinantes**.

2.7.1 **PROPOSICIONES COORDINADAS: SUS CLASES**

¿SABÍAS QUE...?

Dos o más proposiciones se unen mediante **COORDINACIÓN** y se llaman entonces **PROPOSICIONES COORDINADAS**, para formar una **oración compuesta** cuando **no** existe **entre ellas** ninguna **dependencia**. Cada una funciona independientemente de la otra, estaría completa y tendrá sentido pleno si fuera sola**.**

Se habla de proposiciones coordinadas, pero por medio de nexos coordinantes, se unen también **sintagmas** o **párrafos**.

SINTAGMAS COORDINADOS

En la **oración simple los nexos coordinantes enlazan sintagmas del mismo tipo**, introducidos o no por preposición.

SN + SN → *La cantante y el compositor charlaban relajadamente*
S. Adj + S. Adj → *La conferencia fue muy corta pero bastante intensa*
S. Adv + S.Adv → *Los músicos ensayaban por aquí y por allá*

PROPOSICIONES COORDINADAS

Cuando dos **proposiciones** o más se **unen** por medio de **nexos coordinantes**, forman una **oración compuesta**.

Dos proposiciones son **coordinadas** cuando desempeñan una **función equivalente** y se unen con identidad jerárquica por medio de una palabra, **conjunción**, que sirve de **nexo** entre ellas, además, de las conjunciones actúan como nexos coordinantes las **locuciones conjuntivas**.

Prop. → *Encendió la televisión* + **(Y)** + **Prop**. → *Vio con interés la película*

PÁRRAFOS COORDINADOS

Los **nexos** coordinantes pueden **enlazar diferentes ideas** que aparecen en **distintos párrafos** de un texto, en este caso el nexo aparece al comienzo del párrafo o de los párrafos enlazados.

*Lo que más le gusta de ella es que sabe escuchar. Sabe escuchar a todo el mundo y dar buenos consejos **pero** se preocupa poco por su salud.*

Cuando dos o más elementos aparecen **coordinados**, pueden mantener entre sí **distintos tipos de relaciones semánticas**.

- **Adición**. Los elementos se **suman**. *Los niños juegan, meriendan y cantan.*

- **Restricción**. El **segundo elemento** ofrece **alguna reserva** con respecto al **primero**. *Estudia pero no lo suficiente.*

- **Exclusión**. Los **elementos** se presentan como **incompatibles**; si se elige uno se rechaza el otro. *Canta o llora.*

- **Distribución**. Los elementos presentan **alternancia**. *Adela tan pronto anda como corre.*

- **Explicación**. El **segundo elemento explica al primero**. *Ellos saben estar, es decir, son unos buenos invitados.*

CLASES de PROPOSICIONES COORDINADAS

- COPULATIVAS
- DISYUNTIVAS
- DISTRIBUTIVAS
- ADVERSATIVAS
- EXPLICATIVAS

2.7.2 PROPOSICIONES COPULATIVAS

Son las proposiciones que se suceden **sumándose** una a otra. Se relacionan mediante las conjunciones **y** (o **e**), cuando son **afirmativas**; y con la conjunción **ni** cuando son **negativas**, las palabras que unen son los **nexos**:

*Salieron al pantano / **y** pescaron.*

A veces, **ni** va al frente de las dos proposiciones, marcando así más intensamente su íntima relación: ***ni** quiere / **ni** puede hacerlo.*

La conjunción **"e"** es una variante de "y" que solo **se usa** cuando la **palabra siguiente empieza** por **"i-** o **hi-"**para evitar un encuentro desagradable de sonidos: *estudió **e h**izo lo que pudo.* Si empieza la palabra por **"hie-"***como llueve **y hie**la no salen"* se emplea **"y"**.

A veces, pueden coordinarse **tres o más proposiciones** copulativamente y entonces **solo** las **dos últimas** van unidas por **"y"**: *Salimos del hotel, fuimos a varias tiendas, comimos y regresamos.*

En ocasiones, con fines expresivos o literarios las proposiciones se relacionan con "y". El fenómeno se llama **polisíndeton** (*con varias ataduras o nexos*) y queda así: *Salimos del hotel y fuimos a varias tiendas y comimos y regresamos.*

2.7.3 PROPOSICIONES DISYUNTIVAS

Una proposición **excluye** a la **otra**:

*¿Entras / **o** sales?*

Se unen (**nexos**) con las conjunciones **o** (**u**), **o bien**.

La conjunción **"u"** es una variante de "o" que **solo** se emplea cuando la **palabra siguiente empieza** por" **o-, ho-**": *Págale el hotel **u** hospédalo tú.*

No siempre es disyuntiva la conjunción "o", puede ser explicativa: *La acción o labor es arriesgada* (La acción es arriesgada y La acción es la labor)

2.7.4 PROPOSICIONES DISTRIBUTIVAS

Presentan acciones **alternantes** pero que **no excluyen**:

Unas iban satisfechas, / otras mostraban inquietud

Las **conjunciones** que más frecuentemente unen (**nexos**) las proposiciones son: **bien... bien, ya... ya, ora... ora, tan pronto... como**. Pero la relación distributiva puede marcarse además mediante palabras que figuran correlativamente relacionadas en la proposiciones y que no son conjunciones: **uno... otro, este... aquel, cerca... lejos, aquí... allí,** etc.

*Estos días **ya** llueve, **ya** hace sol*
***Tan pronto** se enfada **como** baila*
***Este** se entusiasma, **aquel** se queja*

2.7.5 PROPOSICIONES ADVERSATIVAS

Presentan **acciones que se enfrentan o se corrigen**:

*Estudia mucho **pero** no aprueba*

Las **conjunciones** usadas para unir las proposiciones son: **pero, más, aunque, sin embargo, no obstante, antes, antes bien, por demás, sino que, con todo, más bien, fuera de, excepto, salvo, menos, que no,** etc.

*Mi vecina es lista, **pero** (o **mas**) no se esfuerza.*
*Nos han invitado, **aunque** no sabemos si iremos.*
*Has tenido dos faltas, **por lo demás** está bien.*

La conjunción *aunque* es **adversativa** cuando **equivale** a **"pero"**, si no, es conjunción subordinada (concesiva). ***Aunque** pueda, no lo hará.*

2.7.6 PROPOSICIONES EXPLICATIVAS

Una proposición **aclara el significado** de la anterior:

*Pinta cuadros, es **decir**, se siente un artista*

Se unen mediante las locuciones conjuntivas: **esto es**, **es decir**.

2.8   LA YUXTAPOSICIÓN

Se trata de un fenómeno que **afecta** no solo a las proposiciones **coordinadas**, sino también a las **subordinadas**.

La **yuxtaposición** consiste en la **unión** de dos **proposiciones** para formar una oración compuesta (*con relación coordinada o subordinada*) **sin** conjunciones ni ningún otro **nexo**.

Las olas corren sobre su lomo, / van,/ vienen,/ hierva,/ se deshacen en nítidos espumarajos (Azorín)

Las proposiciones anteriores van yuxtapuestas, y son **coordinadas copulativas**.

Cuando esto ocurre, el fenómeno se denomina **asíndeton** (*sin ataduras*) y la construcción es **asindética**.

En la oración **"Desea le digas la verdad"**, también van yuxtapuestas (*le digas la verdad* funciona como **CD de la principal**, "desea"; luego es una proposición **subordinada sustantiva**. "Se ocultó, no sabía contradecir" (*no sabía contradecir* es **subordinada causal**).

EJERCICIOS

■ **1.** En las siguientes oraciones, distíngase las oraciones compuestas construidas con **coordinación** y con **subordinación**.

- ■ Cuando no sabe qué crear, se adormece.
- ■ ¿Comes o no comes?
- ■ Coméntaselo para que se ponga alegre
- ■ Si estás reventado, ¿por qué no te acuestas?
- ■ Es inteligente pero relajada
- ■ Soraya, bien habla en clase, bien se ríe
- ■ Aunque se lo jures, no se lo cree

2. Escríbanse cuatro sintagmas coordinados.

3. Invéntese un breve texto con párrafos coordinados.

4. Díganse de qué clase son las oraciones coordinadas del ejercicio anterior.

5. Explíquese cada clase de proposiciones coordinadas. Póngase una oración de cada clase.

6. Díganse qué clases de proposiciones coordinadas hay en las siguientes oraciones.

- Unos carcajean, otros sollozan
- Sabe hacerlo todo menos estarse quieto
- Lola es educada pero pesada
- En la playa, se tumba o bien se sienta
- Ni tú ni él sois capaces de imaginarlo
- Tiene reuma, es decir, le duelen las articulaciones

7. Escríbanse dos oraciones yuxtapuestas, una con coordinación y otra con subordinación.

2.9 PROPOSICIONES SUBORDINADAS: SUS CLASES

| Oraciones subordinadas sustantivas |
| Oraciones subordinadas adjetivas |
| Oraciones subordinadas adverbiales |

En la SUBORDINACIÓN, una de las proposiciones, **PROPOSICIÓN SUBORDINADA**, desempeña una **función** gramatical **dentro** de otra oración (*que es la PROPOSICIÓN PRINCIPAL*). Esto es, la **subordinada** funciona como **sujeto**, **atributo** o **complemento de** la oración **principal**.

*Me encanta **que procedas justamente** (sujeto)*
*Esa chica es **la que juega** (atributo)*

2.9.1 PROPOSICIONES SUBORDINADAS SUSTANTIVAS

Son las **proposiciones subordinadas** que dentro de la oración desempeñan cualquiera de las **funciones** que podría desempeñar un **nombre**: sujeto, atributo, complemento directo, etc.

Esto no quiere decir que siempre podemos sustituir una proposición sustantiva por un nombre, aunque no siempre la lengua ofrece nombres que permitan tal sustitución. Es posible, por ejemplo, en *"Nos alegra **que hayan vuelto**"* (= su vuelta); y no lo es en "Nos alegra **que no se haya enfadado**", porque el idioma carece de un nombre equivalente a "que no se haya enfadado", pero esta proposición es **sustantiva** porque **su función** (*la de sujeto*) **es típica del nombre o sustantivo**.

Las **FUNCIONES** de las proposiciones sustantivas son:

■ **SUJETO**. *Me entristece **que mientas constantemente***. Como sujetos que son , estas proposiciones **pueden llevar artículo**: *Me entristece **el que** mientas constantemente*. Pueden desempeñar la función de sujeto distintos tipos de proposiciones sustantivas.

   – **Sustantivas con "que":** Le interesa *que veas esa exposición*.
   – **Sustantivas de "infinitivo":** Le interesa *ver esa exposición.*
   – **Adjetivas sustantivadas:** *Quien haya visto esa exposición* conoce bien a los mamíferos.

■ **APOSICIÓN**. *¡Qué bien actúa esa actriz**, la que** hacia de enfermera!*. Además de cómo adyacentes, las **proposiciones sustantivas pueden modificar** el **núcleo** del sintagma nominal desempeñando la **función de aposición**: *María Torres, la cantante de ayer, ha sido profesora* → *María Torres, la que cantó ayer, ha sido profesora*. Las proposiciones que funcionan como aposición son siempre **adjetivas de relativo sustantivadas**.

■ **ATRIBUTO**. *Virginia está **que muerde*** (= rabiosa).

■ **COMPLEMENTO DE UN SUSTANTIVO** (*Complemento del núcleo de un SN)*. Con preposición: *Expresó **su certeza de que renunciaría.***

■ **COMPLEMENTO DE UN ADJETIVO**. (*Complemento del núcleo de un S. Adj.*) Con preposición: *Está **ansiosa de que regreses***

■ **COMPLEMENTO DE UN ADVERBIO**. (*Complemento del núcleo de un S. Adv.*). Con preposición: *Los protagonistas estaban **cerca de lograr su objetivo***.

■ **COMPLEMENTO DIRECTO DE UN VERBO**. *Nuria **piensa que Bruno regresará***. Desempeñan la función de complemento directo, CD, distintos tipos de sustantivas:

   – **Sustantivas con "que"**. Quiero *que me explique bien ese tema*.

   – **Sustantivas de "infinitivo"**: Quiero *conocer más datos sobre ese tema*.

   – **Sustantivas con pronombre o adverbio interrogativo**: Preguntó *quién daría la información*. Luego se explicó *cómo había reunido los datos*.

   – **Adjetivas sustantivadas**: Ellas te presentaron a *quienes podrían ayudarte*.

■ **COMPLEMENTO INDIRECTO DE UN VERBO**. *Entregó la entrada **a quien** estaba en la puerta*. Las proposiciones subordinadas sustantivas de complemento indirecto, CI, van introducidas por la proposición

a. Para no confundir estas proposiciones con las de CD referido a personas, se aplica la sustitución por los pronombres le / les: *Le entregó la entrada.*

Como sucede en las oraciones simples, en las oraciones compuestas el complemento indirecto puede ser doble. Se presenta bajo la forma del pronombre le / les y de una proposición subordinada sustantiva: *Le entregaron la entrada **a quien** estaba en la puerta.*

- ■ **COMPLEMENTO AGENTE.** *El libro fue presentado **por quien** lo había patrocinado.*

- ■ **COMPLEMENTO DE RÉGIMEN.** La preposición **de** precede a la conjunción **que**, cuando el Complemento de Régimen de un verbo exige la preposición de cómo *informar, ocuparse, cuidar, dudar, etc Su hermana la convencía **de que** el concierto había acabado.* Estas proposiciones se **conmutan** por un **pronombre tónico**: *Asunción confiaba **en** ir por el camino recto* → *Asunción confiaba en **eso** / **ello**.*

EL DEQUEÍSMO

Consiste en utilizar la proposición "de" ante la conjunción "que" cuando su presencia no resulta obligada. ***De que quiero, Cree de que** la respuesta no es correcta.*

En las proposiciones sustantivas, la preposición de debe preceder a la conjunción **"que" cuando** la subordinada realiza las **siguientes funciones**:

- ■ **Complemento de régimen** de un verbo que exige la proposición de, como informar, ocuparse, cuidar, dudar, etc. *Se ocuparon **de que** todo estuviera preparado.*

- ■ **Complemento del núcleo de un sintagma nominal, adjetival o adverbial.** *Estaban felices **de que** todo hubiera surgido bien.*

Es **incorrecto**:

Anteponer la preposición **de** a una proposición **sustantiva** introducida por **que** si esta **depende de un verbo**:

- ■ **De pensamiento** (*pensar, creer, opinar...*). *Pensó **de que** no habría atasco.*
- ■ **De habla** (*decir, declarar, comunicar...*). *Os dijo de que se casa.*
- ■ **De percepción** (*ver, escuchar, oír...*). *Han oído de que abren una nueva discoteca.*

Para comprobar si el empleo de la preposición **"de" ante** la conjunción **"que"** es **correcto o no, se convierte la proposición en interrogativa**, si la preposición se mantiene, su utilización es correcta. *Tu primo se ocupa **de que** vengamos* → *¿**De qué** se ocupa tu primo? Cree **de que** el procedimiento de la investigación no es correcto* → *¿**De qué** cree?*

EL QUEÍSMO

En muchas ocasiones la **conjunción "que"** con la que se introducen las **subordinadas sustantivas** debe ir precedida por una **preposición**, si se omite, se produce el **QUEÍSMO**, es decir, el Queísmo es una incorrección que consiste en **suprimir** la **preposición que obligatoriamente** debe **introducir** la **conjunción que**.

*La junta se preocupo **que** todo estuviera listo*

En este caso "que" introduce la proposición sustantiva de complemento de régimen del verbo preocupar (se), que rige la preposición "de"; la oración correcta es:

*La junta se preocupo **de que** todo estuviera listo*

El Queísmo es el **fenómeno contrario al dequeísmo** y suele producirse en la combinación **"de + que"**

Se debe incluir la **preposición delante de la conjunción que** en los siguientes **casos**:

- ■ Si la **proposición sustantiva** cumple la función de **complemento de régimen**: *¡Se olvido **de que** ayer fue tu aniversario!*

- ■ Si la **proposición sustantiva** cumple la función de **complemento del nombre o del adjetivo**: *Tiene miedo **de que** no se lo perdones. Están seguros **de que** te felicitaron.*

- ■ En la construcción **hasta el punto de**: *Estaban muy fatigosos tras la excursión, **hasta el punto de que** dejaron la obra para la semana próxima.*

A la hora de incluir la preposición, hay que tener en cuenta que **determinados verbos pueden aparecen con o sin complemento de régimen**: *olvidarse de algo, olvidar algo; fijarse en algo, fijar algo: acordarse de algo, acordar algo.*

*Se olvidó **de que** era su convite, pero olvidó **que** debía viajar con ella.*

¿CÓMO SE DETERMINA LA FUNCIÓN DE LA PROPOSICIÓN SUBORDINADA SUSTANTIVA?

La **FUNCIÓN** de la Subordinada Sustantiva **se determina en el análisis** de la oración compuesta en la que se incluye.

Para ello seguir estos **pasos**:

*El pueblo sabía **que la verdad triunfaría***

- ■ **Separar** el **sujeto** y el **predicado** de la **oración compuesta**. La proposición subordinada aparece en uno de esos dos constituyentes y que se inicia en el nexo, sí este aparece.

- ■ **Comprobar** que es una **sustantiva** por medio de la **conmutación**. *El pueblo sabía **que la verdad triunfaría**. El pueblo sabía **eso**.*

- ■ **Establecer la función de la sustantiva**. *El pueblo sabía **que la verdad triunfaría** → **lo** sabía (CD).*

- ■ En este caso la subordinada sustantiva funciona como **complemento directo** de la oración compuesta, pues admite la sustitución por el pronombre **lo**.

LA PROPOSICIÓN SUBORDINADA EN INFINITIVO

La Proposición Subordinada puede ir en infinitivo *"Yo quiero ir"*. Esta posibilidad se da principalmente cuando **la subordinada y la principal tiene el mismo sujeto**: "Yo quiero [yo] ir.

La posibilidad de ir la subordinada en infinitivo sin **que** no es exclusiva de las sustantivas, también se da en las **adverbiales**: frente a *Abrí* [yo] *para que no tuviera calor* [él], tenemos: *Abrí* [yo] *para no tener calor* [yo].

ESTILOS DIRECTO E INDIRECTO

Cuando una **proposición sustantiva** funciona como **complemento directo** y el verbo de la oración principal significa "acción que se realiza hablando o pensando" *(decir, mandar. Pensar, sospechar, etc.)*, la proposición principal puede presentar dos forman llamadas **estilo directo** y **estilo indirecto**.

En el **ESTILO DIRECTO**, la proposición subordinada reproduce literalmente lo que yo u otra persona hemos dicho o pensado: *Tú afirmaste entonces:* **Lo haré yo**.

En el **ESTILO INDIRECTO**, se reproduce lo dicho o pensado mediante transformaciones gramaticales y la proposición subordinada se une a la oración principal con la conjunción **que**: *Tú afirmaste entonces* **que lo harías tú**.

A veces, en el **estilo epistolar** o **literario se suprime** la conjunción **que**, cuando los verbos principal y subordinado van muy próximos; *Te suplico* **que** *regreses pronto* → *Te suplico regreses pronto*.

También se puede **suprimir** si se trata de una **oración interrogativa indirecta** y figura en la pregunta una palabra interrogativa *(¿quién?, ¿cómo?, ¿dónde?, etc.)*: *Me pregunto* **que** *quién eras tú* → *Me preguntó quién eras tú. Le ha preguntado* **[que]** *cuántos hermanas tiene y* **[que]** *dónde vive*. Pero si la pregunta no contiene una palabra interrogativa, se usan las conjunciones **que si** o **si**: *Dile [que]* **si** *va a presentarse. Quisiera saber* **si** *lo ha hecho él*.

¿SABÍAS QUE...?

Las **interrogativas indirectas** se construyen con la conjunción **si** o con los **pronombres y adverbios interrogativos** quién / es, qué, cuál / es, cuánto /a /os / as, cómo, dónde, cuándo, cuánto:
- *Te preguntó* **quién** *se los había dicho*
- *No nos dijo* **cuándo** *sería la fiesta*

SUSTANTIVACIÓN DE ADJETIVAS

Las Proposiciones Adjetivas se refieren siempre a un **antecedente**, **si** ese antecedente **desaparece**, la Subordinada Adjetiva **se convierte** en una Proposición Subordinada **Sustantiva**

Las **Proposiciones Adjetivas Sustantivadas** realizan en la oración compuesta las **funciones** propias de las Subordinadas **Sustantivas**.

Los **nexos** que introducen las Proposiciones Adjetivas Sustantivadas **son**:

- ▪ El **pronombre relativo "que"** precedido por un **artículo** (*el, la, los, las*). ***Los que*** *actúan bien son admirados por la gente.*

- ▪ Los **pronombres relativos "quien y quienes"**. *Les dieron el regalo a* ***quienes*** *mejor habían interpretado la canción.*

- ▪ Los **pronombres relativos "cuanto, cuanta, cuantos, cuantas"**. *Todos ellos,* ***cuantos*** *conocimos, eran profesores.*

2.9.2 **PROPOSICIONES SUBORDINADAS ADJETIVAS O DE RELATIVO**

Son las **proposiciones subordinadas** que dentro de la oración desempeñan la **función** característica del **adjetivo**, servir de complemento no preposicional de un nombre.

Aquella estrella ***resplandeciente (adjetivo)*** *es Venus*
Aquella estrella ***que resplandece (proposición adjetiva)*** *es Venus*

Clasificamos **que brilla** como **proposición adjetiva** y al ir encabezada por el pronombre relativo **que**, la llamamos también **proposición de relativo**.

Los **pronombres relativos** que permiten construir estas oraciones son: **que, cual (-es).**

El **nombre completado** recibe el nombre de **ANTECEDENTE** (*es el sustantivo al que se refiere una proposición subordinada adjetiva*) de la proposición de relativo. En las oraciones anteriores, es *"estrella"*.

El cuento (antecedente) ***que contó Carlota*** *es divertido*

ADJETIVOS EXPLICATIVOS Y ESPECIFICATIVOS

El **adjetivo especificativo** es el que **selecciona** al nombre dentro del grupo a que pertenece.

La casa ***vieja***	*El hermano* ***mayor***
La casa ***nueva***	*El hermano* ***menor***

El **adjetivo explicativo** o **epíteto** se limita a señalar una **cualidad** de nombre sin que sea necesario para diferenciarlo:

Verde *hierva*   ***Blanca*** *nieve*

Los adjetivos **especificativos** van **detrás** del nombre, los **explicativos** pueden ir **delante** del nombre **o detrás** (*Tiene derecho* ***legítimo*** *a que se le atienda*).

PROPOSICIONES DE RELATIVO ESPECIFICATIVAS Y EXPLICATIVAS

Las **Proposiciones de relativo** como funcionan **como adjetivos**, las habrá también en construcción **especificativa** y en construcción **explicativa**.

Las **proposiciones de relativo especificativas seleccionan** al nombre antecedente **dentro del grupo** a que pertenece:

Cortaron las ramas del árbol ***que son viejas***.

Solo cortaron las ramas viejas, no las jóvenes. Viejas selecciona los nombres a que se refiere la acción

Las **proposiciones de relativo explicativas** no seleccionan: **se limitan** a **informar** sobre **alguna cualidad** del antecedente y no son imprescindibles para la perfecta comprensión del mensaje:

Cortaron las ramas del árbol, ***que son viejas***.
Van a cortar, por tanto, todas las ramas

 ## ¿SABÍAS QUE...?

La proposición **explicativa** va siempre entre **pausas** (*o comas en la escritura*) y la especificativa, sin ellas.

La **proposición de relativo puede insertarse** en la oración **por una preposición**:

No se ha hallado la pistola <u>***con***</u> *que realizó el crimen*
Esa es la señora <u>***a***</u> *quien felicité*

El **pronombre relativo puede desempañar** en la proposición de relativo la **misma función que su antecedente** en la oración:

*El mensajero (sujeto) / **que** (sujeto) trae los paquetes / es muy simpático*

Pero puede desempeñar **igualmente, funciones diferentes**:

*La **paloma** (sujeto) / **que** (complemento directo) me diste / ha huido*
*No conozco al **chico** / (complemento directo) **con quien** (complemento circunstancial) ibas*
*Es un **profesor** (atributo) / **al cual** (complemento indirecto) han dado una excedencia*

LOS ADVERBIOS RELATIVOS

El **adverbio** suele ser sustituto superficial de un sintagma preposicional. De ahí que algunas combinaciones de **proposición + pronombre relativo** admitan ser sustituidas por adverbios, llamados por eso **adverbios relativos**.

- **Donde** [= en el que, en el cual]: *En ese muro es **donde** chocó.*
- **Como** [= con el cual]: *No sé el método **como** logró fugarse*
- **Cuando** [= en el cual]: *¿Recuerdas el período **cuando** nos frecuentamos?*

Y hay además, un **adverbio relativo neutro**, "cuanto", equivalente a "**lo que**":

*Goza **cuanto** quieras*
*Gastan todo **cuanto** ganan*

PROPOSICIONES DE RELATIVO CON "CUYO"

Cuyo (-a, -os, -as) puede introducir también proposiciones de relativo, pero no es un pronombre sino un **determinante relativo-posesivo**.

*El loro, **cuyos** susurros resonaban la terraza, huía de los niños*

- **Cuyos**, reproduce al antecedente *loro* (*del loro*), por eso es **relativo**.

- **Cuyos**, sirve de determinante a otro nombre (*susurros*), por eso es **determinante**.

- **Cuyos**, indica que el objeto designado por tal nombre (*susurros*) pertenece al antecedente (*loro*), por eso es **posesivo**.

 **¿SABÍAS QUE...?**

Las proposiciones adjetivas con **cuyo** pueden ser **explicativas** y **especificativas**.

*Ese mueble **cuyo color palidece** habrá que restaurarlo (especificativa).*
*Ese mueble, **cuyo color palidece**, habrá que restaurarlo (explicativa).*

PROPOSICIONES DE RELATIVO SIN ANTECEDENTE EXPRESO

En muchas oraciones compuestas que llevan incrustada una proposición de relativo, **no se expresa el antecedente** porque es desconocido, no interesa o se sobrentiende con facilidad.

***Quien** [antecedente sobrentendido: la persona] te quiere, te hará llorar*
*Ahora tengo en **que** [antecedente omitido. cosas] ocuparme*

Estas proposiciones de relativo sin antecedente expreso funcionan, por tanto, como **complementos adjetivos del sustantivo** existente en la estructura profunda.

EJERCICIOS

1. Indíquese qué **función** desempeñan las proposiciones sustantivas en las oraciones siguientes:
- No me gusta que salgas por la noche.
- Solo pretendo que estés satisfecho.
- Esa cuota será recaudada por quienes reparten las cartas.
- Entrega el paquete a quien está encargado del ascensor.
- El que no hables nunca me preocupa.
- Celebro que nos invites.
- Hernando, el que dio el discurso, ha sido futbolista.
- Es cierta la noticia de que el presidente está enfermo.
- Los investigadores trataron de que la investigación fuese mejor.

2. Señálense cuáles de las proporciones sustantivas que hay en las oraciones siguientes están en estilo **directo** cuáles en **indirecto**.

- Me dijo que no podría venir.
- Siempre contesta: - No tengo tiempo.
- En marzo me encargó que volviera en abril.
- Quiso saber si yo era alumno de primero.

3. Escríbase cuatro oraciones interrogativas indirectas.

4. Conviértase en sustantivas las proposiciones adjetivas de las oraciones siguientes. Utilícese distintos nexos cuando sea posible:

- Nos presentó a los amigos que conoció en la excursión a París.
- El collar que quería no estaba en el joyero.
- Hizo el mueble que le habían encargado.
- Te gustan las series que tienen mucha intriga

5. Escríbanse tres oraciones con dequeísmo y explíquese por qué se produce ese fenómeno.

6. En las oraciones compuestas siguientes, hay proposiciones sustantivas y adjetivas (*o de relativo*), distínganse y dígase su clase.

- Lamento que no accedas.
- Esperaba que me escribieras.
- Ha llegado la carta que esperabas.
- Comprendo que no quieras seguir.
- ¿Tomas el medicamento que te recomendé?
- No creo que estés enfermo.
- ¿Va a Madrid el autobús que sale ahora?
- No recuerdo el día en que llegó
- Conviene que te cortes el pelo.

7. Distínganse las proposiciones de relativo explicativas y especificativas que hay en las siguientes oraciones compuestas:

- Ha llamado el señor que vino ayer.
- El peñasco, que estaba suelto, rodó hasta el llano.
- Rodó hasta el llano el peñasco que estaba suelto.
- ¡Ya ha perdido el bolígrafo que le compré ayer!
- La portera, que está muy enferma, no nos saluda.

8. Dígase qué funciones desempeñan los pronombre relativos que figuran en esta serie de oraciones:

- La niña con quien te peleaste es muy buena chica.
- Al médico, que se portó muy bien, le regaló un reloj de oro.
- La noticia que yo te anticipé viene hoy en los periódicos.
- El había firmado la carta que ya leí.

9. Analícense las oraciones del ejercicio anterior.

10. Invéntese dos oraciones en que figuren adverbios relativos.

11. Explíquese las funciones de cuyo en las siguientes oraciones:

- El viento, cuya velocidad era de 100 kilómetros por hora, derribó una casa.
- Ha pasado una grave enfermedad cuyas consecuencias le duran aún.

12. Invéntese dos oraciones con proposiciones sustantivas de cada clase y con proposiciones adjetivas con supuesto estudiados. Analícense.

2.10 PROPOSICIONES SUBORDINADAS ADVERBIALES O CIRCUNSTANCIALES

TEMPORALES	COMPARATIVAS	CAUSALES	CONDICIONALES
DE LUGAR	IGUALDAD	CONSECUTIVAS	CONCESIVAS
MODALES	SUPERIORIDAD		
Funcionan como	INFERIORIDAD		FINALES

Son las **proposiciones subordinadas** que dentro de la oración desempeñan la **función** característica de **adverbio**, servir de **complemento circunstancial** de un verbo

*Allí no se nota nada **cuando se pone el sol** (= de noche)*
*Esto se hace **como te estoy diciendo** (= así)*

La lengua no siempre dispone de un adverbio o de una locución adverbial que signifique lo mismo que una proposición subordinada adverbial, pero esta posee aquel carácter porque **su función es la misma que la del adverbio**, es decir, la de **complemento circunstancial** del verbo principal.

En el sintagma predicativo, en muchas proposiciones subordinadas adverbiales aparece un **sintagma preposicional**.

*Nicolás ha venido **para que le repare la moto***

- **Proposición principal**: *Nicolás* (nombre = núcleo sintagma nominal) *ha venido para que le repare la moto* (sintagma predicativo).

- **Proposición subordinada final** (porque dice el **motivo** por el que sucede la acción principal): *para que le repare la moto* (**sintagma preposicional** por tener para)

2.10.1 PROPOSICIONES SUBORDINADAS ADVERBIALES:

2.10.1.1 De lugar

Precisan o señalan un **lugar** relacionado con la acción principal. Su **nexo** más frecuente es el adverbio **donde**, precedido o no de preposición:

*Hemos venido a estar **donde** estuvimos el sábado*
*He vuelto por **donde** me ha indicado.*

Sin embargo, estas proposiciones pueden ser interpretadas como adjetivas o de relativo, ya que donde equivale a el lugar (al, del, por el...) que, en este sintagma, que es un pronombre relativo, hay que tener en cuenta que las adjetivas se refieren siempre a un antecedente que indica lugar.

*Llegaron a Madrid, donde se instalaron→ P. Ad j (aquí "**donde**" se refiere a un antecedente que es "**Madrid**").*
*Llegaron a **donde** les ampararon→ P. Adv.*

2.10.1.2 De tiempo

Informan sobre una acción que se realiza **antes** (*anterioridad*), **después** (*posterioridad*) **o a la vez** (*simultaneidad*) que la acción principal:

*Llevó el perro al veterinario **mientras** iba a la peluquería*

Las temporales se insertan en la oración con:

■ **Conjunciones** y **locuciones** conjuntivas **como: cuando, apenas, tan pronto como, no bien, mientras, antes [de] que, después [de] que, en tanto que, mientras que, a medida que, conforme, etc.**

*Iremos **apenas** cese la lluvia*
*Respondió **antes de que** lo llamaran*
*Va a escribir un libro **mientras** trabaja*

■ **Al + infinitivo**: ***Al bailar** (= cuando bailé) / me hice daño.*

Si la **proposición** va en **infinitivo se omite** la conjunción **que**:

Daremos un paseo / después de comer.
Lo meditará / antes de viajar.

Pueden utilizarse **también signos correlativos: apenas... cuando, no bien...cuando, etc.**

***Apenas** arrimé la cerilla / **cuando** surgió una gran chispazo*
***No bien** conocí la noticia / **cuando** fui a decírsela*

Existen, además, las **TEMPORALES SIN NEXO**, en este caso, el verbo de la subordinada figura en **gerundio** o en **participio**.

***Acabado** el plano, se inició la construcción del palacio*
***Tallando** la estatua, se acabó el mármol*

Para **reconocer** este tipo de proposiciones, **sustituirlas por otras encabezadas por nexos** y **comprobar** que el **significado** de la oración no varía.

Cuando se acabo el plano, se inició la construcción del palacio
Mientras se tallaba la estatua, se acabo el mármol.

El uso del **GERUNDIO** como **núcleo del predicado** de las **Proposiciones Subordinadas de tiempo** resulta **correcto** en los siguientes casos:

- Cuando es un **gerundio de anterioridad**, o sea, si expresa una acción anterior a la principal: *Habiendo acabado el informe, salió del despacho.*

- Si se trata de un **gerundio de simultaneidad**, o sea, si indica una acción simultánea a la del verbo principal. *Sonrió a su familia, **recibiendo** el premio.*

*Las subordinadas de **tiempo** introducidas por medio del adverbio **cuando** pueden **confundirse** con las proposiciones **subordinadas adjetivas** que presentan el mismo nexo, para distinguirlas, hay que tener en cuenta que las **adjetivas se refieren siempre a un antecedente** que indica tiempo.*

*Se derrumbó en el momento **cuando** entraron → P. Ad j (aquí "**cuando**" se refiere a un antecedente que es "**momento**").*
*Se derrumbó **cuando** entraron → P: Adv.*

Las circunstancias verbales de **tiempo y de lugar** pueden expresarse por medio de distintos **tipos de estructuras sintácticas**.

- *Sintagmas adverbiales* (con o sin preposición): *Las murallas se conservan **todavía**; **desde allí** se llegaba hasta el pueblo por un camino.*

- *Locuciones adverbiales*: *En Grecia floreció el saber **al instante**; **por ahí** tienes los datos sobre los dos templos.*

- *Sintagmas nominales (con o sin preposición): Guadalajara se convirtió en capital **ese año**; construyeron otro teatro **en la parte sur**.*

2.10.1.3 De modo

Informan sobre la **manera** de realizar la acción principal.

*Envió la correspondencia **como** le dijo el encargado*

La **expresión del modo** del **verbo** se lleva a cabo **por** medio de **sintagmas** y **locuciones adverbiales**, **sintagmas nominales** y **proposiciones modales**.

Los sintagmas, las locuciones adverbiales y las proposiciones subordinadas funcionan como **complementos circunstanciales de modo**:

- ■ **Sintagmas adverbiales** (*así, muy bien / mal, cómodamente...*). *Ese libro expone **muy bien** el recorrido de la Ruta de la Plata.*

- ■ **Locuciones adverbiales** (*a ciegas, a pie, a la buena de Dios...*). *Los turistas realizaron el recorrido de la ciudad **a pie**.*

- ■ **Sintagmas nominales con preposición** (*de este modo, de esa manera, con comodidad...*).*Pasaron la tarde en el hotel **con comodidad**.*

- ■ **Proposiciones subordinadas adverbiales de modo**. *Continuaron la ruta **como** indicaba el plano.*

Funcionan como **NEXOS** de las proposiciones modales los **adverbios** (***como, según, conforme***), las **locuciones adverbiales** (***tal y como***), las **locuciones conjuntivas** (***sin que***) y la **proposición *sin***.

*Cogí el tronco **como** pude*
*Oculté la maleta **tal y como** ordenaste tú*
*Ayudaron al herido **sin que** este se lo pidiera*
*Les ayudaron **sin** pedir nada a cambio*

Es posible **sustituir** la proposición subordinada modal por **otras formas de expresión de modo**.

*Cogí el tronco **como** pude → Cogí el tronco **así***
*Oculté la maleta **tal y como** ordenaste tú → Oculté la maleta **de esa forma***

Las **PROPOSICIONES SUBORDINADAS MODALES** pueden aparecen, además, **SIN NEXO**. En estos casos, el verbo núcleo del predicado de la proposición aparece en **gerundio**: *Consulta el programa **siguiendo** las instrucciones de utilización.*

Para identificar este tipo de proposiciones, **se sustituye** la proposición **por** un **adverbio de modo o un sintagma nominal** con preposición que exprese **modo**.

*Consulta el programa **así***
*Consulta el programa **de esta manera***

MODALES CON VERBO EN INFINITIVO

Las proposiciones subordinadas modales pueden construirse con el verbo en **infinitivo**, en estos casos, el nexo que las introduce es la proposición **sin**.

*Manipulaba el aparato **sin** conocer apenas las instrucciones →Manipulaba el aparato **así**.*

 **¿SABÍAS QUE...?**

El **MODO VERBAL** en las proposiciones de **LUGAR, TIEMPO** y **MODO**, en general llevan el verbo en **indicativo** si expresan tiempo **pasado o presente** (***prepara** el cocido / como lo **guisaba** su abuela*) y en **subjuntivo** cuando expresan **futuro** (***Colócate** / donde quieras, **devuélveme** los discos / cuando los leas*).

2.10.2 **COMPARATIVAS**

Sirven de término de **comparación** a la proposición principal. Entre la proposición principal y la subordinada puede haber relaciones de **igualdad**, de **superioridad** y de **inferioridad**. Si el verbo de la principal y el de la subordinada es el mismo se omite el de la subordinada: *Ágata ha leído **más** cuentos **que** Marcela (ha leído)*.

La **fórmula** de la comparación se construye con **dos elementos** *(tan...como, etc.)*, la subordinada comienza en el **segundo** de ellos, que es el que **funciona como nexo**.

◼ **De igualdad: tal... cual (o como), tanto... como, tanto.. cuanto, tan... como, igual que y como si.**

*Sus comentarios fueron **tales** / **cuales** (o como) suponíamos*

*Me dio **tantos** pretextos / **cuantos** se le ocurrieron*

■ **De superioridad: más... que (o más... de).** En lugar de más bueno, más malo, más grande y más pequeño, se emplean los comparativos etimológicos **mejor, peor, mayor y menor**, respectivamente.

*Tu examen es **mejor / que** el mío [es]*
*La catástrofe es **menor / que** la del temporal pasado*

■ **De inferioridad**: menor...que.

*Esta pomada es **menos** espesa / **que** la anterior*

2.10.3 CAUSALES

La expresión de la **causa** de un hecho se lleva a cabo en la oración por medio de un **sintagma nominal** introducido por una **preposición**, de una **locución prepositiva** y de las **Proposiciones Subordinadas Causales**.

*Investigaron las células **porque** buscaban un antídoto*

Estas proposiciones expresan el **motivo** por el cual acontece la acción principal, se unen a esta con los siguientes **nexos casuales**:

■ **Conjunciones**: *porque, que, pues, como...*
■ **Locuciones conjuntivas**: *ya que, puesto que, a causa de q*ue...
■ **Preposiciones**: *de, por.*
■ **Locuciones Prepositivas**: *a fuerza de, a causa de, como consecuencia de, al objeto de...*

*No bebo **porque** me hace daño*
*Ven pronto **puesto que** quieres verlo*
***Como** no respondió lo suspendieron*
*La niña estaba nerviosa **debido** a su cumpleaños (**Locución prepositiva**)*

Las Locuciones Prepositivas son estructuras formadas por un **conjunto de palabras** que poseen una forma fija y **equivalen**, en su conjunto, a una **preposición**: *a fuerza de, a causa de, como consecuencia de, al objeto de...*

Como las Preposiciones, las Locuciones Prepositivas pueden actuar como **nexos** que conectan diversas proposiciones entre sí:

*Lo lograron **a fuerza de** colaborar durante meses en conjunto*
*La excavación se suspendió **como consecuencia de** un fallo que se originó en la maquinaria*

Son **también causales** las proposiciones que se introducen con **de tan, de tanto**:

Le rehúsan todos de tan pesado que (o como) es
Se le seca la boca de tanto que (o como) charla

2.10.3.1 Causales sin nexo

Las proposiciones causales pueden aparecen **sin nexo**. En este caso, el verbo de la subordinada aparece en **gerundio**.

***Habiendo acabado** el examen, se pudo ir a su viaje*

Algunas proposiciones de participio poseen valor causal, que comparten con otros valores adverbiales, como el **temporal**.

***Acabada** la conferencia con éxito, los colaboradores se aplaudieron*

....

2.10.4 CONSECUTIVAS

Informan sobre la **consecuencia** que se desprende de la acción principal.

*Tuvieron tanta energía **que** llegaron los primeros*

Actúan como **nexos** de las proposiciones subordinadas consecutivas:

■ **Algunas fórmulas correlativas**: *tan... que..., tanto (-a, -os, as)...que, tal (-es)...que...* En este caso, la proposición **subordinada se inicia en el segundo elemento**, que es el actúa como **nexo**.

■ **Conjunciones**: *con que, luego...*

■ **Locuciones conjuntivas**: *así que, de modo que, por consiguiente, por lo tanto...*

Hay **dos tipos** de proposiciones **consecutivas**:

- ▪ **INTENSIVAS.** La consecuencia puede ser resultado de la **intensidad** con que **se produce la acción principal**. Se construyen con **locuciones conjuntivas** o **fórmulas correlativas** en las que el primer elemento es un **intensificador**.

  - **Tan + adjetivo + que.** *Es **tan cándido que** creyó aquella farsa.*
  - **Tal +nombre + que.** *Contó **tales mentiras que** nos asombró.*
  - **Tanto + nombre + que.** *Tiene **tantos libros que** no le caben.*
  - **Tanto + verbo + que.** ***Tanto lloro que** quedó exhausto*
  - **Tan + adverbio + que.** *Viven **tan cerca que** voy siempre a pie.*

- ▪ **NO INTENSIVAS.** La **consecuencia** puede ser **resultado** de una **acción** que **no** posee una **intensidad especial**, se construyen sin intensificador. Se emplean entonces las **conjunciones: Luego, con que, así [es] que, por [lo] tanto, pues** *(siempre al final)*, **por consiguiente:**

*Pienso **luego** existo*

*Te hace daño el tabaco, **así [es] que** no fumes*

*Es hora de trabajar; nos iremos, **pues**.*

*Es frecuente la **confusión** entre las proposiciones **consecutivas introducidas a través de fórmulas correlativas** y las proposiciones comparativas de igualdad introducidas por tan...como, tanto (-a, -os, -as)... como...*

*Los efectos no son **tan** buenos **como** apuntamos → **PS Comparativa***

*Los efectos son **tan** buenos **que** lo elogio → **PS Consecutiva***

*Para **evitar la confusión**, es importante, prestar **atención a los nexos** que introducen la subordinada.*

 **¿SABÍAS QUE...?**

La **proposición consecutiva** se construye de ordinario en **indicativo** o en **imperativo**.

2.10.4.1   Relación entre causales y consecutivas

Las Subordinadas **causales** y las **consecutivas** forman **dos maneras diferentes** de expresar que dos **acontecimientos se hallan vinculados** por una relación de **causa / efecto**.

La relación entre causales y consecutivas es tan íntima que pueden **sustituirse** unas por otras, **sin que oscilé el sentido** de la oración.

Causal → Consecutiva

*Hemos perdido el autobús **porque** había obras en el paseo → Había obras en el paseo **por tanto** hemos perdido el autobús*

Consecutiva → Causal

*El autobús llegó tarde, **por consiguiente**, tuvieron que esperar más tiempo →Tuvieron que esperar más tiempo **porque** el autobús llegó tarde.*

Las proposiciones **causales** y las **consecutivas** tienen como **diferencia**, además, de introducirse con **nexos distintos**; que las proposiciones **causales** brindan **movilidad** en la oración, es decir, pueden colocarse antes o después del verbo principal, mientras que las **consecutivas no** aceptan tal posibilidad.

Por** presentar el Currículum, le dieron el trabajo→ Le dieron el trabajo **por** presentar el Currículum. **Causal.
*Llegó tarde, **por consiguiente**, no pudo entrar → ~~**Por consiguiente**, no pudo entrar, llegó tarde~~. **Consecutiva**.*

El **análisis sintáctico**, se pude apoyar en el orden para reconocer el tipo de proposición. Tener en cuenta que proposiciones (*la que enuncia la causa o la que indica la consecuencia*) lleva el nexo.

2.10.5 CONDICIONALES, CONCESIVAS Y FINALES

Las **PROPOSICIONES CONDICIONALES, CONCESIVAS** y **FINALES**, como las **causales** y las **consecutivas**, se refieren al predicado de la proposición de la que dependen y ofrecen también matices de relación **causa / efecto**:

- Las **Condicionales** expresan una **causa incierta**.
- Las **Concesivas niegan** la relación de **causa / efecto**.
- Las **Finales** ofrecen un **efecto imaginado como propósito**.

2.10.5.1 Estructuras para condicionales o hipótesis

- **Sintagmas nominales con preposición**. ***Con esa imaginación***, *yo escribiría cuentos.*
- **Proposiciones subordinadas CONDICIONALES**. ***Si yo tuviera su imaginación***, *escribiría cuentos.*

2.10.5.2 Estructura de una objeción u obstáculo

- **Locuciones**. ***Con todo y con eso***, *el periodista pudo escribir la noticia.*
- **Proposiciones subordinadas CONCESIVAS**. ***Aunque la situación era adversa***, *el periodista pudo escribir la noticia.*

2.10.5.3 Estructura de finalidad o meta

- **Sintagmas nominales con preposición**. *León escribió el libro **para la orientación de noveles artistas**.*
- **Proposiciones subordinadas FINALES**. *Escribió el libro **para que los noveles artistas tuvieran alguna orientación**.*

2.10.6 CONDICIONALES

Formulan una **condición** para que se cumpla la acción principal:

***Si** nieva, esquiará en los Pirineos*

Se da el nombre de **prótasis** a la proposición condicional (***Si** nieva*) y de **apódosis** a la principal (*esquiará en los Pirineos*).

Funcionan como **NEXOS CONDICIONALES** las **conjunciones si** y **como** y **algunas preposiciones** (*de*) y **locuciones conjuntivas**. La conjunción condicional más importante es **si**

Otras muchas, son:

- **Como**: *Te arrancaré las orejas **como** te pille.*
- **En el caso de que** (*locución conjuntiva*): *Dile que ya lo saben, **en el caso de que** (o caso de que) llame.*
- **A condición de que**: *Te dejo el libro **a condición de que** lo leas*
- **A menos que**: *No me despidas **a menos que** falle.*
- **En el supuesto de que**: *Saldrán de la cárcel **en el supuesto de que** los indulten.*
- **Siempre que**: *Dirá la verdad **siempre que** confíen en él.*
- **Con tal [de] que**: *Alcanzará el camión **con tal [de] que** corra un poco.*
- **Solo con que**: *El té queda dulce **solo con que** pongas azúcar.*
- **Con que**: *Me conformo **con que** me toque el último premio.*

Cuando la **prótasis** (*condicional*) va **encabezada** por la conjunción **si**, puede construirse en **subjuntivo o en indicativo**.

Se construye **en Subjuntivo**:

■ Cuando la **condición es de realización imposible**, es decir, cuando no puede cumplirse de ninguna manera. **Hipótesis imposible**. La acción principal no se cumplirá, porque la condición no tiene lugar. La Hipótesis imposible se construye en **Pretérito Pluscuamperfecto de Subjuntivo**.

*Si **hubiera venido** pronto, hubiésemos ido a la feria*

■ Cuando la **condición es de realización posible pero** el **hablante** la formula con un **matiz subjetivo** de duda, temor, deseo, aprensión, etc., sobre su cumplimiento. **Hipótesis posible**. La acción principal se cumplirá solo si llega a tener lugar la condición. La Hipótesis posible se construye en **Pretérito Imperfecto de Subjuntivo.**

*Si **viniera** pronto, iríamos a la feria*

Se construye con **Presente de Indicativo** cuando la **condición es de realización posible** y el **hablante** se limita a **exponerla** con **neutralidad** sin tomar partido. **Condición real**. En el caso de que se cumpla la condición, se cumple obligatoriamente la acción principal.

*Si **viene** pronto, iremos a la feria*
*Si te **molesta** la luz echa la cortina*

Es **grave** incorrección la **PRÓTASIS** (*proposición subordinada condicional*) **con Futuro de Indicativo, Condicional Simple o Condicional Compuesto**. No podemos decir:

*Si **vendrá**..., si **habrá venido**..., si **vendría**..., si **habría venido***

Debemos decir:

*Si **viene**..., si **ha venido**..., si **viniera (o viniese)**..., si **hubiera (o hubiese) venido**...*

Los tres tiempos verbales señalados sí pueden aparecen en la **APÓDOSIS** (*principal*):

*Si hubieran hecho la obra, nosotros les **habríamos ayudado***

*La conjunción **SI**, además, de introducir **condicionales**, introduce proposiciones **sustantivas**. Para ver el tipo de proposición, se **conmuta** las subordinada por **esto** o **eso**, sí admite la transformación, se trata de una **sustantiva**, en caso contrario, es una condicional:*

*Dime **si** has hecho el proyecto (P. Sust)→ Dime **eso***
***Si** has hecho el proyecto (P. Condicional), entrégalo → ~~Eso~~ entrégalo*

2.10.6.1 Condicionales con formas no personales

En las proposiciones condicionales cuyo **nexo** es una **preposición**, el **verbo** de la **prótasis** se presenta en **infinitivo**:

***Con escuchar** la conferencia, aprenderás mucha literatura*

Además, las proposiciones condicionales pueden presentar el verbo en **gerundio** o **participio**; en este caso se enlazan **sin nexo**.

***Sabiendo** tu inclinación a la lectura, te hubiera invitado a la conferencia*
***Enterado** de ese motivo, lo hubiera recibido*

2.10.7 CONCESIVAS

Oponen una **dificultad** al cumplimiento de la proposición principal (***Aunque*** *lo miré hace tiempo*), que, **sin embargo**, **no impide** el **cumplimiento** de esta (*lo recuerdo perfectamente*).

La proposición concesiva puede situarse delante o detrás de la principal.

> ***Aunque*** *ya han acabado el curso, se reúnen todos los días*
> *Se reúnen todos los días,* ***aunque*** *ya han acabado el curso*

El **NEXO** principal es la **conjunción** concesiva es **aunque**, pero se emplean, además, **locuciones conjuntivas**:

- **A pesar de que**: *Crece el cereal* ***a pesar de que*** *no llueve;*
- **Así:** *No se tomará el medicamento* ***así*** *lo lapiden;*
- **Si bien**: *Acabaron la carrera* ***si bien*** *con muchos problemas.*

Las proposiciones **concesivas, como** las **coordinadas adversativas**, son **procedimientos lingüísticos** muy usuales para introducir **antítesis** y **contraargumentos**.

> *El discípulo es responsable de los acontecimientos,* ***aunque*** *no ha hecho el impreso* (P.Sub. Concesiva)

Las proposiciones encabezadas por la conjunción **aunque** pueden ir en **indicativo** o en **subjuntivo**.

Las **concesivas** con "aunque", en **tiempo pasado** se construyen en **indicativo** si la **acción se cumplió**: *Aunque* *quedé allí, no lo vi.* Y en **subjuntivo**, se **no se cumplió**: *Aunque* *hubiera quedado allí no lo hubiese visto.*

En tiempo **presente** o **futuro**, cuando las **acciones** pueden ser de **cumplimiento inseguro o** de cumplimiento **cierto**.

- Las de **cumplimiento inseguro** se construyen en **subjuntivo**: *Aunque vaya a oponerse no le harán caso.*

- Las de **cumplimiento cierto** se construyen en **indicativo**: *Aunque estudia mucho no saca nada en claro*

Pueden construirse en **subjuntivo si el hablante se opone a la opinión de otra persona:**

No vayas porque estás enfermo.
Aunque *esté enfermo, tengo que ir.*

En las proposiciones **concesivas** puede omitirse el verbo.

Aunque (fue) fascinante, la realización del mural fue agotadora

---

2.10.8 FINALES

Expresan **finalidad,** real o hipotética, de aquello que se afirma en la principal.

Sus **conjunciones** principales son: a **que, porque.**

*Ve a **que** te den el bocadillo*
*Recemos **porque** venga*

Igualmente que las Concesivas y las Condicionales, las **proposiciones finales** se pueden situar **delante** o **detrás** de la **principal**.

*Preparó los documentos **para que** realizaran la gestión*
***Para que** realizaron la gestión, preparó los documentos*

Son **NEXOS FINALES**, también, las **preposiciones a** y **para**; las **locuciones para que** y **a que** y otras **locuciones.**

- **Para**: *Les llamaron para dejar constancia de su problema.*
- **A que**: *Vinieron **a que** les explicara mis motivos.*
- **Que**. *Acércate, **que** te vean bien.*
- **A fin de que**: *Lleva un seguro **a fin de que** no se dispare.*
- **Para que**: *Abre bien **para que** entre calor.*
- **Con el fin de que**: *Se aproximó **con el fin de que** la vieran.*
- **Con vistas a que**: *Se portan correctamente **con vistas a que** los incorporen.*

Las proposiciones **finales** se construyen **siempre** en **subjuntivo**, pero van en **infinitivo** (*sin que*) si llevan el **mismo sujeto que la principal**.

*Sube a **cenar***
*Chilló a fin de **ser** escuchado*

2.10.8.1 Concesivas y finales con formas no personales

Las proposiciones **CONCESIVAS** pueden construirse con formas no personales del verbo:

- ▪ **Infinitivo** (precedido de con o de para). ***Con patalear**, no conseguirás nada*,
- ▪ **Gerundio**. *Incluso **alcanzándolo**, no pudo hacer nada.*
- ▪ **Participio**. *Aun **preocupado** por el acontecimiento, no hizo la reunión.*

Las proposiciones **FINALES**, introducidas por **a** o **para** se construyen con el verbo en **infinitivo**.

*Vinieron **a revisar** las obras*
*Dejo la guía **para consultarla***

EJERCICIOS

→

1. Realícese un esquema de las proposiciones subordinadas.

2. Las oraciones compuestas siguientes poseen proposiciones de lugar, de tiempo y de modo. Distínganse:

- ▪ Ellos actuaron según les habían indicado
- ▪ Aun no termina la obra, salen los obreros corriendo
- ▪ Se irán publicando los resultado, a medida que sean conocidos
- ▪ Os he dibujado como habéis dicho
- ▪ Te acompañará hasta donde acaba el pueblo
- ▪ Me llamó por el móvil apenas supo el resultado
- ▪ ¿Iremos tan pronto terminemos de desayunar?
- ▪ ¿Has atado la soga como te ha indicado?

3. Explica por qué el verbo lleva indicativo o subjuntivo en las proposiciones subordinadas del ejercicio anterior.

4. Localícese en las oraciones siguientes proposiciones temporales de gerundio o participio y sustitúyanse por otras introducidas por un nexo temporal.

- Evocando las fiestas, sentíamos añoranza.
- Estrenada la obra, fueron a verla.
- Persiguiendo al conejo, escucharon una señal de socorro.
- Ejecutadas las obras, podremos marcharnos.

5. Dígase si las proposiciones subordinadas comparativas que hay en las oraciones siguientes, entablan con la principal relaciones de igualdad, superioridad o inferioridad:

- Actúan como si fueran salvajes
- Su hermana es menos transigente que su hermano
- Encontré la película tan aburrida como me decías
- Mi vestido es más bonito que el tuyo
- Cuenta tantas farsas como palabras

6. Créese un texto con oraciones subordinadas causales y consecutivas.

7. Señálese en las oraciones compuestas siguientes las proposiciones de lugar, tiempo, modo, comparativas, causales consecutivas, condicionales, concesivas y finales. Igualmente analícense.

- Esa cartera es mayor que tu bolso
- No toma ahora las vacaciones con vistas a que se las den en verano
- Baila mientras limpia
- Donde nace el riachuelo, nos encontraremos
- No se puede hablar con ella de resabida que es
- Alcanzarás el tren solo con que corras
- Cogió los apuntes según se le había recomendado
- Es tan simpática como su hermano
- Es tan inocente que todos se escarnecen de él
- Vivimos en donde nos dijiste
- Tengo que apuntarme hoy, ya que es el último día
- Crítica, cuando debía estar satisfecho
- Te regalan eso para que te acuerdes de ellos
- Pinta los dibujos como están en el modelo
- Está la verja cerrada; no han abierto, pues
- Volverá a clase tan pronto como se restablezca
- Caso de que venga tu primo, indícale que me espere
- Sacas buenas notas a pesar de que no eres estudioso

8. Construye proposiciones subordinadas (dos de cada tipo) sustantivas, adjetivas o de relativo y adverbiales. Analícense.

2.11 UTILIZACIÓN DEL VOCABULARIO EN LA EXPRESIÓN ORAL Y ESCRITA

2.11.1 FORMACIÓN DE PALABRAS: PREFIJOS Y SUFIJOS

La **Familia léxica** es cuando **a partir de una palabra** con un significado base, vamos generando otras **palabras**.

Al **lexema** (*raíz*) **se le añaden otros elementos** modificadores para expresar todas sus posibilidades y valores.

NIÑ-(*lexema*) **O** (*Masculino, singular*)

         A (*Femenino, singular*)

         OS (*Masculino, plural*)

         AS (*Femenino, plural*)

Con el lexema se presentan morfemas que tienen que asociarse al lexema porque por sí solos no forman una palabra, se denominan **morfemas dependientes** o **afijos** (otros como los artículos, las preposiciones y las conjunciones son **morfemas independientes**, por sí mismos forman palabras).

AFIJOS: morfemas dependientes. Modificadores. Se anteponen, posponer o intercalan. PRE – historia; niñ – ITO; SOBRE- ven – IDO.

Los **AFIJOS** son **elementos modificadores** que añadimos a la raíz (*lexema*) de una palabra, para expresar todas sus posibilidades y valores.

Los **afijos** son elementos intercambiables que se **anteponen** o **posponen a** la **raíz**.

- Si los afijos se sitúan **antes de la raíz**, se les denomina **PREFIJOS**.
- Si los afijos se sitúan **después** de la raíz, se les denomina **SUFIJOS**.
- Existen, además, los **INTERFIJOS**, si van **entre el prefijo y el lexema**:

en –s –anch -ar

o entre el lexema y el sufijo

polv –ar -eda; got –er –ón

En una palabra pueden coincidir dos prefijos (**im-pre**-vis-ible) o dos sufijos (ros-**al-eda**).

2.11.1.1 Los prefijos

Los **Prefijos** se colocan **delante** de la **raíz** (*lexema*) de la palabra. Su incorporación a la palabra es menos íntima que en el sufijo, el cual se funde más intensamente al significado de la raíz.

Los **prefijos sirven para matizar** de alguna manera la palabra. Algunos de los prefijos **más usuales** son:

- **A y An**: *Niegan*, indican privación de algo. **Acéfalo** (*sin cabeza*), **anhidro** (*sin agua*).
- **Co**: Indica **unión**, compañía. **Colindante** (*continuo*), **colateral** (*que está al lado*).
- **Contra**: Indica **oposición**. **Contradecir** (*decir lo contrario*), **contraponer** (*poner una cosa en frente de otra*).
- **Des**: **Negación**, oposición. **Desabrigar** (*quitar el abrigo*), **desaprobar** (*no estar conforme con algo*).
- **Extra**: **Fuera de**. **Extramuros** (*fuera del recinto de una ciudad*), **extraordinario** (*fuera de lo ordinario*).
- **Pre**: **Prioridad**, anterioridad. **Precursor** (*que va delante*), **prehistoria** (*antes que la historia*).
- **Pos y post**: **Posterioridad**. **Posponer** (*poner después*), **postmeridiano** (*posterior al mediodía*).
- **Sub**: Que está **debajo**. **Subterráneo** (*debajo del suelo*), **subalterno** (*inferior*).
- **Super**: Que está **encima**. **Superponer** (*poner sobre*), **superhombre** (*superior a los demás hombres*).

2.11.1.2 Los sufijos

El **Sufijo** es el morfema que **añadido a la raíz** de una palabra (*lexema de la palabra*) en su parte **final**, forma un **DERIVADO**.

En un sentido muy amplio, podríamos llamar **sufijos** a todos los **morfemas** con los que **concretamos** el **significado** de un **lexema**. De este modo, podrán ser **sufijos** las **desinencias verbales** los mismos **morfemas de género** y **de número**.

Comúnmente, entendemos por **sufijos** los morfemas que dan **lugar a PALABRAS DERIVADAS** de una palabra primitiva.

Con los sufijos se forman sustantivos, adjetivos y adverbios.

*De la palabra primitiva "**salto**": Saltador, saltarín, saltar.*
*De la palabra primitiva "**gato**": Gatazo, gatito, gatear.*
*De la palabra primitiva "**mal**": Maldad, malear, malito.*

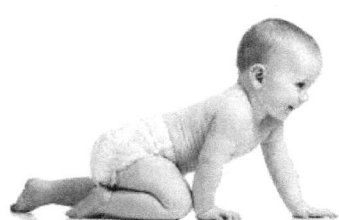

Se destacan los sufijos **aumentativos** y los sufijos **diminutivos**.

Los **Aumentativos**, aportan al significado base del lexema la idea de **grande, excesivo**. Los más frecuentes son: **-on, -azo, -aza, -acho, -acha, -ote, -ota...**

*Hombret**ón**, port**azo**, barc**aza***

Los **Diminutivos**, aportan al significado base del lexema una idea **empequeñecedora**, casi siempre con un matiz afectuoso. Los más frecuentes son:-**ito, -illo, -ico, -uelo, -in, -iño**, cuyo uso responde a veces a preferencias regionales y culturales (herman**ico**).

*Muchach**ito**, rosqu**illa**, picar**uelo***

Cuando la **magnitud del lexema** puede ser **disminuida** (*cosa que no ocurre en Euro o año*), los diminutivos expresan y simultáneamente, **pequeñez** y **cariño**.

Nos han regalado un cabritillo

Los sufijos diminutivos se asocian **también** con **lexemas adverbiales** (cerqu-**ita**, pront-**ico**) y con ciertos **gerundios** (silband-**ito**, calland-**ico**)

Existen, además, los **Sufijos Despectivos** que comparten el nombre y el adjetivo, modificando el lexema con una **información de desafecto**: *Hombr-**acho**, delgad-**ucho**, vill-**orrio**, etc*

Los sufijos que se añaden a un lexema verbal para conjugarlo, reciben el nombre particular de **Desinencias Verbales** (cant-**áis**, esper-**ad**, ven-**ían**).

2.11.1.3 Ortografía de los derivados

Es muy importante que, cada vez que se tengan dudas sobre la manera de escribir una palabra, se trate de encontrar su procedencia. En nombres y adjetivos, se busca la palabra primitiva de la que procede la palabra derivada y en los verbos, el infinitivo.

- ■ ***Palabras derivadas***: *vacuno, vaqueriza, vaquero, vacuna, vacunar* → ***Palabra primitiva***: *vaca.*
- ■ ***Palabras derivadas***: *honorable, honorífico, honra, deshonra* → ***Palabra primitiva***: *honor.*

2.11.2 EJERCICIOS

1. Subráyense las palabras que pertenecen a la misma "familia léxica": libro, librero, libertad, librería, liebre, limón, librillo, librota, libra.

2. Invéntense diez palabras con sufijos y prefijos. Señálense el tipo de afijos. Díganse sus significados.

3. De la palabra "desayunar" escríbanse palabras derivadas. ¿Forman una "familia léxica"?. Explíquese la razón.

4. Señálese los prefijos y sufijos de las siguientes palabras, especificando su significado:

- ■ Ateo, discoteca, amoral, nadar, gastritis, hipertensión, geología, hipoglucemia, antigripal, granito, epidermis, sinvergüencilla, anarquía, medallita, semanita.

5. De los diminutivos del ejercicio anterior, señálense los diminutivos que realmente disminuyen el significado del lexema y en los que dominan la efectividad y el cariño.

6. Escríbanse diez palabras que contengan afijos. Señálese de qué tipo son.

2.11.3 ARCAÍSMOS Y NEOLOGISMOS

Existen **vocablos originarios** del idioma, pero las lenguas necesitan **aumentar** su **vocabulario** para nombrar nuevas realidades o ideas, para ello, se incorporan palabras nuevas, **Neologismos**.

2.11.3.1 Arcaísmos y voces patrimoniales

Se puede definir Arcaísmo como las **palabras** propias, **nativas de un idioma**, si bien cualquier palabra en un principio pudo ser un **neologismo**.

En todas las lenguas existen palabras Patrimoniales, esto es que figuran en el idioma del que se trate desde su origen. Tal acontece, en el **ESPAÑOL**, con voces como *mesa (< latín mensa), gallo (< gallus), almo (< ulmus), etc.*, las cuales, usadas por los romanos ocupantes de la Península, evolucionaron fonéticamente hasta fijarse en su forma moderna. **Siempre** han estado, por tanto, **presentes en el idioma** (*de ahí el término* **PATRIMONIALES** *con que son designadas*).

La mayoría de las **palabras del español proceden del latín**, algunas han avanzado a lo largo de los siglos y muestran una forma distinta a la original, son las ***PALABRAS PATRIMONIALES***.

Las Voces Patrimoniales son palabras procedentes del latín que han evolucionado siguiendo las normas fonéticas del castellano.

Filius → Hijo *Vetulus* →Viejo *Lupus*→Lobo

Otras palabras latinas, que permanecieron en ambientes más cultos o limitados, han conservado en nuestro idioma una forma casi igual a la que tenían en la lengua original, se trata de los ***CULTISMOS***.

Frigidus → Frígido Seculare → Secular Signus →Signo

España antes de la conquista de los **romanos carecía de unidad lingüística**, eran **numerosos los idiomas** que se hablaban. Los **romanos** lograron tal **unidad**, al imponer como lengua de todos, el **latín**. Solo un idioma de aquellos subsistió y ha llegado hasta hoy, el **vascuence**.

El **castellano**, a lo largo de la historia, ha tomado del **latín y del griego palabras** que mantienen su **forma original** y se consideran ***CULTISMOS***. Numerosos **términos científicos** se encuentran entre ellas (*bacteria, glándula, célula*) y muchas **palabras** se han **creado a partir** de **FORMANTES LATINOS** o **GRIEGOS**, que forman **prefijos o sufijos** que han creado palabras en castellano.

FORMANTES DE ORIGEN GRIEGO

■ Prefijos

- **Antropo-** : Hombre
- **Auto-**: Mismo
- **Céfalo-**: Cabeza
- **Demo-**: Pueblo
- **Dermo-**: Piel
- **Fago-**: que come
- **Pan-**: todos
- **Podo-**: pie

■ **Sufijos**

- **fobia**: miedo
- **foto**: luz
- **logía**: estudio
- **manía**: locura

FORMANTES DE ORIGEN LATINO

■ **Prefijos**

- **Aero-**: Aire
- **Bi-**: Dos
- **Omni-**: Todo
- **Maxi-**: Grande
- **Minus-**: Menos
- **Pluri-**: Muchos
- **Retro-**: Hacia atrás
- **Semi-**: medio
- **Uni-**: uno

■ **Sufijos**

- **cida**: el que mata
- **fero**: que produce
- **forme**: con forma. Hoy se conserva **palabras** procedentes de las lenguas desplazadas por el latín, son las **voces prerromanas**:

Vega, barro, carrasca, páramo, balsa, losa, arroyo.

Estos vocablos serían los **primeros arcaísmos del castellano**.

Los pueblos que fueron pasando por España (*Visigodos* o *árabes*) fueron **aportando** al idioma existente **otros vocablos**, igualmente el castellano ha tomado otras palabras de otros idiomas como el francés.

Frente a los **arcaísmos** forman parte del idioma los **neologismos.**

2.11.4 **NEOLOGISMOS**

Neologismo significa **palabra nueva** (*Neo→Nuevo*).

 **¿SABÍAS QUE...?**

Se denomina **NEOLOGISMO** las palabras que se incorporan a una lengua.

Se puede decir que todas las palabras, en su día, fueron neologismos, pues siempre ha existido un momento en que se han incorporado al idioma por primera vez.

Una lengua viva sigue enriqueciéndose continuamente con neologismos, que surgen cada día para dar solución a los problemas que platea la comunicación entre un grupo humano.

Al abrirse nuevos campos de conocimiento humano: *Informática, astronáutica, tecnología, etc.*, **precisamos nuevas palabras**, que surgen necesariamente en el mundo entero, **unas veces adecuadas al idioma** que hablamos, como ha ocurrido en el nuestro con *astronauta, espacial, baloncesto, altavoz*...**Otras veces**, permitiendo que **palabras** de **otros idiomas llenan** nuestro idioma: *Fútbol, barman, slalon, etc.*

 **¿SABÍAS QUE...?**

Los **Neologismos** se **incorporan** a una lengua de **dos formas**: por PRÉSTAMOS y por PALABRAS NUEVAS.

- ■ PRÉSTAMOS. **Tomando palabras de otras lenguas**, así, debido a la difusión de la informática se han incorporado vocablos como *computadora, hardware, software, Internet, URL, e-mail...*, que se toman prestadas junto con la realidad que designan.

- ■ PALABRAS NUEVAS. Se encuentra el **Neologismo formal**, creándose una **nueva palabra:** *Televisión, contenedor, Uranio*... igualmente se crean palabras nuevas a partir de distintos procedimientos que la lengua ofrece: *Derivación, Composición y Acronimia.*

  - – **Derivación**. Al **lexema** (*raíz*) de una palabra se añaden **prefijos y / o sufijos**, se crea una palabra nueva. *Impre-sora, En-cabeza-miento*. Son **Neologismo por derivación**, creando palabras mediante prefijos o sufijos, añadidos a vocablos ya existentes. *Mini-falda, bail-ón*...

  - – **Composición**. La palabra nueva nace de la **unión de dos o más palabras** que ya existen, pueden escribirse juntas (*videoconsola*), unidas por guión (*hispano-árabe*) o separadas (*fibra óptica*).

  - – **Acronimia**. La palabra nueva nace a partir de las **sílabas iniciales** de otras palabras *INE* (**I**nstituto **N**acional de **E**mpleo).

Existe, además, el **Neologismo de sentido**. Atribuyendo **nuevas acepciones** a una palabra que ya existía. *Azafata, ligar*...

Se pueden crear también **palabras nuevas mediante la gramaticalización de interjecciones y onomatopeyas:** *Aupar, chistar, berrear, chispa*.

2.11.4.1   Calco semántico, neologismos superfluos y cultismos

Cuando se adopta el significado de un término extranjero para una palabra que ya existe en una lengua se produce, el **Calco Semántico**.

- ■ **Se amplía el significado** de una palabra que ya existe en la lengua para acoger el nuevo sentido tomado del idioma extranjero, así, "**ratón**" (*roedor*) ha adoptado el sentido de la palabra inglesa "mouse" (*aparato manual conectado a un ordenador*).

- ■ **Se crea un término nuevo** para ese sentido a partir de palabras que ya existen **Baloncesto** (*Balón + cesto*) es un calco del término inglés "basketball".

- ■ Se crea un compuesto formado por más de una palabra para expresar el nuevo significado. **Luna de miel** que constituye un calco de la expresión inglesa "honeymoon".

A veces, **incorporamos** a nuestro idioma palabras de otros idiomas, **sin necesidad,** ya que poseemos vocablos suficientes, su uso obedece únicamente a la moda o a la publicidad, se deben evitar si se quiere hablar y escribir correctamente.

Cuando se hace esto se cae en el vicio de lenguaje llamado **BARBARISMO**.

Tal ocurre cuando se dicen palabras inglesas **hall**, por *vestíbulo* o *zaguán*. **Water-closed**, por *excusado*, *retrete* o *servicio higiénico*, etc.

Otras muchas palabras han sido introducidas en la lengua en momentos diferentes a lo largo de la historia, por hablantes y escritores cultos que necesitaban **vocablos para designar conceptos carentes de voces patrimoniales para designarlos**, estas palabras introducidas se denominan **CULTISMOS** y proceden en su mayor parte del latín (*o del griego*). Frente a las palabras patrimoniales, se caracterizan porque no les han afectado las evoluciones fonéticas propias de aquella, es decir, conservan una forma muy parecida a la del latín o del griego. Así, son cultismos: ***Diseminar*** (*< latín,* ***disseminare***), ***convexo*** (*< latín,* ***convexus***), ***pedagogo*** (*< latín,* ***pedagogus***), etc.

Los cultismos no son exclusivos (*contra lo que el vocablo parece indicar*) de la gente culta, hay **cientos** de ellos **en la lengua común**: *Colocar, aperitivo, alumno, caducar, salvoconducto, etc.*

La mayor parte de los **tecnicismos** (*palabras propias de una ciencia, arte, oficio*) científicos son también cultismos.

2.11.5 PRÉSTAMOS Y EXTRANJERISMOS

El **castellano** es una **lengua romance** puesto que procede del latín.

¿SABÍAS QUE...?

Los **Préstamos** y los **extranjerismos** son vocablos que procedentes de otro idioma que se incorporan al castellano.

Entre los **PRÉSTAMOS** de otras lenguas se encuentran:

■ Los **Germanismos**. Vocablos procedentes de los visigodos que fundaron el Reino Visigodo, con sede en Toledo, en el siglo VI. Siguen usándose hoy palabras como: ***adrede, agasajar, aspa, brotar, escarnecer, espía, espuela, galardón, ganar, ganso, guerra, guiar, rico, sopa, sala, guardar, etc.***

Abundan los nombres propios de personas (***antropónimos***) de procedencia germánica: ***Álvaro, Fernando, Rodrigo, Rosendo, Elvira, Gonzalo, Alfonso, etc.,*** y también son germánicos algunos nombres de lugar (***topónimos***) como: ***Mondariz, Guitiriz, Gondomar, Castrogeriz, Villafáfila, etc.***

▪ Los **Arabismos**. Los árabes en el año 711 iniciaron la conquista de la Península. Los árabes poseedores entonces de una cultura superior a la europea, legaron al castellano, que se iba formando por entonces, más de cuatro mil palabras. Algunos arabismos correspondientes a diversas áreas léxicas son:

- *Organización administrativa*: **Alcalde, alguacil, albacea.**
- *Organización y táctica militar*: **Alférez, relato, alarde.**
- *Vida comercial*: **Almacén, almoneda, aduana, tarifa, arancel, alhóndiga.**
- *Tejidos y prendas*: **Alfombra, almohada, albornoz, zaragüelles.**
- *Términos de química*: **Alquimia, alambique, alcohol, talco.**
- *Términos matemáticos*: **álgebra, algoritmo, cero, cifra, guarismo,**
- *Artesanía*: **Taracea, tarima, alhaja, abalorio, taza, jarra.**
- *Albañilería*: **Albañil, alcoba, azotea, tabique, alféizar, azulejo, alcantarilla.**
- *Agricultura*: **Arroz, alfalfa, azúcar, azafrán, berenjena, zanahoria, sandía, alcachofa, alubia, aceituna, algodón, acequia, zanja, noria.**

▪ Los **Galicismos**. Voces procedentes del **francés** (*Galia es Francia en el Imperio Romano*) se han incorporado abundantemente al castellano en dos épocas, durante las cuales se ha hecho sentir más la influencia francesa: en la Edad Media y a partir del siglo XVIII.

- **Son galicismos medievales**, como consecuencia de la **inmigración** de monjes, jurista, juglares, etc., los siguientes:

Adobo, afán, alemán, Alemania, barón, bastón, batalla, ciprés, coraje, cobarde, percha, hereje, doncel, escote estaca, galope, jamón, salvaje, joya, manjar, mantel, jamás...

- Entre los **galicismos** introducidos **a partir de siglo XVIII**, se encuentran:

Bayoneta, báscula, brillar, bufanda, brigada, gabinete, espectro, catastro, cadete, metralla, lingote, fantasear, funcionario, detalle, espectador, ponerse en ridículo...

▪ Los **Hebreismos**. Del Hebreo: *Cábala, rabino.*

▪ **Otros Préstamos**. A otras **varias lenguas** debe préstamos el castellano (*como ellas han tomado préstamo del castellano*). Tales préstamos **son**:

- **Italianismos**: *Aguantar, apoyar, arsenal, asalto, bizarro, campeón, capricho, embestir, escopeta, piloto, fragata, novela, etc.*
- **Anglicanismos** (*del inglés*): *Bistec, cheque, club, ponche, pijama, champú, túnel, vagón, vate, etc.*
- **Lusismos** (*del portugués*): *Biombo, buzo, mermelada, caramelo, etc.*
- **Indigenismos americanos**: *Patata, chocolate, jícara, tiburón, huracán, jauja, etc.*
- **Galleguismos**: *Alguien, morriña, macho, chubasco, achantarse, vigía, arisco, payo, etc.*
- **Catalanismos**: *Paella, nao, seo, anguila, anís, armatoste, bandolero, barraca, butifarra, capicúa, cartel, entremés, faena, forastero, grúa, etc.*
- **Vasquismos**: *Izquierda, ascua, pizarra, chaparro, boina, zamarra, cencerro, aquelarre, chabola, etc.*

▪ **Otros Préstamos de lenguas de menor influencia**

- **Japonés**: *Yudo, Kimono, Kamikaze.*
- **Turco**. *Yogur, zapato.*
- **Ruso**: *Kremlin, zar.*
- **Alemán**: *Káiser, lied,*
- **Caló**: *Chaval, gachó, chungo*

Se denomina **XENISMOS** o **EXTRANJERISMOS** los préstamos que mantienen su **forma original** en la lengua a la que se incorporan. *Pizza, Paparazzi, casting o snack.*

Son **ADAPTACIONES** los préstamos que **han incorporado** su **pronunciación** y su **ortografía** a las de la lengua a la que se incorporan. *Football (fútbol), aerobics (aeróbic), chalet (chalé), carnet (carné).*

Algunos **Préstamos** son **innecesarios** puesto que la lengua que los adopta dispone de una palabra con ese mismo sentido; **otros se integran** de tal forma que dan lugar a la creación de **nuevas palabras**.

Strees (del inglés) → *estrés* → *estresado, estresar, estresante...*

EJERCICIOS

1. Indíquese a qué voces patrimoniales han dado lugar estas palabras latinas:

- *Mater, pater, homine, mulier, lacte, nocte, vita, ligua, auru*

2. Escríbanse cinco palabras con formantes latinos y cinco palabras con formantes griegos.

3. Fórmense cultismos que contengan los formantes griegos y latinos siguientes.

- *Bio, lito, hipo, grafía, biblio, cracia*

4. Señálese los formantes de las siguientes palabras y explíquese qué significan:

- *Cuadriforme, autogiro, retrovisor, unicelular, fotocopia*

5. Qué diferencia existe entre Arcaísmo y Neologismo.

6. Enumérense y explíquese las formas de crear Neologismos.

7. ¿Son necesarios todos los Neologismos? Justifíquese la respuesta.

8. Añádanse diferentes palabras a los formantes "audio" y "vídeo" para crear palabras compuestas.

9. Averígüese a partir de qué vocablos se han formado los Acrónimos siguientes:

- *IVA, láser, IRPF, PIB, OMS, radar*

10. ¿Es lo mismo Palabras Patrimoniales que Préstamos? Explíquese.

11. Indíquese de qué expresiones inglesas procede cada uno de estos calcos:

- *Cazatalentos, Fin de semana, Cabeza rapada, Gente guapa, Tiempo completo, Perrito caliente.*

12. Díganse tres palabras de cada una de estas clases. Prerromanas, germanismos, arabismos, galicismos, italianismos, lusismos, americanismos, anglicismo, galleguismos, catalanismos y vasquismos.

13. Díganse cuáles de los siguientes préstamos son Xenismos y cuáles Adaptaciones:

- *Travelín, eslogan, esmoquin, software, bufé, overbooking, sirimiri, boom, chaqué, playback, buqué.*

14. Escríbanse palabras formadas a partir de estos Préstamos:

- *Yogur, fútbol, zapeo, film, escáner*

2.11.6 ABREVIATURAS, SIGLAS Y ACRÓNIMOS

La **Abreviatura** es la representación escrita de una **palabra por** medio de **alguna** de sus **letras**, pero no de todas.

Su **utilización** está **limitada** a **determinados contextos** (*escritos técnicos, jurídicos, administrativos, comerciales, etc.*). Debe evitarse su utilización en textos de carácter personal como exámenes, redacciones o ejercicios literarios.

La escritura de las abreviaturas sigue ciertas **normas**:

■ **Detrás** de la **abreviatura** su escribe **punto**: *etc*. (*etcétera*). Se exceptúan, entre otras, los símbolos de los puntos cardinales y de las unidades de medida: *S* (*sur*), *Kl.* (*Kilolitro*). El punto de la abreviatura no exige que la siguiente palabra comience por mayúscula y puede ir seguido de cualquier signo de puntuación, excepto de otro punto.

Kilógramo	Kg.	1.000 g.
Hectógramo	Hg.	100 g.
Decágramo	Dg.	10 g.
gramo	g.	1 g.
decigramo	dg.	0,1 g.
centigramo	cg.	0,01 g.
miligramo	mg.	0,001 g.

■ La **inicial** de una abreviatura puede ser **minúscula o mayúscula**, según se escriba la palabra que representa. *M. ª* (*María*), *tel*. (*teléfono*).Se exceptúan algunas, como las de los tratamientos, que se escriben siempre en mayúsculas: *Vd*. o *V*. por usted.

■ Si la palabra que se abrevia lleva tilde, y en su **abreviatura** se incluye la **sílaba acentuada**, esta mantiene la tilde: *mín*. (*mínimo*).

Algunas de las **abreviaturas** son:

A., Avda. → *Avenida*
C/C: → *Cuenta Corriente*
Cía. → *Compañía*
a. de. JC. *Antes de Cristo.*
Dcha. → *Derecha*
r.p.m → *Revoluciones por minuto*

PLURAL DE LAS ABREVIATURAS	
Abreviaturas de una letra	Se obtiene **duplicando** dicha letra: p. (*Página*) → pp. (*Páginas*).
Abreviaturas de varias letras	Se añade **s** o **es**: Avda. (*avenida*) → Avdas (*avenidas*). Admón. (*administración*) → Admones (*administraciones*).

La **Sigla** es la **letra inicial** que se emplea como abreviatura de una palabra. Su uso es muy frecuente.

*C.E.A: C*onfederación *E*uropea de la *A*gricultura
O.M.S: *O*rganización *M*undial de la *S*alud

Los **Acrónimos** son las **palabras formadas por las iniciales de un grupo de palabras**.

ESO: *E*nseñanza *S*ecundaria *O*bligatoria
RENFE: *R*ed *N*acional de *F*errocarriles *E*spañoles.
AVE: *A*lta *V*elocidad *E*spañola.
RNE: *R*adio *N*acional de *E*spaña.
ONU: *O*rganización *N*aciones *U*nidas.

Las **Siglas** y los **Acrónimos** se escriben usualmente con **letras mayúsculas**, sin embargo, hay que tener en cuenta estas aclaraciones:

- Si el **Acrónimo** es un **nombre propio** y tiene **más de cuatro letras**, puede escribirse **solo** con la letra inicial en **mayúsculas**. *Unicef, Talgo*.

- Si el **Acrónimo** se ha convertido en un **sustantivo común**, debe escribirse en **minúsculas**: *sida, uvi, ovni*. En estos casos, se somete a las normas generales de puntuación: *láser, radar*.

2.11.7 SINÓNIMOS Y ANTÓNIMOS

En ocasiones, a un solo significante corresponde un solo significado: *Cenicero, bolígrafo, pasear...*, se trata de una relación unívoca entre el significado y significante, llamada **Monosemia**, pero, a veces, la relación no es unívoca, en efecto, puede ocurrir:

- Que **un solo significado** se exprese con **dos o más significantes** distintos, el fenómeno se denomina **Sinonimia** y las palabras que, con distinta forma, significan lo mismo, palabras sinónimas o **Sinónimos**:

    Gabán y abrigo
    Adorno y ornamento
    Burro, asno, jumento

- Que **un solo significante posea dos o más significados** distintos, este fenómeno se denomina **Polisemia** (= *varios significados*) y las voces que produce polisemia, **Palabras Polisémicas**.

    Pata: *Extremidad de un animal; soporte de un mueble.*

Por lo tanto, los **Sinónimos** son palabras y expresiones que tienen un **mismo** o **muy parecido significado**, o alguna acepción equivalente.

Cabizbajo → Melancólico, abatido

Se puede decir que frente a los Sinónimos (*palabras iguales, semejantes*) se encuentran los **Antónimos**, palabras que expresan ideas **contrarias** u opuestas.

Avispado → simple, torpe

Existe otro fenómeno en la Semántica que es la **Antonimia**, se produce cuando **dos palabras** poseen **significado contrario**: *Masculino – femenino, caliente – frío*. Pero la relación que existe entre estos pares de supuestas palabras antónimas o antónimos, no es la misma. Adviértase, en efecto que:

- Lo contrario de *masculino* es *femenino*, en el sentido de que si se dice de un nombre que no es masculino, tendrá que ser por fuerza femenino o a la inversa. Son **términos** que **se excluyen** entre sí.

- En cambio, lo contrario de *caliente* no es necesariamente *frío*, si se dice que *"el puré no está caliente"*, no hay que entender forzosamente que está frío, puede estar tibio o templado. Son **términos contrarios** entre los cuales se establece una **gradación**.

- Lo contrario de *vender* es *no vender* (*y no comprar*). Son **términos recíprocos** que se implican obligatoriamente entre sí. Esta relación se denomina **complementariedad**.

Estas **tres relaciones** diferentes reciben **designaciones** distintas:

- Dos términos son **complementarios** cuando la **negación** de uno implica la **afirmación** del otro: *Masculino – femenino, ileso – lesionado*.

- Dos términos son **antónimos** propiamente dichos, cuando entre ellos se extiende una **progresión**: *Caliente – frío, grande – pequeño, odiar – amar*.

- Dos términos son **recíprocos** cuando **uno implica al otro**. No se puede *vender* si alguien no realiza la acción de *comprar*, *entrega- recepción*.

2.11.8 HOMÓNIMOS

Los **Homónimos** son palabras que **se pronuncian igual**, pero tales palabras solo coinciden en el significante no en el significado, tienen **significados distintos**.

*Son dos palabras **homónimas***   ***Pienso***: *Alimento de animales*
                                              Pienso: *Verbo*

Aunque su pronunciación sea idéntica, los homónimos pueden diferenciarse en la escritura. En este caso, hablamos de **Homófonos**, como los siguientes pares de palabras:

Ola / ¡Hola!, Hojear / Ojear, Botar /Votar, valla / vaya

Los límites entre la **homonimia** y la **polisemia** son a veces confusos.

La **Polisemia** es la diversidad de acepciones o significados en una palabra.

Banco:

1. *Establecimiento público en el que se guarda y se presta dinero.*

2. *Asiento largo y estrecho, generalmente de madera, hierro o piedra.*

3. *Conjunto grande de peces de una misma especie que van juntos.*

2.11.9 PALABRAS TABÚ Y EUFEMISMOS

 **¿SABÍAS QUE...?**

La cosa o acción que no puede ser nombrada, que **se evita** por motivos sociales, morales, religiosos, etc. se denomina con un término polinesio, **TABÚ** (*"sagrado, prohibido"*).

La palabra que **sustituye** a la prohibida mutando así su significado, recibe el nombre de **EUFEMISMO** (término tomado del griego *"euphemismós"* – dicho propio de quien habla bien y evita las palabras de mal agüero -).

El pudor o la elegancia, la superstición, el temor, la intención política, etc., pueden impedir **nombrar una cosa o una acción con su vocablo propio**, cuando hay que nombrarla, se echa mano de otra palabra, que por tanto, cambia de significado.

Son **eufemismos** palabras como *servicio* (retrete), *estado de buena esperanza* (preñez), *dar a luz* (parir), *hacer pipí* (orinar), etc. cuyas razones son obvias. Motivos supersticiosos explican el empleo de *bicha* por "culebra"; razones sociopolíticas, el *productor* por "obrero", *conflicto laboral* por "huelga", *reajuste* por "subida de precios", etc.; y simplemente piadosas, *tránsito* por "muerte", *invidente* por "ciego", *discapacitado* por "anormal", etc.

Algunos tabúes no son siempre definitivos. A veces, la carga negativa de una palabra se desvanece y empieza a emplearse con regularidad, como sucede con cualquiera de las interjecciones consideradas anteriormente obscenas y que hoy se emplean en la lengua oral.

De la misma forma, **una expresión eufemística puede llegar** a obtener con el tiempo una **connotación negativa**, para sustituirla, **se emplea otro eufemismo**:

Ancianos → personas de la tercera edad → mayores

EJERCICIOS

■ **1.** Qué diferencia existe entre Abreviatura, Sigla y Acrónimo.

■ **2.** Escríbase la abreviatura de cada una de estas palabras y de sus plurales:

  ■ Remitente, femenino, ilustrísima, preposición, apartado, masculino, señora, adverbio, adjetivo, siglo, Su Majestad.

■ **3.** Escríbanse ejemplos (*al menos tres de cada caso*) de Abreviatura, Sigla y Acrónimo.

■ **4.** Dígase un sinónimo que corresponda a cada una de las palabras siguientes:

  ■ Encubierto, atareado, propagar, pericia, oeste, óptimo, estruendo, frágil exánime, instaurar, humilde idéntico, mezquindad, indigente, desprecio, estorbar, excusa, felicidad, profundo, enjuto

■ **5.** Escríbanse tres palabras polisemias y tres homónimos.

■ **6.** Escríbanse oraciones con las siguientes palabras: basto y vasto, sabia y savia, rebelar y revelar. ¿Qué clase de palabras son?, ¿por qué?

■ **7.** Dígase un antónimo que corresponda a cada una de las palabras siguientes:

  ■ Cóncavo, abundancia, apreciar, claro, castigo, ligero, rico, meridional, rápido, progresista, ganador, sencillo, reír, cortés, estirar, culto.

■ **8.** Entre los pares de vocablos siguientes, hay antonimia, complementariedad o reciprocidad. Dígase qué fenómeno se produce en cada uno de ellos.

  ■ casado – soltero

  ■ lleno – vacío

  ■ grande – pequeño

  ■ encendido – apagado

  ■ aprobado – suspenso

  ■ empezar – acabar

  ■ crudo – guisado

  ■ abierto – cerrado

■ **9.** Las siguientes expresiones como "*sanatorio mental, residencia de ancianos, económicamente débil, delicado*", ¿son tabú o eufemismo?, ¿por qué?

■ **10.** Escríbanse los eufemismos de los siguientes tabúes: *Plantilla, faltas a clase, manicomio, cárcel, despido, malos tratos, mentir subida de precios.*

2.12 USO DE LAS REGLAS DE ORTOGRAFÍA

La Gramática es el arte de hablar y escribir correctamente una lengua. La Gramática constituye la parte de la Lingüística, que estudia la regularidad de las unidades lingüísticas, su relación y funciones dentro de una lengua determinada. Dentro de la Gramática aparece la **Ortografía**.

2.12.1 APLICACIÓN DE LAS PRINCIPALES REGLAS ORTOGRÁFICAS

La **ORTOGRAFÍA** es la parte de la Gramática, que enseña a escribir correctamente por el acertado empleo de las letras y los signos auxiliares de la escritura. Son las REGLAS ORTOGRÁFICAS.

2.12.1.1 Signos diferentes para representar sonidos iguales. B, V

En castellano la **B** y la **V** suenan lo mismo. De ello se deriva la dificultad de su ortografía.

■ Se escriben con **B**:

- Las palabras que empiezan por: **bu-, bur-, bus-, bibl-**. *Butaca, burlón, buscar, biblioteca.*

- Las palabras que acaban en: **-bundo, -bunda**. *Meditabundo, tremebunda.*

- Las formas verbales que terminan en **–aba** (*Pret. Imperfecto de Indicativo de la primera conjugación*). **Amaba, soñaba, caminaba**.

- Cuando la **B precede a otra consonante**. *Brazo, brillar, pobre, observar.*

■ Se escribe con **V**:

- Las palabras que empiezan por **ad**-. *Adversario, advenimiento, advertido.*
- Los adjetivos terminados en **–ava, -ave, -avo, -eve, -evo,-iva, -ivo**. *Octava, suave, dieciseisavo, leve, nuevo, sensitivo.*

2.12.1.2 Signos diferentes para representar sonidos iguales. G, J

La principal dificultad en el uso de la **G** y de la **J** nace de que tiene el mismo sonido ante las vocales **e**, **i**.

■ Se escribe **G** antes de **e**, **í**:

- En las palabras que empiezan por **-geo, -gem, -gen**. *Geometría, gemir, generoso.*
- En las palabras que terminan en **-gen, -genio, -ginal, -gion, -ogia, -ógico, -ógica, ígneo, ígnea**. *Origen, ingenio, virginal, legión, demagogia, lógico, antológica, oxígeno, indígena.*

■ Se escribe **J** antes de **e**, **i**:

- En las palabras que empiezan por **eje-**. *Ejercitar, ejecutar, ejemplo.*
- En las palabras que terminan en **-aje**. *Garaje, masaje, potaje, salvaje.*
- Las formas de los verbos cuyo **infinitivo no tenga G ni J**. *De producir, produje; de decir, dije; de traer, traje.*
- **Palabras** que se **derivan** de otras que tienen **J**. *De naranja, naranjita; de rojo, enrojecido; de caja, cajetilla.*

2.12.1.3 Signos diferentes para representar sonidos iguales. I, Y

■ Se emplea **I**:

- Al **principio** de palabra, cuando va **delante** de una **consonante**. *Inglaterra, igual, idea, ilusión, imagen.*
- Al **final** de palabra, cuando **carga** el **acento** la **í**. *Partí, perdí, comí.*

■ Se emplea **Y**:

- Al **final** de palabra, cuando **no carga** el **acento** la **y**. *Ley, buey, soy, estoy.*
- Cuando va **sola**. *Mónica y Javier.*
- Al formarse el **plural** de las **palabras** que terminan en **y**. *Leyes, bueyes, reyes.*
- En las **formas verbales** cuyo **infinitivo no** tiene **y** ni **ll**. *De oír, oyó, oyeron; de caer, cayó, cayeron.*

2.12.1.4 Signos diferentes para representar sonidos iguales. C, K, Q; C, Z

■ Para el sonido **K** se puede escribir **C, K, Q**:

- Se escribe **C delante de a, o, u, t**. *Casa, cosa, curso, acto.*
- Se escribe **K** en algunas palabras de **procedencia griega**. *Kilómetro, kilogramo, kilolitro.*
- Se escribe **Q** delante de **e**, **i**. *Queso, quilla.*

■ Para el sonido **C** se puede escribir **C y Z**:

- Se escribe **C delante de e, i**. *Cena, cima.*
- Se escribe **Z delante de a, o, u**. *Caza, zona, zumo.*

2.12.1.5 Un signo gráfico que no representa a ningún fonema: la H

■ La letra **H** no se pronuncia, es **muda**. Se conserva en la escritura de las **palabras que en su origen la tuvieron**.

Del LATÍN *habere, habitatio, homo*, tenemos las palabras castellanas *haber, habitar, hombre.*

También se conserva en palabras que **en su origen** fueron **F**. *Fabulare (hablar), facere (hacer), filius (hijo).*

En regiones bilingües (*Cataluña, Valencia, Galicia...*) es fácil saber cuándo la palabra castellana lleva **H**, porque en el idioma nativo se sigue conservando la F: Hijo, fillo, fill; hierro, ferro; higo, figo, figa.

■ Se escriben con **H**:

Las palabras que empiezan por **helio-, hem-i, hidr-, hipe-r, hipo-, histo-** *Hipopótamo, hidrógeno, histología.*

Las palabras que empiezan **por hia-, hie-, hue-, hui-**. *Hiato, hiedra, hueco, huir.*

Se debe tener en cuenta que **hay derivados de** palabras que empiezan por **hue-**, que **no** llevan **H**.

– De **huevo**: *óvalo, oval, ovoide, óvulo, ovario, ovíparo.*
– De **hueso**: *óseo, osario, osamenta, osificar.*
– De **hueco**: *oquedad.*
– De **huérfano**: *orfanato, orfandad.*

Se escriben con **H todas las formas de los verbos**: *Haber, hablar, habitar, hacer, hallar, heredar, herir, hervir, hilar, hipnotizar, holgar, hospedar, hospitalizar, huir, hundir...*

También **algunas interjecciones** que usamos con mucha frecuencia: *¡Ah!, ¡oh!, ¡eh!, ¡bah!, ¡hala!, ¡hola!, ¡huy!*

2.12.2 ORTOGRAFÍA DE LOS PRONOMBRES

2.12.2.1 Personales

Las formas de más difícil ortografía son: *yo, ello, ellos, ellas, vosotros, vosotros, os.*

Por lo que se refiere a la **acentuación**, hay que tener en cuenta que llevan la tilde:

■ **ÉL**. Para distinguirlo del artículo. *Lo compró él* (pronombre personal), *dame el cuaderno* (artículo).

■ **MÍ**. Para distinguirlo del adjetivo posesivo. *Lo trajeron para mí* (pronombre personal), *mi butaca* (adjetivo posesivo).

■ **TÚ**. Para distinguirlo del adjetivo posesivo. *Tú cantas* (pronombre personal), *tu butaca* (adjetivo posesivo).

■ **SÍ**. Se acentúa cuando es pronombre personal y también cuando es adverbio de afirmación. *Lo ganó para sí* (pronombre personal), *sí quiero* (adverbio de afirmación). No se acentúa cuando es conjunción. *Iré, si ella quiere.*

■ No se acentúan los pronombre personales **SE** y **TE**. *Se lo dije, te lo mando.*

■ **SÉ** se acentúa cuando pertenece al verbo **saber**. *Lo sé perfectamente.*

■ **TÉ** se acentúa cuando sea **nombre**. *Bébete el té.*

2.12.2.2 Demostrativos

Los demostrativos *este*, *ese* y *aquel*, con sus femeninos y plurales, cuando se aplican como **pronombres** (*este* es alto; coge *aquella*) o como **determinantes** (*aquellos* chavales, el coche *ese*), **no** deben llevar **tilde** según las reglas generales de acentuación, bien por tratarse de palabras **bisílabas llanas** terminadas en **vocal** o en **-s**, bien, en el caso de *aquel*, por ser **aguda** y acabar en consonante distinta de **nos**.

2.12.2.3 Relativos

No se **acentúan**: *que, cual, quien, cuyo*. *La maleta* ***que*** *compré, este es de* ***quien*** *te hable*.

Estas mismas formas **se acentúan** cuando **se usen** como **interrogativos o** como **exclamativos**. *¿****Qué**** prefieres?, ¡****quién**** lo pillara!*

2.12.3 ORTOGRAFÍA DE LOS VERBOS

2.12.3.1 El verbo auxiliar haber

Su uso es muy frecuente, ya que toma parte en los **tiempos compuestos** de los verbos (*haber + participio del verbo*).

Su conjugación es:

- Indicativo: *he, había, hube, habré*.
- Condicional: *habría*.
- Subjuntivo: *haya, hubiera o hubiese, hubiere*.
- Imperativo: *haya* él.
- Formas no personales: *haber, habiendo, habido*.

Hay que fijarse muy bien en las formas del **presente subjuntivo**, pues son las que más se prestan a confusión en su escritura. Esta confusión nace de la **semejanza** con la pronunciación del **presente de indicativo del verbo hallar** (*encontrar*).

- Verbo HABER: *haya, hayas, haya, hayamos, hayáis, hayan*.
- Verbo HALLAR: *hallo, hallas, halla, hallamos, halláis, hallan*.

2.12.3.2 El verbo ir

Es un verbo **muy irregular** y de uso frecuente. Su ortografía no es fácil, lo que hay que fijarse muy bien en ella.

La conjunción de sus **tiempos más difíciles** es:

- Presente de Indicativo. *Voy, vas, va, vamos, vais, van*.
- Pretérito Imperfecto de Indicativo. *Iba, ibas, iba, íbamos, ibais, iban*.
- Presente de Subjuntivo. *Vaya, vayas, vaya, vayamos, vayáis, vayan*.
- Imperativo. *Ve tú, vaya él, id vosotros*.

Hay que fijarse bien en las formas del **presente de subjuntivo**, ya que se pueden **confundir** con el sustantivo **valla** (*cerca*) y con **algunas formas** del verbo **vallar** (*cercar*), también, con el sustantivo **baya** (*fruto carnoso*).

2.12.3.3 Algunas normas generales sobre los verbos

El **Pretérito Imperfecto de Indicativo** de todos los verbos de la **primera conjugación** (infinitivo terminado en –**ar**) **acaba siempre en –aba**. *Saltaba, cantaba, caminaba.*

La segunda persona del Pretérito Indefinido no termina nunca en –s. *Amaste, temiste, estudiaste.*

En los **Participios en –ado**, **no** se debe **suprimir** nunca la "**d**". *Acabado, sonado, salvado.*

2.12.4 ORTOGRAFÍA DE LAS INTERJECCIONES

La **interjección** es siempre una exclamación y va, por tanto, **entre signos de admiración**. En castellano los signo son dos: el inicial, con el punto en la parte superior, y el final, con el punto en la parte inferior: ¡ah!

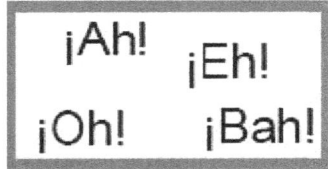

En otras lenguas, tan solo se emplea el último de los signos. En la nuestra lo correcto es escribir los dos.

Algunas **interjecciones** ofrecen **dificultad** en su ortografía. Conviene tener en cuenta:

- **¡AH!**. Puede confundirse con la preposición **A** y **HA**, del verbo haber.
- **¡EH!**. Puede confundirse con la conjunción **E** y **HE**, del verbo haber.
- **¡OH!**. Puede confundirse con la conjunción **O**.
- **¡HOLA!**. Puede confundirse con **OLA** (*nombre, movimiento del agua*).
- **¡BAH!**. Puede confundirse con **VA**, del verbo ir.

2.12.5 LAS MAYÚSCULAS

La letra **mayúscula** se usa para **distinguir** algo, para **darle más importancia** por algún motivo.

Se ponen mayúsculas:

- Al comenzar un escrito. Queridos amigos...

- En los nombres propios. *Javier, Teide, Tajo, Madrid...*

- En tratamientos, cuando no va al lado el nombre propio de la persona a quien nos referimos. *El Ministro, el Director, el Gobernador...*

- En los títulos de libros, periódicos, publicaciones...: *Geografía e Historia. La Gaceta...*

- En los nombres de organismos, entidades, agrupaciones...: *Delegación de Turismo, Caja Provincial, Real Club...*

- En calificativos que acompañan siempre a un nombre propio. *Don Pedro el Cruel, Sancho el Fuerte...*

2.12.6   ORTOGRAFÍA DE LOS ADVERBIOS

Cabe destacar la ortografía del adverbio de lugar **"AHÍ"**, para distinguirlo de **hay** (*verbo haber: Hay chocolate*) y de **¡AY!** (*interjección: ¡AY! ¡Cómo duele*!

Y del adverbio de afirmación **"SÍ"** (*con tilde*) para distinguirlo de la conjunción SI (*sin tilde*). **SÍ**, *quiero ir*, **Si** *llueve estaremos en casa*

2.12.7   ORTOGRAFÍA DE LAS PREPOSICIONES Y DE LAS CONJUNCIONES

En las **Preposiciones**, las de mayor dificultad son:

- **A.** No se debe confundir con HA, del verbo haber, ni con ¡AH!, interjección.
- **HASTA**. No se debe confundir con el nombre ASTA (*cuerno, palo de bandera*).

En las **Conjunciones** hay que fijarse bien en:

- No se debe confundir la conjunción copulativa **"E"** con HE, del verbo haber, ni con ¡EH!, interjección.
- La conjunción disyuntiva **"O"** no se debe confundir con ¡OH!, interjección.
- **ORA**. No se debe confundir con HORA (*reloj*).
- La conjunción adversativa **"MAS"** que va sin tilde con "MÁS", adverbio de cantidad que lleva tilde.

2.12.8   ORTOGRAFÍA DE LA SÍLABA

Al separar las sílabas se debe tener en cuenta las normas siguientes:

- Separar sílabas compuestas. *Con – ver –sa – ción*.
- No dejar nunca una vocal al final de renglón: *Ami – go (go en otro renglón)*, **no** "*a* (**a** *sola en un renglón*) *– migo*",
- En palabras compuestas, la separación de puede hacer al final de la primera palabra: *Sub – ra – yar*, aunque también puede separarse de esta manera: *Su – bra – yar*.

2.12.9 PORQUÉ, PORQUE, POR QUÉ, POR QUE

■ **PORQUÉ**. Es **sustantivo** y va siempre precedido de un articulo o de un determinante cualquiera, equivale a **"motivo"**. Al ser sustantivo, puede ir en plural (*motivos*).

*No confesó el **porqué** de su decisión* → *No confesó el motivo de su decisión*
*No confesó los **porqués** de su decisión*

■ **PORQUE**. Es conjunción que funciona como **nexo causal** (*introduce oraciones que explican la **causa** de otra principal*) y **final** (*introduce oraciones que explican la **finalidad** de otra principal*).

*No irá **porque** no le apetece*
*Recemos **porque** lo comprendan*

■ **POR QUÉ**. Se trata de la **preposición por** y del **interrogativo** o **exclamativo qué**. Sirve para preguntar, equivale a **"¿Por qué razón?"**, tanto en interrogativas directas como indirectas y en oraciones exclamativas.

*¿**Por qué** no lo invitas?*
Ignoro *por qué* ha venido
*¡**Por qué** llegará siempre el último!*

■ **POR QUE** se compone de la **preposición por** y el pronombre **relativo que**, equivalente a **"el cual, la cual, los o las cuales"**. Que se refiere, pues, a un antecedente y lo reproduce.

*Fueron muchos los delitos **por que** [= por los cuales] fue condenado*
*Esa es la ventana **por que** [= por la cual] entraron*

En estas oraciones, los antecedentes de que, son respectivamente: delitos y ventana.

2.12.10 SI NO, SINO; SI, SÍ

SI NO está formado por la **conjunción SI**, que introduce proposiciones **condicionales** y **sustantivas**, más el **adverbio de negación NO**. *Les preguntaron **SI NO** vendrían al cine.*

SINO es una **conjunción adversativa** que introduce **proposiciones** o **sintagmas**. *No ha hecho una película, **SINO** un corto.*

La **conjunción SI** se escribe **sin tilde**. La forma **con tilde, SÍ**, puede corresponder al **adverbio de afirmación** o al **pronombre personal**. *SÍ soy el marido (Adverbio); hablaba por **SÍ** mismo (Pronombre).*

2.12.11 CONQUE, CON QUE, CON QUÉ

Aunque se parecen estas formas, sin embargo, presentan **significados distintos**:

■ **CONQUE**. Es una **conjunción consecutiva**, una sola palabra y se escribe sin tilde. *La tienda esta cerrada, **conque** no podemos ir.*

■ **CON QUE**. Son dos palabras que se escriben sin tilde. La **preposición CON** seguida del **relativo QUE**: *Déjale el molde **con que** se hace el flan.* **También** puede ser la **preposición CON** seguida de la **conjunción QUE**, con valor **condicional**: *Es suficiente **con que** le entregues las llaves.*

■ **CON QUÉ**. Son dos palabras, la **conjunción CON** y el **interrogativo QUÉ**, que se escribe con **tilde**. *¿**Con qué** partiste la tarta?*

EJERCICIOS

1. Escríbanse cinco palabras que empiecen por **bus-** o por **bur-**. Escríbanse oraciones con esas palabras.

2. Escríbanse tres **pretéritos imperfectos** de indicativo de verbos de la **primera conjugación.**

3. Escríbanse cuatro oraciones que contengan palabras que comienzan por **ob-, ab-**, o terminen en **–ava, -avo.**

4. Escríbanse cinco palabras que comiencen por **geo-** , cinco palabras que terminen en -**gen, -genio** y cinco palabras que empiecen por **–eje.**

5. Escríbanse siete palabras que acaben en **-y**. Pónganse sus plurales.

6. Escríbanse cinco palabras que tengan **K**. Háganse oraciones con ellas.

7. Escríbanse cinco palabras en las que figure el grupo **ce** o **ci** y otras cinco palabras con el grupo **que** o **qui**.

8. Escríbanse cinco oraciones con palabras de ejercicio anterior.

9. Escríbanse tres palabras que empiecen por **histo-** y tres que empiecen por **hidr-**.

10. Escríbanse tres palabras que empiecen por **hue-**.

11. Escríbanse cinco derivados de hierro.

12. Escríbanse oraciones en las que figuren las palabras **hueso, hablar, hacer, hallar, huir.**

13. Escríbanse tres oraciones con las interjecciones **ah, oh, eh**.

14. Escríbanse seis oraciones en las que figuren los pronombres personales.

15. Escríbanse tres oraciones con el presente de indicativo y tres oraciones con el presente de subjuntivo del verbo **haber**.

16. Escríbanse tres oraciones con el presente de indicativo y tres oraciones con el presente de subjuntivo del verbo **hallar**.

17. Escríbanse tres oraciones con el pretérito imperfecto de indicativo y tres oraciones con el presente de subjuntivo del verbo **ir**.

18. Escríbanse una oración con **¡ay!**, una con **ahí** y una con **hay**. Explíquese las diferencias de estas tres formas.

19. Escríbanse una oración con **hasta**, una con **asta**, una con **sí** y una con **si**. Explíquese las diferencias.

20. Escríbanse el nombre de tres periódicos, tres revistas y tres organismos.

21. Escríbanse cinco adverbios que los que figuren **h, b** o **y.**

22. Utilícese **porqué, porque, por qué o por que**, según convenga.

■ Se ignoran las razones..............ha rechazado la oferta.

■ Lo sé..............me lo dijo él.

■ Ese es el agujero..............huyó.

■ ¿..............estás hoy tan callado?

■ Hace lo que se le antoja, y nunca explica el...............

- Me callé.................él tenía razón.

- No sé.............te preocupas tanto, no ocurrirá nada

- Si ha obrado así, tendrá su.............., no está loco.

- **23.** Escríbanse oraciones con: **Si no**, **sino**, **si**, **sí**.

- **24.** Escríbanse oraciones con: **Conque, con que, con qué**.

2.12.12 UTILIZACIÓN DE LOS PRINCIPIOS DE ACENTUACIÓN. DIPTONGOS, TRIPTONGOS E HIATOS

Las **Reglas** para el **uso** del acento gráfico – **tilde** – son muy sencillas en nuestro idioma:

Palabras Agudas	La sílaba tónica es la *última sílaba. Llevan tilde cuando terminan en vocal, en n o en s.* Papá, salvé, razón, montés
Palabras Llanas	La sílaba tónica es la *penúltima sílaba. Llevan tilde cuando no terminan en vocal, en n o en s.* Césped, cárcel, mármol, azúcar
Palabras Esdrújulas	La sílaba tónica es la *antepenúltima sílaba. Llevan tilde toda.* Lámpara, cántaro, último, ímpetu

Todas las palabras tienen una sílaba sobre la que **recae el acento** al pronunciarla, es la **sílaba tónica** (*sílaba en la que recae el mayor golpe de voz*), las demás sílabas se denominan **átonas**.

No se debe **confundir "acento" con "tilde"**, todas las palabras poseen acento pero no todas llevan tilde. La tilde es el acento que se escribe (´), que se sitúa en la parte superior de la vocal acentuadas.

Es general la norma por la cual todos los **monosílabos** se escriben **sin tilde** (*mar, fue, por*), **excepto algunos** monosílabos que llevan tilde **para diferenciarse** (*se verán posteriormente*), es la **Tilde Diacrítica**:

Sé (*verbo saber*) que vendrá
Se (pronombre *personal*) fue

2.12.12.1 Palabras compuestas

- La **tilde** en las palabras compuestas normalmente, se pondrá solo en la **última palabra**, si le **corresponde llevarla** según las reglas generales de la acentuación:

Decimoséptimo, cefalorraquídeo.

- **Pierde su tilde la primera palabra** del compuesto, si la llevaba cuando era simple:

Tiovivo, decimoséptimo

– Sin embargo, esta última regla no se aplica si los vocablos se **unen mediante guión**:

Físico-químico, crítico-biográfico

■ Igualmente, la **conserva**, si la llevaba, el **adjetivo inicial** de los adverbios terminados en *–mente*:

Ágilmente, estúpidamente.

■ **Mantienen** su **tilde** las **formas verbales** cuando **se** les **añaden pronombres**:

Mírale, pídeme

■ Si, al **reunir** dos o más **palabras** que no llevan tilde, **resulta** un vocablo **compuesto esdrújulo**, debemos **ponerla**.

Canta + le → Cántale
Da + me + lo → Dámelo
Sepa + lo → Sépalo

2.12.12.2 Acentuación de diptongos, triptongos e hiatos

■ Siguiendo las reglas anteriores, cuando el acento recae en una sílaba que lleva **Diptongo**, la **tilde** se escribirse **sobre** la **vocal** más **abierta** (*las vocales abiertas son: a, e, o. Las vocales cerrados son: i, u*).

Miráis, huésped, vuélvase

■ Si el **diptongo** es **ui** o **iu**, la tilde se coloca **sobre** la **última vocal**.

Benjuí, cuídate

■ Siguiendo las reglas generales, cuando el acento recae en una sílaba que lleva **Triptongo**, la tilde ha se escribirse también sobre la **vocal** más **abierta**.

Averiguáis, santiguáis

■ Si dos vocales van en **Hiato** (*juntas pero sin formar diptongo: reo, leas*) se aplican estas reglas:

– Lleva **tilde** la **vocal** a la que corresponda llevarla según las **reglas generales**:

Le – ón, Dí – az, co – á –gu – lo

– Pero **si la vocal tónica es i** o **u, llevará tilde**, aunque no le corresponda llevarla según esas reglas. Así, la palabra **_sonreír_** es aguda acabada en –r, no tendrá, pues, que llevar tilde, pero, como su vocal tónica es **i**, y está en hiato con la anterior (**_son – re – ír_**), se escribe la tilde de acuerdo con esta nueva regla. Lo mismo sucede con estas palabras:

Caída, leído, reúno, transeúnte, vahído, barahúnda, etc.

– Esta importantísima regla tiene una **excepción**: Cuando las vocales en hiato son **u – i**, **no** se pone **tilde**:

Jes**u**-**i**ta, destr**u**-**i**r

Si en un grupo de vocales, de la serie **a, e, o** y de la serie **i, u**, el acento recae sobre estas últimas, se **Destruye El Diptongo**.

Ju- **lián; toi** – són; **lai** – co → En estas palabras hay diptongo
_Lí – **a**n; o – í; ca – í_ → En estas palabras no hay diptongo

Si en el grupo hay dos vocales de la serie **i, u,** el acento ha de recaer sobre la última de ellas para que haya diptongo.

_C**ui** – do, L**ui**s, v**iu** – da_

Cuando hay destrucción del diptongo, se pone siempre la tilde sobre la vocal de la serie **i, u**, para hacer ver que la unión ha desaparecido, de lo contrario podría haber dudas en la pronunciación.

Des - con- **fí** – o, sa – **lí** – a, **pí** – a

Para que haya triptongo, el acento ha de ir en la vocal de la serie **a, e, o**, si no se cumple esta regla, se **Destruye El Triptongo**.

A – ve – ri – g**uái**s → En esta palabra hay triptongo
Pro- du –c**í** –**ai**s, de – c**í** – **ai**s → En estas palabras no hay triptongo

En los casos de destrucción del triptongo, se pone siempre la tilde sobre la vocal de la serie i, u, en la que cae el acento, para indicar que en el grupo no hay triptongo.

2.12.12.3 Los monosílabos. Tilde diacrítica

Los **Monosílabos** (_monosílabo = una sílaba, bisílabo = dos sílabas, trisílabo = tres sílabas, polisílabo = más de tres sílabas_) **no** llevan **tilde**. Se **exceptúan unos pocos**, en los que la tilde diferencia dos valores distintos del monosílabo, es la **Tilde Diacrítica**.

Él → _pronombre_	**El** → _artículo_
Dé → _del verbo dar_	**De** → _preposición_
Sí → _afirmación_	**Si** → _conjunción_
Sé → _del verbo saber o ser_	**Se** → _pronombre_
Más → _cantidad_	**Mas** → _= pero_
Tú → _pronombre personal_	**Tu** → _posesivo_
Mí → _pronombre personal_	**Mi** → _posesivo_
Té → _planta y bebida_	**Te** → _pronombre_
Aún → _= todavía, es entonces bisílabo_	
Aun _(si no equivale a "todavía", es monosílabo)_	

La palabra bisílaba **"sólo"** lleva **tilde** cuando es **adverbio** (*equivale a "solamente"*) y **no** lleva cuando es **adjetivo**: *Estuve solo* (adjetivo) *toda la mañana*. Por supuesto, **nunca llevan tilde sola, solos, solas**. Sin embargo, no constituye falta dejar de acentuar el adverbio **sólo**, únicamente es obligatorio cuando el sentido de la oración podía quedar confuso: Estuve solo (= *solamente*) dos horas, frente a estuve solo (= *sin compañía*) dos horas.

2.12.12.4 La tilde en los demostrativos

Los **Demostrativos**:

Este, esta, estos, estas, ese, esa, esos, esas, aquel, aquella, aquellos, aquellas

No se **acentúan** nunca cuando van **delante** de un **nombre**:

Este retrato, esos árboles, aquellas ventanas

Cuando funcionan **como pronombres**, **puede llevar tilde** si así lo desea el que escribe (**no es, pues, obligatoria**):

Traigo varios regalos y este (o éste) es para ti

Pero tienen que **llevar obligatoriamente tilde** si, al no ir con tilde, la frase puede significar otra cosa:

Contaron aquellas cosas interesantes

*Sin tilde, **aquellas** se referirá a cosas; con tilde, aludirá a unas personas antes mencionadas, que contaron cosas interesantes.*

Los **Demostrativos** *esto, eso, aquello* **nunca llevan tilde.**

2.12.12.5 La tilde en palabras interrogativas y exclamativas

Hay **varias palabras** que **llevan tilde** cuando tienen significado **interrogativo** y **exclamativo** y no la llevan cuando carecen de dicho significado:

Qué	*Que*
Cuál y Cuáles	*Cual y cuales*
Quién y Quiénes	*Quien y Quienes*
Cuánto (s) y Cuánta (s)	*Cuanto(s) y Cuanta (s)*
Cuándo	*Cuando*
Cómo	*Como*

*¿Dime **qué** te gusta? (oración interrogativa directa porque lleva signos de interrogación)*
*No sé **cuál** es su monedero (oración interrogativa indirecta porque no lleva signos de interrogación)*

*Quisiera saber **cuánta** gente había allí (oración interrogativa indirecta porque no lleva signos de interrogación)*
*¡**Cómo** llueve!*
*Deseo **que** apruebes*
*Ha venido su tía, la **cual** ha traído muchos regalos*
*Se puso muy contento **cuando** lo visité*

El hecho de que tales palabras vayan en una oración interrogativa o exclamativa, no significa que ellas tengan sentido exclamativo o interrogativo. Si no tienen tal sentido, no deben llevar tilde:

*¿Eres **tú quien** lo ha hecho?*
*¡Eres **tú quien** lo ha hecho1*
*¿No es **ahí donde** pernoctamos?*
*¡No es **ahí donde** pernoctamos!*

Se observa que la interrogación a la exclamación de las oraciones anteriores no se refiere a ellas, sino a otras palabras: ***Tú, ahí***.

....

2.12.13 **MANEJO DE LOS SIGNOS DE PUNTUACIÓN**

Señalamos entre ellos las pausas y la entonación.

■ **LA COMA (,).Divide** los **elementos** de una **serie**, de una enumeración. Señala una breve pausa. *Campos, montaña, ríos.*

Marca las **pausas** en los **vocativos**. *Gaspar, ven pronto. Vete, amigo, con ellos.*

■ **EL PUNTO (.).**Marca el fin de una oración o de un párrafo.

Apareció la Luna. Adormeció el pueblo. Las gentes se recogieron en sus casas, adormecieron.
A la mañana siguiente volvió la vida al pueblo.

■ **EL PUNTO Y COMA (;).** Separa oraciones que tienen relación entre sí o grupos de oraciones, separadas interiormente por medio de comas.

Entraron todos; fueron colocándose en sus puestos. Se sentaron, se acomodaron; dejaron los presentes.

– Separar **elementos** de **enumeraciones** que **ya** contienen **comas**. *Primero podemos ir a la biblioteca, al parque o al río; después al cine o de compras.*

- **Delante de conjunciones y locuciones conjuntivas** como *mas, pero, sin embargo, por tanto, por consiguiente... Tu primo, el pequeño, es buena gente; pero es muy charlatán.*

- Separar oraciones **yuxtapuestas**. *No te duermas; tenemos viaje con Marcelino.*

El **Punto y Coma** guarda relación con la **extensión de los enunciados**.

- Si el **enunciado** es **breve**, se prefiere la **coma** al punto y coma, excepto si esta ya aparece. *Me voy, vendré pronto.*

- Si el enunciado es **muy extenso**, es preferible usar **el punto y seguido**. *El calor de este verano y de la primavera pasada, tan grande, han provocado una gran sequía. Por consiguiente, los cultivos se están muriendo.*

■ **LOS DOS PUNTOS (:).** Señalan que a continuación se va a aclarar algo, a relacionar varios elementos, o citar alguna frase...

Quiero que sepas lo siguiente: Cuando yo iba a...Los componentes eran: Los Hermanos Búfalo. El profesor dijo: Quienes deseen ir a la excursión...

■ **LOS PUNTOS SUSPENSIVOS (...).** Tienen distintas finalidades:

- Dejar **incompleta una enumeración**: *Ha comprado coliflor, puerros, pimientos...*
- Expresar **duda, temor, vacilación**...: *Todavía no ha llamado... Sus padres están preocupados.*
- Indicar un **enunciado inacabado**: *Se quedó hasta el final, pero...*
- **Reproducir parcialmente un refrán**, una **cita** o una **sentencia**: *A perro flaco...todo son pulgas.*

■ **PUNTOS SUSPENSIVOS CON CORCHETES [...].** Los puntos suspensivos se emplean también para indicar que se ha **omitido parte de un texto** trascrito literalmente. En este caso, aparecen entre corchetes. *En España [...] pasaron los siglos y todo se perdió.*

■ **LA INTERROGACIÓN (¿?).** Señala una pregunta de estilo directo (*porque sí es de estilo indirecto no lleva los signos de interrogación*). ¡IMPORTANTE!: Son dobles.

¿Vienes al cine? → *Estilo directo.*
No sé qué hora es → *Estilo indirecto.*

■ **LA ADMIRACIÓN (¡!).** Señala una exclamación. ¡IMPORTANTE!: Son dobles.

¡Qué maravilla!, ¡bravo!

Tanto en los signos de **interrogación** como en los de **admiración**:

- **No** se escribe **punto después** del signo de **cierre**.

- El signo de **apertura** se coloca al **principio del enunciado**, pero si este se inicia con un vocativo, se considera que está fuera de la pregunta o exclamación: *Trinidad, ¡Ven aquí!*

- También pueden aparecer **fuera los complementos circunstanciales** (*sintagmas o proposiciones*) que figuran **adelantados** al **comienzo** del **enunciado**: *En este tema, ¿quién puede opinar?*

■ **EL GUIÓN (-).** Su función es **separar**:

- **Palabras Compuestas**. *Montaña astur-leonesa.*
- Sílabas al **final** de **renglón**. *Estupenda-mente.*
- **Palabras intercaladas** en un **inciso**. *Todo el jardín - árboles, flores, fuentes - eran una maravilla.*

- **LA RAYA (—)**. Es un signo de puntuación de trazo más largo que el guión. Se emplea con las siguientes finalidades:

  - Introducir **aclaraciones** o **incisos** que interrumpen lo que se viene diciendo. *Y desde aquella cima—* **un lugar ideal para ver el cielo** *—se fueron al valle.*

  - Señalar las **intervenciones de los personajes** en los **diálogos**: *—No sé lo digas a nadie. / —Confía en ellos.*

  - Delimitar los **comentarios del narrador**: *—Olvídame* **—le dijo—**, *y lárgate.*

  - La raya se emplea, además, en las **listas bibliográficas** para señalar que se **omite** una **palabra** o el **nombre de un autor**:

  NIDO, C.J.: *La Fuente*. Madrid. Bolos, 1983.

  —: *En la reserva*. Zaragoza. Puentes, 1990.

- **LOS PARÉNTESIS (...) y LOS CORCHETES [...]**. Son signos dobles. El **PARÉNTESIS final** se emplea solo en **enunciaciones:** a), b), c)...; y el **CORCHETE inicial**, para indicar que un **verso dobla**:

  > *La explosión de ideas que volaba*
  > *[en su cabeza.*

  Los **PARÉNTESIS** y los **CORCHETES** se emplean con estos **fines**:

  - **Incluir un inciso extenso** que no tiene excesiva relación con lo que se está diciendo: *A Remo **(quien, por cierto, era conocido como El Capitolino)** no le gustó la idea.* Si el inicio está dentro de un paréntesis, se presenta con corchetes: *(quien, por cierto, era conocido como El Capitolino **[siempre tuvo una mente abierta]**).*

  - **Incluir datos explicativos**, como el nombre del autor de una cita, una fecha, etc.: *La segunda república española **(1931)** se interesó mucho por la educación.*

  - **Señalar una opción**; en este caso, se puede incluir entre paréntesis una parte de la palabra: *La**(s)** alumna**(s)** podrá**(n)** dejar la**(s)** clase**(s)**.*

  Si los **paréntesis encierran** una **interrogación** o **exclamación** indican **ironía**. Si encierran **puntos suspensivos** señalan que **una parte del texto no se ha escrito**; en este caso, se utilizan también corchetes [...].

- **LAS COMILLAS (" ")**. Se emplean para varias finalidades:

  - Reproducir **citas textuales**. *Dijo muy claro: **"No iré"**.*

  - Incluir los **pensamientos** de los **personajes** en textos narrativos: *Andaba encerrada en su mundo. **"No se sabe por qué ha procedido así"**.*

  - Indicar que una **palabra** es **de otra lengua** o se una **irónicamente** o de **forma especial**. *¿Qué hizo en el **"weekend"**?, qué "listo"es.*

  - Citar **títulos** de artículos, poemas, cuadros...: *¿Quién es el autor de **"Las Meninas"**?.*

  - **Aislar una palabra** que se **comenta dentro** de un **texto**: *el nombre **"casa"** y **"patio"** son comunes.*

■ **USOS NO LINGÜÍSTICOS DE LOS SIGNOS DE PUNTUACIÓN**. Algunos signos de puntuación permiten **ciertos usos no lingüísticos**, sobre todo en términos matemáticos, físicos y químicos o expresiones científicas y técnicas. **Algunos son**:

– **PUNTO**. En la expresión del tiempo **separa las horas de los minutos**: *12.15 h*. En **matemáticas** indica la **multiplicación** de dos cantidades.

– **COMA**. En las expresiones numéricas **separa los decimales** de los enteros: *3,15*.

– **DOS PUNTOS**. En la expresión del tiempo **separan las horas de los minutos** *17:30*. En las expresiones **matemáticas** indican una **división**. *30:5 = 6*

– **GUIÓN**. **Enlaza dos números**, sean consecutivos o no: *tomos II-VIII*, *páginas 12-13*. En la expresión de un período de tiempo separa los dígitos finales de dos años que coinciden en los iniciales: *1839-43.*

■ **OTROS SIGNOS DE PUNTUACIÓN**

– **ASTERISCO ***. Se coloca **delante** de una **palabra** o de una expresión para **indicar** que está **usada incorrectamente**: **Piensa de que*...

– **BARRA /**. Se utiliza **en algunas abreviaturas** (C/), para iniciar los **cocientes** de las **unidades** de **medida** y la **magnitudes** (200 m / s), para señalar **opciones** (el **/** la niño / a) y para marcan la **extensión de versos** escritos **en línea continua**: Canta el pájaro **/** en el nido).

– **LLAVES { }**. Se emplean para **encerrar texto**, especialmente en esquemas, clasificaciones y en fórmulas matemáticas.

EJERCICIOS →

1. Escríbanse siete palabras agudas, siete palabras llanas y siete palabras esdrújulas.

2. Escríbanse correctamente las siguientes oraciones. Explíquese la corrección. Analícense.

■ El trajo él libro

■ El buscó él gato

■ Éste perro es dé este

■ Este es ése amigo del que te hable

■ De galletás al hijo dé el.

- Si estudia, apruebá
- Solo le quedán tres días para las vacaciónes
- Mí loro es muy cotórro
- Estuvó solo una semana
- ¿Quieres ir?, si.
- Se que lo sabe
- Sé lo dijo
- Vendrá mas no saldra
- Tiene mas años que élla
- Planto te
- Aun nó viene

3. Escríbanse siete palabras que tengas diptongo y tres que tengan triptongo.

4. Escríbanse cinco palabras en las que el acento sobre una vocal de la serie **i, u** haya destruido el posible diptongo.

5. Escríbanse cinco palabras compuestas que lleven tilde. Explíquense el porqué de su tilde.

6. Escríbanse cinco oraciones donde aparezcan monosílabos con tilde diacrítica.

7. En las siguientes oraciones colóquense las tildes que faltan:

- Ese dentifrico contiene fluor
- Podeis venir; no molestareis porque estare solo en casa
- ¿Preferis el café o el te?
- ¡Con que brio juegan al futbol!
- Juan trabajo con ahinco hasta no poder mas
- No se si vendra
- ¡Cuando llegara el momento!
- ¿Por donde ireis a la estacion?
- ¿No es por ahi por donde vive Eloisa?
- No se cuando volvera. No ha dicho el porque de su ida
- Se quede solo dos horas, no conto nada
- Yo no se si estas son solo suyas
- No es ningun heroe, aunque presuma

8. Escríbase un texto de veinticinco líneas en el que aparezcan los diferentes signos de puntuación.

3 Producciones orales

Mejor o peor, todo el mundo sabe hablar para entenderse con los demás, esto es, para **expresar** algo, **representar** o **comunicar** algo, **actuar** sobre el interlocutor, guiando su conducta.

Son las tres funciones primordiales del lenguaje - **expresiva, representativa** y **conativa**, proporcionalmente - que dan lugar a los **tres tipos de mensajes**.

Al hablar se efectúan numerosas incorrecciones, se emplean escasas palabras, muchas veces ni siquiera se finalizan las frases...**Los gestos, la expresión del rostro, el tono, la situación substituyen las deficiencias del lenguaje oral.**

3.1 COMUNICACIÓN VERBAL E INTERACCIÓN SOCIAL

Entre el **pensamiento** y el **lenguaje** existe una **estrecha interdependencia**.

En la **comunicación verbal** se emplean las **palabras** habladas o escritas.

Para la **interacción social**, los hablantes se sirven de los **textos: orales** o **escritos**.

El **texto** es una **unidad de sentido total**, autónomamente de sus dimensiones y de su intención comunicativa. Lo más importante de un texto es que sea **adecuado** al contenido y a la situación, y que posea una **organización** correcta (*coherencia y cohesión*) con el fin de crear un acto comunicativo completo.

Los **textos** pueden ser **orales** o **escritos**. Aunque tengan distinto origen y forma de transmisión, son muy semejantes en algunas de sus variedades discursivas: *un ensayo divulgativo y una conferencia*. En cualquier caso, un conocimiento profundo de la lengua exige el dominio tanto de la expresión oral como de la expresión escrita para poder **desenvolverse en la sociedad**.

Por medio de la **comunicación verbal** el individuo actúa en la **interacción social** *(acción mediante la cual se instituye la posterior influencia social que recibe todo individuo)*.

Una **persona por medio de su comunicación verbal influye** en **otra**, como esta otra persona influye en la primera. Es una **INTERACCIÓN SOCIAL** de una **persona a otra**. Además, **un grupo** por medio de su comunicación verbal **influye en un individuo** insistiéndole con sus ideas o **una persona puede influir** por medio de sus ideas en un **grupo**, con una capacidad de **liderazgo**.

Un **grupo de individuos** expresa sus ideas, conocimientos, establece relaciones con otros grupos, para ello, **intercambian ideas**, pretenden convencer de que sus pensamientos son los adecuados y el otro grupo intenta refundir las ideas del primero.

En la **interacción social** se dan **relaciones intrapersonales** y **relaciones interpersonales**, en ambos casos pueden ser relaciones **directas** *(he dicho a mis padres que me voy de casa, me he ido)* o relaciones **cruzadas** *(le voy a decir a mis padres que me voy de casa, no, mejor me quedo)*.

La **conducta social** sigue la influencia de otros individuos por medio de sus acciones o ideas y la **interacción** social es una de las claves de este proceso.

La **conducta de una persona** es el **estímulo** para la **respuesta** de otra, que por otra parte, siguiendo la cadena, pasa a ser luego el estímulo de la respuesta siguiente de la primera persona.

Como parte del **qué hacer** en la etapa de la vida que nos incumbe, brota la irrevocable necesidad de **interaccionar simultáneamente con gran cantidad de personas** que aparecen en nuestro medio, se da la oportunidad de **compartir** y **aprender nuevos puntos de vista** e ir **ennobleciendo el propio conocimiento**, pues se logra de esta manera matices diferentes. Esto enseña la forma más adecuada para **interactuar** con el resto de la sociedad. Cuando **no** se es **directo** con el **mensaje** o la indicación que se quiere trasmitir a las personas con las que se comunica, esto **puede ser interpretado** de una **forma negativa** e incluso se puede dañar o lastimar. Se complica la **interacción humana** cuando es más conveniente decir: *no me apetece, no quiero, por el momento no me es posible, etc*; y está el lado contrario cuando se expresa *un hola, te quiero, muy bien, me gusta, etc.*

Existen **diferentes formas de interactuar** con las personas, de acuerdo al ambiente. Se interactúa **diferente** cuando se encuentra en **familia** que en el **trabajo**, se expresa con **diferente registro idiomático** según el medio: *un lenguaje más coloquial, menos elaborado en familia que si se está hablando con el jefe en el trabajo*

Cuando se describe (**Descripción**) se trata de "hacer ver" los rasgos y características de un modelo físico; aunque pueden describirse también los sentimientos propios y ajenos, ello hace que aparezca la **interacción social.**

Cuando se expone (**Exposición**) se trata de mostrar un asunto con el deseo de darlo a conocer y comprender a otras personas: *el plan del Gobierno en materia de educación*. Se exponen igualmente las *motivaciones* que se tienen para defender una decisión o las causas de un conflicto, con lo que se entra en la **interacción social.**

Y, por último, cuando se argumenta (**Argumentación**) se alegan razones para sostener una opinión propia o contraria a la de alguien, e igualmente aparece la **interacción social.**

3.2 TIPOS DE PRODUCCIONES ORALES

Los **TEXTOS ORALES** son aquellos que se realizan mediante los **sonidos articulados** del lenguaje. Por tanto, se pueden considerar como la forma más natural y habitual de **expresión**. Poseen unas **características contextuales** y **lingüísticas** muy precisadas que los diferencian notablemente de los textos escritos.

CARACTERÍSTICAS CONTEXTUALES

- Es la primera comunicación del hombre, lo que le confiere un **carácter NATURAL** y **UNIVERSAL**: todas las culturas existentes tienen su propia forma de comunicación oral, pero no todas tienen forma de expresión escrita. Al mismo tiempo, permite que la **comunicación** sea **DIRECTA**: el Emisor y el Receptor están en contacto e, incluso, el mensaje puede ser codificado en presencia del Receptor.

- Discurre en líneas temporales por lo que **LOS MENSAJES NO PERDURAN EN EL TIEMPO.**

- Presenta rasgos de la **VARIEDAD GEOGRÁFICA** o **SOCIAL** del hablante.

- Comúnmente, **NO ADMITE APENAS LA REFLEXIÓN**, y la planificación suele ser pequeña.

- Se acompaña de **RECURSOS EXPRESIVOS NO VERBALES** que pueden llegar a determinar el significado de los signos lingüísticos: *sonidos, entonación, ritmo de la expresión, intensidad de la voz, gestos*. A veces, estos **elementos no verbales** pueden **reafirmar** el mensaje de los signos verbales (*afirmación o negación moviendo la cabeza*); en otro casos, **contradicen** el mensaje verbal o pueden **reforzar** el sentido del mensaje verbal (*llanto en la tristeza*) e incluso pueden **sustituir** a los signos verbales (*aplausos, son un acto de comunicación*).

CARACTERÍSTICAS LINGÜÍSTICAS

- **EXPRESIVIDAD** significativa que dan **algunos recursos no verbales**.

- **VARIADA ARTICULACIÓN**. **Énfasis** en algunas expresiones, aparición de numerosas interrogaciones y exclamaciones, diferente entonación, pronunciación relajada en algunos sonidos, etc.

- **ORDEN SUBJETIVO** de los elementos oracionales. Las **informaciones** que se quieren **destacar** aparecen en **primer lugar**. *Ahora vas al dentista*. Frecuentes también las **SUPRESIONES** de algunos elementos de la oración que se sobreentienden: *¿Quién ha llegado? – Andrés (ha llegado)*.

- **INTERRUPCIONES** y **REPETICIONES** en algunas formas de expresión oral. *Eso, eso, que lo diga él.*

- **VOCABULARIO SENCILLO**, a veces, impreciso, con presencia de abundantes frases hechas, muletillas, palabras de carga efectiva, aumentativos y diminutivos. *Eres un cabezota, siempre en tus trece.*

- **INTERJECCIONES** abundantes que buscan la expresividad y abundancia de **VOCATIVOS** que se refieren a los interlocutores. *¡Ay! ¡Cuándo te callarás, corazón!*

- **PRONOMBRES** por su valor anafórico, catafórico y referencial. *No te lo digo más veces: dame el dinero.*

Según la **intención** del Emisor, según la **relación** que se establece entre los interlocutores y según las **circunstancias** en que se produce el acto de habla se puede hablar de **EXPRESIÓN ESPONTÁNEA** (*conversación*), si no existe una preparación previa, y **NO ESPONTÁNEA**, si se planifican previamente el tema, el lugar, los interlocutores, la forma y el contenido del mensaje.

Si se atiende al **número de emisores** que participan en el acto de habla y a los **papeles** que asumen los **interlocutores**, se puede hablar de **EXPRESIÓN ORAL COLECTIVA**, cuando los emisores son varios, o de **EXPRESIÓN ORAL INDIVIDUAL**, cuando hay un único emisor y no intercambia su papel con los receptores.

3.2.1 DIALOGADAS: CONVERSACIÓN, TERTULIA, DEBATE, COLOQUIO Y ENTREVISTA

¿SABÍAS QUE...?

Las formas habituales de EXPRESIÓN ORAL COLECTIVA DIALOGADAS son: CONVERSIÓN, COLOQUIO, ENTREVISTA, TERTULIA y DEBATE.

3.2.1.1 Conversación

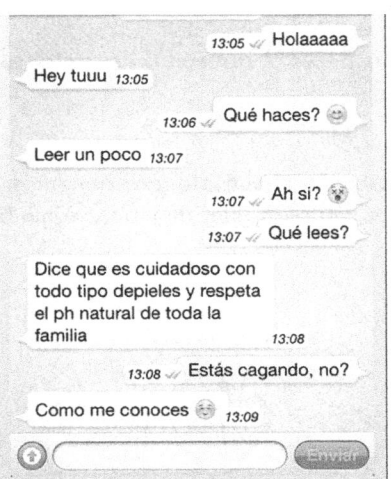

¿Qué es **conversar**?, todos lo sabemos: *Hablar una o varias personas con otra u otras*. Conversar es **CONVERSACIÓN**, acción y efecto de **hablar familiarmente** una o varias personas con otra u otras, siempre con respeto.

Se puede conversar cara a cara, por medio del teléfono, en la actualidad se impone, además los medios telemáticos.

En una **conversación**, además de los **signos lingüísticos** se cuenta con los **recursos expresivos no verbales**: *sonidos, entonación, ritmo de la expresión, intensidad de la voz, gestos*. Estos elementos no verbales pueden *reafirmar, contradecir, reforzar o sustituir* a los signos lingüísticos.

Los **recursos expresivos** son tan **importantes** que pueden suponer alrededor de un **60%** de los significados globales de una **conversación** normal.

3.2.1.2 Argumentación en textos orales

La **argumentación** que se emplea en los textos escritos, se aprovecha, además, en **textos orales** como **tertulias** y **debates**

No hay que **olvidar** que:

El **propósito** de los TEXTOS ARGUMENTATIVOS es convencer o persuadir a otros de que una determinada opinión es acertada. Como sucede en TERTULIAS y DEBATES.

En el TEXTO ARGUMENTATIVO se aprecian **dos componentes** esenciales:

- **Opinión**. Es la manifestación de un **punto de vista** personal del emisor del texto, sobre un **asunto** determinado. Equivale a la **Tesis**.

- **Argumentos**. Son las distintas **razones** o **pruebas** que el autor del texto exhibe para sostener su Tesis.

ESTRUCTURA DEL TEXTO ARGUMENTATIVO

- **ESTRUCTURA ANALÍTICA**. Si en un Texto Argumentativo se **presenta al principio la opinión**, seguida de los argumentos.

- **ESTRUCTURA SINTÉTICA** Si aparecen **primero los argumentos** y la Tesis se desprende como conclusión.

3.2.1.3 tertulia

La **TERTULIA** es una **expresión oral colectiva dialogada** que consiste en un diálogo entre unos interlocutores que intercambian impresiones sobre un tema preestablecido y tiene como **finalidad** llegar a un punto de **consenso o comprensión mutua**.

Si bien son **semejantes las Tertulias y los Debates,** las TERTULIAS se distinguen de los Debates en que estas tienen los turnos de palabra menos rígidos y las intervenciones se establecen de manera más libre y espontánea, a pesar de que igualmente existe un moderador, que, además, intervine en la Tertulia. En muchas ocasiones, no se lleva a cabo un resumen final y se pasa más fácilmente de un tema a otro.

3.2.1.4   Debate

El DEBATE – **expresión oral colectiva dialogada** – consiste en una **discusión** entre varios **interlocutores** sobre un **tema** ya establecido y con la presencia de un **moderador** que concede el turno de palabra. La **finalidad** es **convencer** de los pensamientos propios y **contradecir** con argumentos los ajenos.

La **OPINIÓN** es la manifestación de un punto de vista personal sobre un **tema** determinado, equivale a la **TESIS**.

Los participantes en un debate **intercambian opiniones** sobre un **tema concreto**, dirigios por un **Coordinador.**

En cuanto al **intercambio de puntos de vista**, la CONVERSACIÓN OBJETIVA se aproxima al DEBATE .Por la **alternancia de intervenciones** en forma de diálogo, la más cercana es la ENTREVISTA.

 **¿SABÍAS QUE...?**

El **DEBATE** es un **texto argumentativo** en el que **dos o más interlocutores**, orientados por un **moderador**, *contrastan* sus **opiniones** o **puntos de vista**.

El **debate** debidamente dicho es un **texto oral**, aunque en los foros de Internet se manifiestan opiniones por medio de mensajes escritos.

En el desarrollo del debate se afrontan **tesis distintas** y cada participante **argumenta a favor** de su actitud **o** intenta **rebatir** la de sus compañeros por medio de **contraargumentos**.

Los **debates** son **usuales** en **política**: *debates parlamentarios, debates sobre el Estado de la Nación o sobre el Estado de la Autonomías, debates electorales…*Así mismo, son habituales en los **ámbitos académico** y **científico** – *los celebrados en congresos* – y, lógicamente, en los **medios de comunicación social**.

3.2.1.4.1 Estructura del debate

- **PRESENTACIÓN**. Al **comienzo** del debate, el **moderador presenta** el **tema** que se va a tratar y a los **participantes** que defenderán sus respectivas posturas. A veces, estos hacen una pequeña **introducción** de su punto de vista, sin que exista turno de réplica por parte de los demás.

- **CUERPO DEL DEBATE**. Si no se ha realizado en la Presentación, el Cuerpo del debate comienza con la **manifestación del punto de vista** y de la **actitud ante el debate** de cada participante. Seguidamente, se lleva a cabo el **desarrollo de los argumentos**, con **intervenciones rotativas** de los distintos interlocutores, habitualmente por indicación del moderador.

  Esta parte se **cierra** con la **intervención final de cada participante** en la que se presentan las **conclusiones** o se reafirma lo expuesto a lo largo del debate.

- **CIERRE**. El moderador da por terminado el debate, frecuentemente con un **resumen** de las **distintas posturas** o de las **conclusiones** logradas durante la discusión. La sesión finaliza con una **fórmula de despedida**.

3.2.1.4.2 Papel del moderador

El debate no es una conversación libre y espontánea, sino que está conducido por un **moderador**. Este, aunque *no interviene directamente en la discusión* desempeña un importante papel:

- **Abre** el debate y **presenta** a los **participantes** o **interlocutores**.
- **Concede** y **regula** los **turnos de palabra** durante la discusión.
- **Cierra** el debate.

Si el **orden** de **participación** de los **interlocutores** y la **duración** de sus **intervenciones** están previamente fijados y el **moderador no** admite que se realicen **interrupciones**, el **debate** resulta **muy formal**. Existen **debates más libres**, en los que el **moderador** se limita a **plantear las cuestiones** y a mantener las **intervenciones dentro del tema** que se está abordando.

3.2.1.4.3 Preparación y realización de debates

En el transcurso de un debate intervienen **diferentes personas**, además del **moderador** y de los **interlocutores** que expresan sus puntos de vista, es **frecuente** la presencia de **público**, que en algunos casos, es un **puro espectador** de la discusión y en otros, **toma la palabra** por indicación del moderador y se convierte en un interlocutor más.

Los **participantes** en un debate acuden en condición de **expertos en un tema** o como **personas conocedoras** – en ocasiones, por **experiencia personal** – del **argumento tratado**.

Las personas que participan en un debate deben realizar una serie de **actividades previas** al desarrollo del mismo y mantener ciertas **actitudes** durante su transcurso.

3.2.1.4.4 Preparar el debate

- **Documentarse** bien sobre el tema para **actualizar** los **conocimientos** y **recopilar** toda la **información nueva** que se encuentre.

- **Establecer** con claridad la **opinión**, de forma **breve** y **directa**, para que el **punto de vista** sea inmediatamente **comprendido** por el resto de los **participantes** y **asistentes**.

- Antes de plantear la **Tesis**, analizarla desde **diversas perspectivas** para tener dispuesta la **réplica** ante posibles contraargumentos de los otros participantes.

3.2.1.4.5 Durante el debate

- La *primera intervención* ha de tener *tono expositivo*. Como la transmisión es oral, se emplean **frases directas**, no excesivamente largas ni complejas.

- *Adecuar* el *lenguaje* al tipo de **participantes** y **audiencia**, así como el **carácter formal** o **informal** de la discusión.

- *Atender* al *moderador* y *respetar* los *turnos de palabra* de los demás interlocutores sin interrumpir.

- *Escuchar* con atención las *opiniones* y *argumentos* de los otros interlocutores, y si no se comparten, *contradecirlos con educación*.

3.2.1.4.6 Los foros de debate

Un **foro de debate** es un **debate** aunque sea **virtual**, participando de las características de un debate tradicional.

 **¿SABÍAS QUE...?**

Un **FORO DE DEBATE** es un **servicio de Internet** que permite el **intercambio de información** y **opinión** entre personas interesadas en un **tema** concreto.

En los foros, el **intercambio** se produce por medio de **mensajes de correo electrónico**, que se envían a un servidor. Este remite el mensaje a cuantos se presentan en la **Lista Del Foro** y, asimismo, se inicia *una cadena de respuestas, comentarios, nuevas informaciones, etc.*

Cada uno de los **componentes** de la lista del foro puede **responder públicamente**, de modo que su mensaje llegue a todos los participantes, **o** en **privado**, si se envía solo al remitente de un mensaje determinado.

Las opiniones, informaciones y comentarios de quienes participan en el debate son libres, aunque usualmente existe un **coordinador**. Si este lee los mensajes antes de remitirlos para asegurarse de que se ciñen al tema del foro, se habla de **Listas Moderadas**.

Los foros afrontan **todo tipo de temas**, pero se centralizan de forma especializada en contenidos relacionados con la *actualidad, la medicina, la legislación, los estudios, la lengua, los animales...*

Para **participar** en los **Foros de Internet**, es necesario conservar unas **normas de conducta** – aplicables igualmente al **correo electrónico** – que se conocen como **netiquetas**.

3.2.1.5 Coloquio

El Coloquio es un **texto expositivo oral, colectivo y dialogado**, en el cual se **explica** una o varias **cuestiones** y se **transmiten** unos **conocimientos**. Es parecido a una Tertulia, puesto que, entre los **interlocutores se intercambian impresiones sobre un tema**. El coloquio forzosamente no conlleva un acuerdo.

En el Coloquio se emplea un **registro sencillo** o el habla no culta o popular pero que no llega a ser vulgar.

3.2.1.6 Entrevista

La ENTREVISTA (**expresión oral colectiva dialogada**) es un **diálogo** entre dos personas, en el que una de ella – **entrevistador**- expone una sucesión de preguntas a otra, este es el **entrevistado** -. La intención es dar a conocer la **opinión** acerca de un tema o la personalidad del entrevistado.

La ELABORACIÓN DE ENTREVISTAS se basa en un **paso previo** de **documentación** en el que se *recopilan datos sobre el entrevistado*, *opiniones diversas sobre él, etc*. Conviene que la **información recopilada** sea **variada** y **amplia**, pues el desarrollo de la entrevista puede llevar a cambios en el plan inicial.

3.2.1.6.1 Realizar la entrevista

- Decidir el **TIPO** DE ENTREVISTA - perfil u objetiva – obedeciendo a la clase de información que se pretenda conseguir.

- Preparar una **PRESENTACIÓN** breve del entrevistado (*tanto sí se trata de su descripción física como de sus datos profesionales*).

■ Elaborar una conjunto de **PREGUNTAS**, incluye preguntas **cerradas**, para presentar datos concretos y preguntas **abiertas**, para que el entrevistado se exprese con libertad,

■ **Agrupar** las **preguntas** por **TEMAS**, cambiar continuamente de contenido hace que se pierda el hilo de la entrevista.

La **forma de la entrevista suele estar determinada por el medio a través del cual se difunde**, así, sí es una entrevista RADIOFÓNICA las **preguntas** deben ser **breves** y **claras** para que los oyentes sigan el diálogo con facilidad y emplear un **estilo coloquial**, asequible para una audiencia numerosa y diversa.

....

3.2.2 MONOLOGADAS: EXPOSICIÓN ORAL

Las formas habituales de **EXPOSICIÓN ORAL INDIVIDUAL** son: **DISCURSO, SERMÓN, MITIN. ARENGA, CONFERENCIA** y **CHARLA.**

3.2.2.1 Discurso

Se trata de una **exposición de gran solemnidad** ejecutada por un **orador** que expone sus **ideas** sobre un **tema de interés general** para un público seleccionado.

Suele constar de **tres partes** muy delimitadas:

■ **Exordio** o introducción.
■ **Cuerpo** o desarrollo del discurso.
■ **Epílogo** o final del discurso.

3.2.2.2 Sermón

Es un **discurso** de carácter **religioso** y de **intención moralizante**.

3.2.2.3 Mitin

Discurso de contenido **ideológico** y **social** de **intenciones propagandísticas**.

3.2.2.4 Arenga

Discurso que se utiliza para **elevar la moral** de los oyentes (*tropas o colectivos diversos)*.

3.2.2.5 Conferencia

Discurso muy elaborado en el que el **orador** expone temas de carácter académico para un **público especializado**.

La **Conferencia** es un *texto expositivo oral* y la **finalidad** de los textos expositivos es **explicar un tema o transferir unos conocimientos**.

En la Conferencia la **comunicación** se produce **en tiempo real**, en ella, se informa, se presentan documentos (*escritos, fotografías, vídeos…*).

Es una **actividad comunicativa interactiva** en la que se utilizan los **códigos verbal, visual y sonoro** como en un encuentro personal. Por ello, los gestos, las miradas, el tono de voz, los movimientos, etc., son importantes en la comunicación.

Como características se puede destacar la **inmediatez y facilidad comunicativa**, lo que la hace muy apropiada para reuniones de trabajo, cursos de formación...

3.2.2.5.1 Partes de una conferencia

- **Anuncio del tema** que se va a tratar y **Presentación** del orador. Introducción.
- **Exposición.** Desarrollo.
- **Conclusiones**. Final.

3.2.2.6 Charla

Es una **modalidad de Conferencia** en la que el Emisor emplea un **lenguaje coloquial** y **desenfadado**, con unos **temas más variados** y ante un **público más general**.

3.3 DESARROLLO DE HABILIDADES LINGÜÍSTICAS PARA ESCUCHAR, HABLAR Y CONVERSAR

Cuando se emplea la **lengua para comunicarse**, ya sea oralmente o por escrito, se emplea una unidad superior a la oración, el **TEXTO**. Los textos **dependen** no solo de los **elementos lingüísticas** que los forman, sino que están determinados también por las **intenciones comunicativas** de los hablantes y por las **circunstancias extralingüísticas** que rodean todo acto comunicativo.

3.3.1 COMPRENSIÓN DE TEXTOS ORALES PROCEDENTES DE MEDIOS DE COMUNICACIÓN (AUDIOVISUALES, RADIOFÓNICOS), EXPOSICIONES ORALES O CONFERENCIAS

Un texto necesita tener **COHERENCIA** para su comprensión.

 **¿SABÍAS QUE...?**

La **coherencia** es la propiedad que proporciona a un texto un sentido global, reconocible para el receptor.

Para conseguirla, es necesaria la **conexión de las partes** que lo forman **en un todo** con un sentido unitario. Por medio de la coherencia las diferentes **ideas** del texto **se ordenan** de tal forma que el **receptor lo percibe como** una **unidad significativa** (*el tema*) y puede **advertir** su **desarrollo interno** (*la **información** que se aporta sobre el tema*).

Los **factores** más **determinantes** de un **texto** son:

■ **LA RELACIÓN ENTRE LOS INTERLOCUTORES** está determinada, principalmente, por los **componentes que gobiernan las relaciones sociales y culturales entre las personas**: *sexo, nivel socioeconómico, personalidad, etc*. La **forma** del texto no será igual *si el emisor se dirige a un solo receptor o a varios, se conversa con un amigo, si pretende convencer de algo...* La **relación del emisor con el receptor**, efectivamente, resulta **determinante en la creación textual y en su comprensión**.

En la relación entre los interlocutores, además, es influyente el **conocimiento que de la realidad comparten**: *experiencia, información, sensaciones...* ello llevará a una **mejor compresión del texto** y a la **capacidad para elegir registros adecuados y coherentes** para cada uno de los actos de habla. *El emisor debe elegir un modo de expresión adaptado al receptor y a las circunstancias para una mejor comprensión del texto*

■ **LA INTENCIÓN COMUNICATIVA** debe **adecuarse para una mejor comprensión**. Las **intenciones** (*referirse objetivamente a la realidad, expresar sentimientos o desear una reacción concreta en el receptor*) han de quedar **visibles** en el texto con el fin de que el receptor lo interprete correctamente.

Esencialmente, las **intenciones comunicativas se corresponden con las FUNCIONES DEL LENGUAJE**: *representativa, expresiva, conativa, fática metalingüística y poética*, no obstante, en las intenciones comunicativas se tienen **en cuenta** el **tipo** de **interlocutores y otros factores** (*elementos situacionales*).

■ **LAS CIRCUNSTANCIAS ESPACIO-TEMPORALES** condicionan la **creación** y **compresión** del texto, es el **entorno** o **situación**. Estas circunstancias predeterminan la actuación del emisor, la tipología del texto y el modo de expresión. **El acto de comunicación para su comprensión se llevará a cabo con un texto concreto y adecuado**.

3.3.1.1 Textos audiovisuales y radiofónicos

Los TEXTOS AUDIOVISUALES tienen gran influjo en nuestro juicio de la realidad y en la formación de nuestro dictamen sobre lo que nos rodea, por ello se debe tener cuidado en su elaboración para que sean correctamente comprendidos por los receptores.

No se debe **olvidar** que:

- ■ En los **textos audiovisuales** se conjugan los **códigos verbal, visual** y **sonoro**.
- ■ La **recepción** de los textos audiovisuales puede realizarse de forma **individual o grupal**.
- ■ Son textos **expositivos** aquellos en los que se **explica** un tema con el fin de **informar**.

En un TEXTO RADIOFÓNICO la **exposición** debe ser **breve** y **clara** para que el oyente **siga** la **exposición con facilidad** y se debe emplear un **estilo coloquial, asequible** para una audiencia numerosa y diversa. Los receptores tienen mayor unión con el emisor que en otros medios.

Los mensajes son diversos, combinan el **código verbal** y **elementos sonoros**. El texto radiofónico tiene dos **funciones** esenciales: proporcionar información y entretenimiento.

Las palabras de los locutores o de las personas que intervienen en los programas constituyen el **pedestal** de la radio. En sus intervenciones prevalece el **estilo coloquial.**

Para la comprensión de los textos radiofónicos hay que tener en cuenta que la **inmediatez** de este medio impide realizar correcciones posteriores

3.3.1.2 Exposición oral

La **exposición Oral** aparece en numerosos momentos de la vida: *en una explicación de clase, en un debate, en una conferencia...*

La **Exposición Oral** se transfiere a través de la **palabra hablada**, que puede **apoyarse en elementos visuales** (*gráficos, diapositivas, transparencias, fotos, etc.*) para fortificar su contenido y facilitar su comprensión.

La **Exposición Oral,** como la **exposición escrita** de un tema ofrece **características semejantes.**

Los Textos Expositivos tiene como finalidad, explicar un tema, transmitir unos conocimientos, no tratan de convencer o persuadir, sino de informar.

Puesto que su objetivo es informar, la claridad y el orden son básicos en los Textos Expositivos, cuyos contenidos – ideas, conocimientos...- se muestran por medio de distintos procedimientos. Son:

- ■ Enumeración. Se exponen rasgos, cualidades, datos o hechos que se hallan relacionados.
- ■ Problema / solución. Se presenta un problema o una dificultad a los que se da respuesta.
- ■ Comparación. Se cotejan dos entidades o dos fenómenos para establecer semejanzas y diferencias entre ellos.
- ■ Causa / efecto. Se ofrecen las conexiones causa / efecto que se dan entre fenómenos.

3.3.1.2.1 Estructura del texto expositivo

Sea cual sea el procedimiento de presentación del texto, los Textos Expositivos presentan una **estructura bastante fija,** que facilita la comprensión de su información al receptor.

Los Textos Expositivos presentan habitualmente **tres partes**: Introducción, cuerpo expositivo y conclusión. **Cada una** de estas partes cumple una **finalidad** en el texto.

- Introducción. Se presenta el tema y se anuncia el punto de vista desde el que se va a tratar.

- Cuerpo expositivo. Son los párrafos donde se desarrollan las ideas, para que estas sean entendidas e interpretadas por el receptor, se utilizan diferentes recursos:

  - Ejemplificaciones. Los ejemplos sirven para concretar en la experiencia las ideas abstractas, haciéndolas más comprensibles.

  - Analogías. Se conecta lo explicado con otras realidades para hacerlo más claro. Es habitual el empleo de comparaciones y metáforas.

  - Citas de autoridad. Aparecen citas de otros autores y referencias a otras obras, que ceden autoridad a lo que se expresa.

- Conclusión. Suele radicar en el resumen final de las principales ideas expuestas.

Por tanto, la **estructura** de la exposición oral:

- **Introducción.** En este apartado no solo se ofrece una **visión general** del tema a tratar, además, se intenta **atraer la atención de los receptores**, para ello, se incluyen breves *anécdotas* relacionadas con el tema presentado, *preguntas* que resultan sorprendentes, etc.

- **Cuerpo expositivo.** Conlleva la **información fundamental**, que en este tipo de exposiciones se debe **seleccionar con especial atención**: si se tratan multitud de contenidos diversos, se corre el riesgo de aburrir a los receptores. Es **preferente** mostrar **pocas ideas y recalcarlas** para que se reciben fácilmente. Estas han de ser expuestas con un **orden lógico**, sin dar "*saltos*", de forma que la **explicación** arroje **coherencia y fluidez.**

- **Conclusión**. Los **contenidos clave** se presentan **resumidos** al final de la exposición y **se recuerda** la **trascendencia del tema.**

3.3.1.3 Conferencia

La **Conferencia** es un *texto expositivo oral* y la **finalidad** de los textos expositivos es **explicar un tema o transferir unos conocimientos**.

En la Conferencia la **comunicación** se produce **en tiempo real**, en ella los colaboradores, informan, intercambian documentos (*escritos, fotografías, vídeos...*), opina, debaten, etc.

Es una **actividad comunicativa interactiva** en la que se utilizan los **códigos verbal, visual y sonoro** como en un encuentro personal. Por ello, **los gestos, las miradas, el tono de voz, los movimientos, etc.** son importantes en la comunicación.

Como características se puede destacar la **inmediatez y facilidad comunicativa**, lo que la hace muy apropiada para reuniones de trabajo, cursos de formación... Las más usuales son aquellas en las que los participantes presentan sus conocimientos sobre un **tema.**

3.3.1.3.1 Partes de una conferencia

- **Anuncio del tema** que se va a tratar, por parte de un responsable (*quien convoca la reunión, generalmente*), que puede ser o no moderador.

- **Presentación** de los **participantes** en el diálogo e indicación de su **manera de intervención.**

- **Exposiciones** de los participantes.

- **Coloquio** posterior.

- **Conclusiones**.

En la actualidad son frecuentes las VIDEOCONFERENCIAS.

La VIDEOCONFERENCIA creada como una simple herramienta de comunicación para permitir la **conexión audiovisual en tiempo real entre participantes situados en lugares distantes**, se está estableciendo en una acción comunicativa precisa, con una **forma textual** determinada, frecuentemente **expositiva-argumentativa**, y unas condiciones concretas de ejecución: **un intercambio oral, moderado y previamente preparado.**

 **¿SABÍAS QUE...?**

La **Videoconferencia** es un sistema de **comunicación** que permite **transferir** sonido e imagen entre dos o más lugares distantes comunicados a través de **cámaras web** (*webcam*) y **ordenadores**.

La Videoconferencia participa de las características de la Conferencia tradicional. La **comunicación** se produce **en tiempo real** y en ella puede intervenir un número ilimitado de participantes, que informan, intercambian documentos (*escritos, fotografías, vídeos...*), opina, debaten, etc.

3.3.2 COMPRENSIÓN DE INSTRUCCIONES VERBALES Y PETICIÓN DE ACLARACIONES

La **lengua verbal** es el **medio más empleado para transferir información** en distintos **contextos comunicativos** y con **diferentes intenciones**: *aconsejar, tratar, dar instrucciones, solicitar explicaciones, intervenir en una reunión, etc.*

En cualquier terreno o escenario de la vida cotidiana, social, académica o profesional se puede solicitar el **seguimiento de determinadas** INSTRUCCIONES, tanto **orales** como **escritas**. Precisamente, las instrucciones verbales forman parte de la **vida diaria** (*poner en marcha un electrodoméstico*) de cualquier individuo, pues son un **medio necesario** para ejecutar muchas labores diarias o para participar en interacciones verbales, tanto académicas (*solicitar una beca*), profesionales (*crear un currículum),* administrativas (*rellenar una solicitud para al ayuntamiento*)...

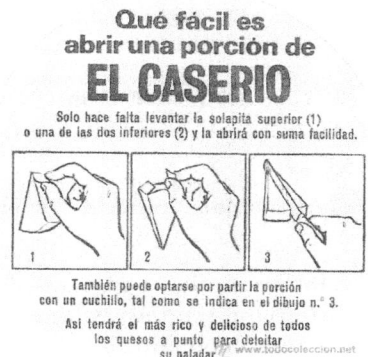

Entender correctamente el significado de las instrucciones, exige retener la información y procesarla favorablemente para lograr la finalidad que se persigue.

Las **instrucciones pueden ser simples** y constituir una sola misión (*permanezca atento*) **o** más **complejas** y constar de varias disposiciones que supongan la ejecución de diferentes tareas en un **orden lógico específico o cronológico**:

Escuche con atención y elija la elección correcta.
Primero léase atentamente y a continuación conteste a las cuestiones.

Las **instrucciones asimismo pueden estar fundadas en ciertas condiciones** que el destinatario debe tener en cuenta para cumplir un objetivo:

Para aprovechar al máximo el estudio, es beneficioso hacer esquemas.
Para aprovechar al máximo el estudio, hay que crear un buen ambiente.

Las **instrucciones** deber ser **claras** y **precisas**, y han de exponer justamente la intención que persiguen. Su forma lingüística más habitual es el **modo imperativo** (*segunda persona de singular o plural*) o empleando el **tratamiento de cortesía:** *"examina", "escribid", "atienda", etc.*

Cuando **no se comprende** una **instrucción**, es **necesario** solicitar una ACLARACIÓN. En ciertos contextos contribuye a solventar dificultades de comunicación en el diálogo. Las aclaraciones facilitan la comprensión del mensaje y ayudan al entendimiento recíproco.

Las peticiones de aclaraciones más habituales son: *¿Perdón?, ¿Cómo dices?, ¿Qué quiere decir con...?, ¿Qué significa...?, ¿Podría poner un ejemplo?, etc.*

Las **aclaraciones** se pueden efectuar mediante *repeticiones, poniendo un ejemplo, explicando el significado de una palabra o usando un sinónimo*. Algunos ejemplos en la petición de aclaraciones, de mayor a menor amabilidad, son:

Le importaría... / Podría...
Le importa... / Puede...
Te importaría... / Podrías...
Te importa... / Puedes...

Comprender y **continuar** las **instrucciones orales**, igualmente como solicitar **aclaraciones** (*si es necesario*), **facilita una conducta adecuada, ayuda a la cooperación y favorece al éxito de las labores académicas, familiares, cotidianas, etc.**

....

3.3.3 **PARTICIPACIÓN ACTIVA EN SITUACIONES DE COMUNICACIÓN: TERTULIAS Y DEBATES SOBRE TEMAS DE ACTUALIDAD SOCIAL, POLÍTICA O CULTURAL. INTERCAMBIO Y CONTRASTE DE OPINIONES**

Una **Tertulia** y un **Debate** pueden tratar cualquier **tema de interés** de la **actualidad social**, **política** o **cultural**.

En TERTULIAS y DEBATES se produce **intercambio y contraste de opiniones**, puesto que la TERTULIA es un diálogo entre unos **interlocutores** que **intercambian impresiones** sobre un tema preestablecido y tiene como **finalidad** llegar a un punto de **consenso** o **comprensión mutua** y el DEBATE es un **intercambio de impresiones** entre varios **interlocutores** sobre un **tema** ya establecido y con la presencia de un **moderador** que concede el turno de palabra, su **finalidad** es **convencer** de los pensamientos propios y **contradecir** con argumentos los ajenos.

Si bien son **semejantes las Tertulias y los Debates**, las TERTULIAS se distinguen de los Debates en que estas tienen los turnos de palabra menos rígidos y las intervenciones se establecen de manera más libre y espontánea, a pesar de que igualmente existe un moderador, que, además, intervine en la Tertulia. En muchas ocasiones, no se lleva a cabo un resumen final y se pasa más fácilmente de un tema a otro.

¿SABÍAS QUE...?

La **OPINIÓN** es la **manifestación de un punto de vista personal** sobre un **tema** determinado.

En cuanto al **intercambio de puntos de vista**, la CONVERSACIÓN OBJETIVA se aproxima al DEBATE.

Una historia, una narración, una noticia... se pueden ofrecen desde distintas perspectivas o puntos de vista. La realidad es captada por diferentes personas, en una misma realidad pueden darse diferentes **PUNTOS DE VISTA**, según los **matices** de quien trata la información.

¿SABÍAS QUE...?

Un **Punto de vista** es la forma concreta en que se perciben y se presentan unos acontecimientos determinados.

Si los hechos se presentan a través de una **sola voz**, es un **Punto de vista único**; cuando hay **varias opiniones**, es un **Punto de vista múltiple**.

3.3.4 TÉCNICAS PARA LA PREPARACIÓN Y PUESTA EN PRÁCTICA DE EXPOSICIONES ORALES SOBRE DIFERENTES TEMAS (SOCIALES, CULTURALES, DIVULGACIÓN CIENTÍFICA). ESTRUCTURACIÓN, CLARIDAD Y COHERENCIA

Una **exposición oral** es relativamente fácil de llegar a desarrollar si se **planifica** de antemano y se **practica**. La presentación debe ser **efectiva** y **exitosa**.

Para ello:

■ **CLASIFICAR LOS OBJETIVOS Y DETERMINAR LOS OBJETIVOS ESPECÍFICOS**. Al **principio**, es importante enunciar los **objetivos generales y específicos** que se pretenden al desarrollar la presentación oral. Estos objetivos debieran servir como **principios organizativos** para el desarrollo de la INTRODUCCIÓN, DEL CUERPO PRINCIPAL y CONCLUSIÓN del mensaje oral.

■ **ANALIZAR LA AUDIENCIA**. Al preparar la presentación, es importante considerar la **composición** de la **audiencia**. Esto significa preguntarse **qué es lo que se sabe con respecto al público receptor** de nuestro mensaje, **cuál es su nivel de conocimiento sobre el tema** específico a tratar , **cuál** es la **actitud inicial** que el **receptor** debiera tener con **respecto al tema** y **qué recomendaciones se debieran considerar**. Es importante usar esta información para adaptar la **presentación al conjunto**. Hay que estar especialmente consciente de que el conjunto de los receptores está generalmente compuesto de personas que poseen distintos niveles de conocimiento, actitudes y valores.

■ Es valioso **considerar** el **TIEMPO** que se pretenderá para **desarrollar** cada una de las **áreas importantes**.

■ **ESTUDIAR** y **PRACTICAR** el **TIEMPO** de la **EXPOSICIÓN ORAL** como el empleado con los **MEDIOS AUDIOVISUALES** Se requiere de una **práctica** considerable para desarrollar una **presentación efectiva y fluida**.

■ **SELECCIONAR LOS MATERIALES**. Considerando que lo que se presentará oralmente puede variar de alguna manera con el contenido escrito, se debe tener **claro qué información se incluirá o se excluirá** en la presentación.

■ **ORGANIZAR LOS MATERIALES**. Con respecto a la **organización del material**, es necesario determinar en primer lugar, el **orden lógico** en que irá el material seleccionado. Posteriormente se debe decidir *"qué es lo que viene seguidamente"*, es, además importante preparar: Una *sección introductoria* con los **puntos claves** que se incluirán en la presentación y una *sección de conclusión* que enfatice los puntos importantes tratados. Es también significativo prestar atención al **modo apropiado** de la **transición de una idea a otra**.

3.3.4.1 Atraer al receptor

En los textos orales, el **receptor** tiene que sentir la **NECESIDAD DE ESCUCHAR**.

El receptor tiene que sentir la necesidad de **sentirse atraído por el tema** de la exposición oral, prestará atención por unos contenidos que le cautiven.

El **emisor** de la exposición oral será **efectivo** si provoca en la audiencia un **deseo** inmediato por **escuchar** su exposición.

Por otra parte, el destinatario de la exposición escucha mejor cuando la **comprensión del texto oral le resulta fácil.** El emisor del mensaje oral debe entender que en ocasiones a los receptores se les sobrecarga con información compleja, deben ser conducidos en la información se les muestra.

Se tiene que **tener en cuenta** que:

■ Los **emisores** de un texto oral son **más efectivos** cuando sus **mensajes establecen** una **necesidad, la satisfacen** y **facilitan un resultado tangible.**

■ Los **mensajes** son **fáciles** de **entender** cuando el **emisor orienta al receptor** a través de sus pensamientos **de forma clara**.

■ Las **señales** son frases cortas que indican la **parte donde** el **emisor está** en su **mensaje**: *Mi segundo punto es..., Más aún..., No sólo...pero también..., Parecido a esto..., Más importante que esto...*

■ Los **resúmenes internos** son frases breves que recogen los **puntos esenciales de cualquier parte de texto oral**. *"De esta manera, se ve que los dos ejes fundamentales del problema son la intolerancia y la prepotencia"*.

■ Las **trasladaciones** son frases ampliadas que admiten **dirigir al receptor de una idea o otra**.*"La incultura es verdaderamente un inconveniente en los dos ejes fundamentales del problema, pero el tener incultura puede ser aún más temerario.*

■ La **experiencia** como expositor es *el mejor germen para el aprendizaje*.

3.3.4.2 Técnicas para comenzar una presentación oral

Una buena **INTRODUCCIÓN**, independiente del contenido o intención de ella, debería al menos alcanzar **tres fines primordiales**:

■ Asegurar la **atención** y buena **disposición** de sus asistentes.
■ Hacerlos sentir **agradables**.
■ Fijar notoriamente el **objetivo** de la exposición oral

3.3.4.3 Algunas estrategias útiles para iniciar una presentación

■ **REFERENCIA A MATERIAS** o **SITUACIONES ANTERIORES** para disponer el contexto de la presentación suministrando información previa.

■ **FORMULAR PREGUNTAS** para hacer que los oyentes reflexionen sobre del tema.

■ **USAR CITAS TEXTUALES** para atraer la imaginación y el conocimiento del público.

■ **USAR UN EJEMPLO** para motivar el interés en el tema.

■ **ESTABLECER UN PUNTO DE PARTIDA**, como un hecho u opinión para despertar el interés del público.

■ **USAR UNA REFERENCIA PERSONAL** o **DE BIENVENIDA** para atraer a los oyentes mientras se establecen relaciones positivas con ellos.

3.3.4.4 Preparación y realización de exposiciones orales

Cualquier **exposición oral** requiere una **PREPARACIÓN** anterior a su actuación. Esta fase se inicia con el **acopio de información** referida al tema que se va a presentar para lo cual se recurre a **diferentes fuentes** de documentación (*enciclopedia, manuales, CD-ROM, Internet...*)

 **¿SABÍAS QUE...?**

La **preparación** de una exposición oral requiere un proceso de **documentación** sobre el tema y la composición de un **guión** previo.

Reunida la información, hay que preparar el **GUIÓN**. Ejemplo:

VIEJOS INSTRUMENTOS DE COMUNICACIÓN

1. Características.
   - ¿Qué son?
   - ¿Cuáles son?

2. ¿Cómo y cuándo se utilizaron?
   - Beneficios.
   - Dificultades.

3. Conclusiones

El guión debe contener el **Título** de la exposición para fijar los **límites** de la intervención. Un **esquema-resumen** con las ideas que se van a desarrollar y **Conclusiones**.

3.3.4.5 Indicaciones generales para una exposición oral

Bastantes expositores, **frente al miedo de excluir algo o** simplemente de **confundirse, memorizan o leen la exposición**. Esto produce un **estilo demasiado formal, imperfecto y solemne**. Es **importante** conseguir un **ESTILO NATURAL Y COLOQUIAL** – *parecido a una conversación cotidiana-* , **acostumbrándose** a la **estructura** y al **contenido** del mensaje por medio de **varias sesiones de práctica oral** en las cuales se enumeraran las ideas en forma oral, dándoles un TONO distinto cada vez. Después de repetidas prácticas, se debería estar en condiciones de hacer una **PRESENTACIÓN elaborada y flexible**.

Importante:

- **Modular adecuadamente** las palabras. Una entonación monótona, aburre.

- **Exponer** las **ideas** con **claridad**, ya que los oyentes escuchan, pero no pueden revisar lo oído.

- Utilizar **apoyo** de imágenes o cualquier otro tipo de **elemento visual** y **sonoro**, pero elegir el momento apropiado para hacerlo.

- **Contacto visual**. Establecer contacto visual con el público cada vez que se pueda, cada vez que se hace, **se motiva la atención** y al mismo tiempo, permite **evaluar las reacciones** que el oyente tiene frente a la exposición. Mirar a varios receptores, no mirar a una sola persona de forma repetida. No hay que evitar el contacto visual. No hay que mirar demasiado a la distancia, a un cuadro, a las ayudad audiovisuales o a las notas.

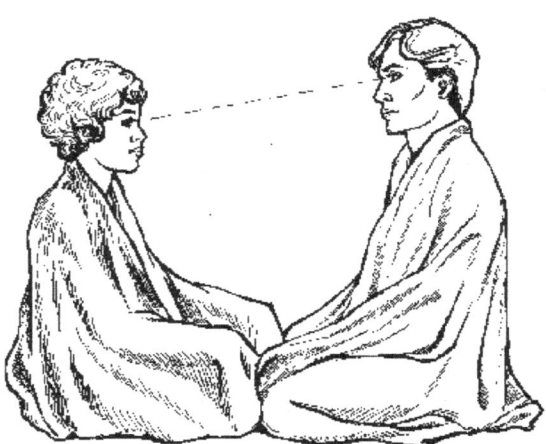

- **Entorno físico**. El expositor se tiene que **familiarizar con el lugar físico** donde se realiza la exposición oral (*qué necesidades debe considerar, oscurecer el espacio para medios audiovisuales, dónde se sitúa la audiencia...*). **Conocer previamente las circunstancias físicas** del lugar **permite** una **presentación más fluida y encontrarse menos nervioso** frente a la exposición.

En una exposición oral son de gran apoyo algunos instrumentos como las **AYUDAS VISUALES** e igualmente los **GESTOS** realizados por el expositor.

3.3.4.6 Diferentes tipos de ayudas visuales

Las **ayudas visuales** son especialmente **ventajosas** porque ellas permiten: socorrer en la comprensión y retención, fomentar una variedad visual e interés, acentuar la credibilidad y agregar un impacto eficaz.

Las AYUDAS VISUALES incluyen objetos reales, representaciones simbólicas concretas y abstractas.

■ **REPRESENTACIONES SIMBÓLICAS CONCRETAS**. Contienen las *fotografías, diapositivas, películas y videocasetes*.

■ **REPRESENTACIONES SIMBÓLICAS ABSTRACTAS** incluyen:

– **Gráfico en barras**. Muestran la relación entre dos o más conjunto de datos.
– **Gráfico en líneas**. Indica la relación entre dos o más variables.
– **Gráficos circulares**. Indican los porcentajes dividiendo el total en representaciones proporcionales.
– **Cuadros de flujo**. Muestran la relación de poder, responsabilidad y organización.
– **Pictografías**. Se refieren al tamaño o número mediante el uso de iconos.
– **Mapas**.

3.3.4.6.1 Creación de ayudas visuales

■ Seguir los principios de un **buen diseño**: *visibilidad*, *énfasis* y *equilibrio*.

■ Proporcionar **ayudas visuales claras y sencillas**. Se piensa frecuentemente que a más información mejor resultado, realmente es un error, a veces, se sitúa demasiada información en una ayuda visual con lo que hay un exceso de información. Las **ayudas visuales** son **más eficaces** cuando **se destaca claramente** una **información importante**.

■ Las **ayudas visuales deben ser suficientes** para que todos los individuos las **observen** fácilmente y las **comprendan** rápidamente.

■ Las **ayudas visuales** deben ser **ordenadas** y **claras**,. Si es posible todas las ayudas visuales deber poseer un **estilo semejante**. Si hay una presentación en equipo, todos los participantes deberían presentar ayudas visuales que tengan un estilo estable.

3.3.4.6.2 Uso de ayudas visuales

■ Diseñar ayudas visuales pensando de antemano, **qué tipo de equipo está disponible.**

■ **Practicar** el **uso** de las ayudas audiovisuales.

■ **Colocar** los medios visuales **solamente cuando se van a emplear**.

- **Retirar** los medios visuales una vez que **se han utilizado.**

- **Evitar hablar dirigiendo la mirada a los medios visuales** se puede apuntar hacia el medio visual o dar una ligera mirada pero no detener la mirada en él.

- Recordar que un **medio visual es únicamente una ayuda**, está para complementar la exposición, no para reemplazarla. Se emplearan para aclarar o enfatizar ciertos puntos, no como una fuente importante de los contenidos de la exposición.

- Si se presenta **información escrita, entregarla al principio** o **al final** de la exposición, puesto que de lo contrario se convierten en distracción. El uso de las notas debiera ser limitado. mejor trabajar con ayudas visuales, por ejemplo gráficos. Esto ayudará a acrecentar la credibilidad y al mismo tiempo, aumentar la posibilidad de contacto visual con los oyentes.

3.3.4.6.3 Gestos

Los GESTOS son **muy importantes** en una **exposición oral**, ya que la comunicación es tanto, visual como asimismo por medio de estímulos sensoriales.

Los gestos no solo **añaden diversidad** y **dinámica** sino que **también** son un **medio de expresión.**

- Los gestos deben ser **naturales**, **activos** y **claros**.

- Tratar de **no provocar distracción física** en los oyentes. No jugar con las notas. No golpear con el pie. No caminar alteradamente

- Conducir la **energía nerviosa en movimientos dinámicos** del cuerpo, brazos y manos.

- **Planificar los gestos**, pero no de forma determinada, El planificar de forma extremada la postura de las manos y brazos puede originar un efecto artificial e obstaculizar una presentación fluida.

3.3.4.7 Terminar las exposiciones orales

Al terminar una exposición oral hay que **RESUMIR** para resaltar los puntos más importantes de la exposición.

Ejemplo

En conclusión, el propósito fue depurar tres proposiciones que se relacionan con...: 1..., 2... y 3.

Al mismo tiempo:

- **Plantear un reto o estimular el interés** para lograr el apoyo y actividad de los receptores.
- **Emplear citas** para **centrar la atención** de la audiencia en el tema tratado.
- **Expresar una intención personal** para exaltar la **credibilidad** del expositor y **motivar** a los espectadores. *Tenemos una... yo concibo...*

3.3.4.7.1 Técnicas para terminar una exposición oral

Un **cierre adecuado** para cualquier exposición oral **debería**:

- Ayudar a que los **oyentes se centren en el tema principal** de lo expuesto.
- **Resumir** los **puntos claves** que se trataron.
- **Comunicar** un sentido de **finalidad**.

ESTRUCTURACIÓN, CLARIDAD Y COHERENCIA
Sea cual sea el tipo de **texto** debe tener una **estructuración**, una **claridad** y una **coherencia**.
La **ESTRUCTURACIÓN** radica en la **distribución** y el **orden** de las **ideas** (*principales, secundarias*), debe tener en cuenta la **UNIDAD** del texto, que es la unificación de todos los enunciados alrededor de la idea principal y el **DINAMISMO**, progresión de los enunciados y de las ideas.
La **CLARIDAD** consiste en exponer de una forma que el **receptor entienda** lo que se está contando.
COHERENCIA. Proporciona al **texto** un **sentido global**, reconocible para el receptor. Necesaria la conexión de las partes que lo forman (**sentido unitario**).

3.3.5 DESARROLLO DE ACTITUDES RESPETUOSAS, REFLEXIVAS Y CRÍTICAS. ADAPTACIÓN AL CONTEXTO Y A LA INTENCIÓN COMUNICATIVA

Ante cualquier **acto de comunicación** se debe presentar **respeto**, **reflexión** y **crítica**. Así, ante una discusión, los hablantes tienen que mostrar una actitud respetuosa, reflexionar sobre los mensajes que vayan a emitir y ser críticos con sus pensamientos y palabras.

El lenguaje permite realizar una crítica, un juicio o valoración sobre una cuestión. Un factor importante en la crítica es el lenguaje o estructura lógica y conceptual que se emplea para discutir o ilustrar un tema.

El influjo de la **educación** debe llevar a **desarrollar** un **lenguaje crítico**. El efecto del lenguaje sobre la opinión, confirma la actitud y conducta del receptor y el grado que ese efecto produce.

Se conoce como en numerosos **debates**, en **reuniones de trabajo**, en **medios de comunicación**... **no se toman en cuenta los cánones de educación y respeto** necesarios entre los colaboradores. **No** hay una **actitud respetuosa** y **reflexiva**.

En muchas ocasiones, se dan situaciones ciertamente violentas porque los interlocutores no respetan las normas básicas de educación verbal. Para sortear estas situaciones, es muy importante, **conocer y emplear una serie de actitudes que lleven al respeto, a la crítica y a la reflexión.**

Para participar en un **DEBATE,** en una **REUNIÓN,** en una **CONVERSACIÓN,** etc., es primordial adoptar una **actitud respetuosa**, teniendo en cuenta:

- **Respetar el turno de palabra** del contrincante sin interrumpirle con fin de no partir su razonamiento.

- **Cumplir** todas las **pautas primordiales de educación**, realizando un debate transparente, objetivo y honesto.

- **No insultar** o **expresar comentarios difamatorios** relativos el resto de interlocutores.

- **No presentar sucesos** o **ideas dispares al tema** sobre el que se debate con la finalidad de conseguir algún beneficio en las conclusiones finales.

- Cada participante defiende una **manera ideológica**, que puede diferenciarse de la propia.

- **No todos los argumentos son** a la par **legítimos**. Los participantes pueden aportan testimonios que estén explicados de manera equivocada o que busquen la imprecisión. Por tanto, es conveniente verificar las pesquisas que se aporten.

Siempre es **beneficioso** tener una serie de **actitudes respetuosas, reflexivas** y **críticas**.

No hay que olvidar, además, que **no todo** lo que aparece en un **medio de comunicación** es **verídico** y **creíble**. Se debe tener una **actitud crítica y reflexiva para analizar los contenidos** del medio.

La **comunicación**, el lenguaje, **afecta a la conducta colectiva, permite la relación social con una participación consciente de los individuos**. Con una **actitud respetuosa, reflexiva y crítica**, emisor y receptor comporten experiencias comunes. El respeto es esencial para la propia **autoestima**, una conducta respetuosa y reflexiva con un lenguaje respetuoso y reflexivo del emisor ante el receptor, y viceversa, hace que la comunicación sea eficaz llevando a consolidar la autoestima.

En el acto de comunicación respetuoso la **entonación** debe seguir una línea melódica, no agresiva. En el proceso de comunicación participan un **emisor**, que puede **transmitir** un **mensaje con un significado determinado**, y un **receptor**, que **puede interpretarlo con otro diferente**. Por este motivo, un mensaje puede adquirir diferentes **sentidos** según la **situación** y el **contexto** en que se produce.

3.3.5.1 Adaptación al contexto e intención comunicativa

El CONTEXTO es la **situación** en la cual el emisor y el receptor se hallan y que permite en muchas ocasiones interpretar correctamente el mensaje. El contexto es, además, el **conjunto de factores lingüísticos y extralingüísticos** (*entorno*: *circunstancias espaciales y temporales*) que influyen en el comunicación. Así, un mensaje como *"la hora"* comunica cosas diversas, dicho por una madre a un hijo, para despertarlo; por el profesor a los alumnos en una clase; señalar el reloj, etc. Las **circunstancias** que **rodean** al acto de **comunicación** pueden **hacerlo** mucho **más complejo**. *Un pañuelo blanco no dice lo mismo en una plaza de toros que en un vehículo sonando el claxon.*

Hay que tener en cuenta otro factor situacional, el **marco**, que es la **tipología del texto** en que se realiza el acto comunicativo **y** el **modo de expresión empleado** para llevarlo a cabo: *variedades textuales, lenguaje oral o escrito, formas de elocución, etc.* *"Me han quedado las "Mates"*, este mensaje es aceptable en tanto que pertenece a una conversación oral; *"se casaron, comieron perdices y fueron felices"*, mensaje aceptado dentro de un marco narrativo y literario: un cuento infantil.

Por último, otro factor situacional concluyente es la **relación entre los interlocutores**. Según sea esta (*social, familiar, coloquial, institucional*), así será el **tono** del mensaje. Una persona no se comunica igual con su jefe que con sus amigos. Dependiendo de esta relación entre interlocutores, cambiará la forma de expresar los menajes y cambiará en consecuencia su **registro comunicativo.**

La INTENCIÓN COMUNICATIVA debe **adecuarse para una mejor comprensión**. Las **intenciones** (*referirse objetivamente a la realidad, expresar sentimientos o desear reacción concreta en el receptor*) han de quedar **visibles** en el texto con el fin de que el receptor lo interprete correctamente.

Esencialmente, las **intenciones comunicativas se corresponden con las FUNCIONES DEL LENGUAJE**: *representativa, expresiva, conativa, fática metalingüística y poética*, no obstante, en las **intenciones comunicativas** se tienen **en cuenta** el **tipo** de **interlocutores** y **otros factores** (*ELEMENTOS SITUACIONALES*).

Dependiendo del **contexto** y de la **intención comunicativa**, el emisor deberá **adaptar** su **mensaje** para una **mejor compresión**, a la vez que, este contexto e intención influirá en el mensaje.

En los textos se emplean diferentes formas de elocución según la INTENCIÓN DEL EMISOR:

- ▪ **ARGUMENTACIÓN.** Convencer al receptor.
- ▪ **DESCRIPCIÓN.** Representar la realidad.
- ▪ **EXPOSICIÓN.** Explicar unos conocimientos.
- ▪ **NARRACIÓN.** Contar un suceso.

EJERCICIOS

1. ¿Qué es la interacción social? ¿Cómo se puede desarrollar la interacción social?.

2. ¿Cuáles son las características de los textos orales? Explíquense.

3. Defínase "expresión espontánea, no espontánea, expresión oral individual y expresión oral colectiva".

4. Cuáles son los componentes esenciales del texto argumentativo, explíquense. Cómo es la estructura del texto argumentativo.

5. ¿Qué diferencia existe entre conversación, debate, tertulia, coloquio y entrevista?

6. Cuál es la estructura de un debate.

7. Señálense las funciones del moderador de un debate.

8. Realizar un debate sobre un tema de actualidad teniendo en cuenta sus características, cómo se prepara y cómo se realiza.

9. Qué es un foro de debate y cuáles son sus características.

10. Cómo se realiza una entrevista.

11. Realizar el guión de una entrevista, la propia entrevista, ponerse en la piel del entrevistador y el entrevistado.

12. Analícese una exposición oral que se haya escuchado recientemente y señalando las diferentes partes.

13. Realícese un resumen sobre las exposiciones monologadas.

14. Escríbase un Discurso sobre un tema de interés, sin olvidar sus partes.

15. Cuáles son las partes de una conferencia.

16. ¿Cómo se organizaría una conferencia? Invéntese un ejemplo de conferencia.

17. En qué consisten las instrucciones, sus clases y qué son las aclaraciones.

18. Cuáles son las características de los textos audiovisuales.

19. Cuáles son los procedimientos de una exposición oral.

20. En qué consiste la estructura de la exposición oral.

21. ¿Qué es un punto de vista?

22. Qué hacer para que una exposición oral sea efectiva y exitosa.

23. Cuáles son los fines esenciales de la introducción de una presentación oral.

24. Qué se debe tener en cuenta en una exposición oral.

25. ¿Qué tipos de ayudas visuales existen?

26. Qué hay que tener en cuenta sobre los gestos en una exposición oral.

27. Cómo se terminaría una exposición oral.

28. En qué consiste la estructuración, claridad y coherencia de un texto.

29. En qué consisten las actitudes respetuosas, reflexivas y críticas en los textos.

30. Qué es adaptación al contexto y a la intención comunicativa.

4 Producciones escritas

El **texto** es una **unidad de sentido total**, autónomamente de sus dimensiones y de su intención comunicativa. Lo más importante de un texto es que sea **adecuado** al contenido y a la situación, y que posea una **organización** correcta (*coherencia y cohesión*) con el fin de crear un **acto comunicativo completo**.

Los **textos** pueden ser **orales** o **escritos**. Aunque tengan distinto origen y forma de transmisión, son muy semejantes en algunas de sus variedades discursivas: *un ensayo divulgativo y una conferencia*. En cualquier caso, un conocimiento profundo de la lengua exige el **dominio** tanto de la **expresión oral como de la expresión escrita** para poder desenvolverse en la sociedad.

En una PRODUCCIÓN ESCRITA el **PRIMER PÁRRAFO** ha de **exponer el tema general** del escrito; si este es argumentativo, el tema se formulará normalmente en forma de tesis.

Poner **especial atención** al redactar el PÁRRAFO INICIAL por **dos razones** fundamentales:

- Del **buen planteamiento** del tema general depende en buena medida el correcto desarrollo del escrito.

- Con él se debe intentar atraer el **interés**; si el escrito empieza torpemente, lo posible es que se renuncie a seguir con el texto.

Todo párrafo debe tener unidad y coherencia, ya que ha de desarrollar una idea propia, diferente de la que desarrolla el párrafo anterior, aunque es claro relacionada con ella, y el siguiente.

Se verá facilitado el trabajo, si se inicia con una oración sencilla que exhiba o sugiera la idea fundamental del párrafo.

En muchos casos, **el PÁRRAFO FINAL recapitula**, **reafirma** la tesis, **establece** un propósito, **apunta** una solución, manifiesta un deseo o un sentimiento, etc., por lo que se necesita que se redacte con un especial cuidado.

Si el texto está bien desarrollado, se llega al párrafo final por necesidad interna; el lector evalúa que el texto está terminando, por ello, **no es necesario marcar el comienzo de este párrafo** con transiciones tópicas: *En conclusión, se puede afirmar...; De todo lo dicho se deduce...*y se evitarán coletilla finales: *Esto es cuanto pienso...; Nada más se me ocurre decir acerca de...*

4.1 COMUNICACIÓN ESCRITA. PRODUCCIONES ESCRITAS COMO FUENTE DE INFORMACIÓN Y APRENDIZAJE

Para que un texto pueda actuar como una unidad de comunicación de modo que el receptor comprenda su significado e intención, debe **cumplir tres propiedades**:

- ▪ LA ADECUACIÓN DEL TEXTO A LA SITUACIÓN. El emisor tiene que **seleccionar** de todas las **posibilidades** que le ofrece la lengua, la más adecuada para que la comunicación se realice efectivamente cuando crea un texto. **Según la situación se utilizará un registro informal o formal** (*texto científico, humanístico, jurídico, etc).*

- ▪ LA COHERENCIA DEL TEXTO. La coherencia **se relaciona** con la **adecuación**, pues está enlazada con el conocimiento del mundo y de las cosas, y con la situación de los actos de habla. El texto coherente ha de cumplir unas **normas lógicas**:

  - – No oraciones de significado absurdo o inaceptable.
  - – No tiene que expresar todas las ideas – el receptor ya conoce algunas –.
  - – No incluir enunciados que contradigan los conocimientos comunes.
  - – No es necesario repetir continuamente (*se supone que el receptor recuerda lo que ha aparecido ya).*
  - – Tener en cuenta los conocimientos previos que se presuponen en el receptor y aclarar lo necesario para la comprensión.

- ▪ LA COHESIÓN. Los elementos del texto tienen que presentar **unión**.

Se concibe por FORMAS DE ELOCUCIÓN las distintas maneras que coexisten para expresar los mensajes, es decir, la forma discursiva empleada en la realización de los textos, fundamentalmente los escritos.

Los escritos que normalmente se deben realizar, según la INTENCIÓN, pertenecerán a uno de estos cuatro tipos: **Descripción, narración, exposición** y **argumentación**. En ocasiones se dan mezcladas, si bien una de ellas suele predominar sobre las demás.

- ▪ La **DESCRIPCIÓN** suele especificarse como una **pintura hecha con palabras**. Con ella, se trata de **"hacer ver"** al lector los rasgos y características de un modelo físico; aunque pueden describirse también los sentimientos propios y ajenos. Entre tanto lo que va a describirse se presenta compatiblemente, como en la pintura o en la fotografía (*aunque dado el carácter lineal del lenguaje, la descripción oral o escrita tenga que hacerse por partes sucesivas).*

- ▪ La **NARRACIÓN** consiste en el **relato de sucesos** reales o imaginarios que se desarrollan a lo largo de un tiempo determinado, la narración instituye los hechos que ocurren conforme a un orden cronológico. A veces, este se perturba a propósito, pero puede recomponerse porque existe unidad en el texto.

- ▪ La **EXPOSICIÓN** trata de **mostrar un asunto** con el deseo de darlo a conocer y comprender a otras personas. Y así, se expone la situación de un negocio, el plan del Gobierno en materia de educación o lo que ha investigado la ciencia sobre los efectos de las drogas. Se exponen igualmente las motivaciones que alguien ha tenido para defender una decisión o las causas de un conflicto laboral.

■ La **ARGUMENTACIÓN** alega **razones para sostener una opinión** propia o contraria a la de alguien. Habitualmente aparece combinada con la exposición: se expone algo y, seguidamente, se aportan argumentos a favor o en contra.

4.2 TIPOS DE TEXTOS ESCRITOS

Las formas de elocución son la **NARRACIÓN**, la **DESCRIPCIÓN**, la **EXPOSICIÓN** y la **ARGUMENTACIÓN**. Según la forma de elocución que predomina, los textos se clasifican en **NARRATIVOS, DESCRIPTIVOS, EXPOSITIVOS** o **ARGUMENTATIVOS.**

Los textos se pueden catalogar en diferentes **tipos** o **clases** según sus **características, estructura** y **rasgos lingüísticos.**

Recordamos:

■ NARRACIÓN. **Contar** unos **hechos** reales o imaginarios, que les suceden a unos **personajes** en un **tiempo** y en un **espacio** concreto. Los hechos son contados por un **narrador** en un orden cronológico fijado y desde una perspectiva determinada, dependiente de su conocimiento de los hechos relatados. Una característica fundamental de los textos narrativos es la **verosimilitud** (*posibilidad*), con el fin de que los hechos se entiendan como verdaderos (*aunque pueden ser no reales*).

■ DESCRIPCIÓN. Describir es **representar** por medio del lenguaje objetos, personas, animales, ambientes... La descripción se diferencia de la Narración, en que es **estática** (*no existe el desarrollo de una acción*) y su función consiste en atribuir **características** y **propiedades** a realidades descritas. Los textos descriptivos presentan **tres fases**: **Observación** de la realidad objeto de descripción; **Reflexión** sobre los datos recibidos, seleccionando los más representativos y **Expresión** precisa y ordenada por medio de palabras. Cualquier realidad perceptible, principalmente por los sentidos, puede ser detallada.

■ EXPOSICIÓN. **Dar a conocer un tema** determinado con el fin de que sea comprendido por el receptor. Su **finalidad** es meramente **informativa** y su planteamiento ha de basarse en el rigor y en la objetividad.

■ ARGUMENTACIÓN. **Aportar razones** que demuestren la certeza o falsedad de una opinión o de una idea. Su **finalidad** es **convencer** al receptor para que piense de una determinada forma. Además, de informar se pretende **persuadir.**

4.2.1 TEXTOS NARRATIVOS, DESCRIPTIVOS Y DIALOGADOS: ESTRUCTURA Y RASGOS LINGÜÍSTICOS

Hay textos en los que se cuentan los **hechos** que le suceden al **personaje**, en un **lugar** y un **tiempo** determinados, además, se dice **cómo es el lugar y el personaje** y se reproduce una **conversación**. Estos textos incluyen **narración, descripción y diálogo**.

 **¿SABÍAS QUE...?**

La **narración**, la **descripción** y el **diálogo** son las formas textuales básicas y pueden aparecer solas o combinadas entre sí en un mismo texto.
Una **NARRACIÓN cuenta** una historia real o imaginaria.
La **DESCRIPCIÓN** expresa, **cómo es algo** o **alguien**.
En el **DIÁLOGO**, dos o más **interlocutores** intercambian información, cambiándose en el uso de la palabra.

La **narración, la descripción** y el **diálogo** presentan unos **rasgos lingüísticos propios** que permiten definir su presencia en los textos.

4.2.1.1 Narración

Narrar es contar sucesos reales e imaginarios. Todas las culturas, tienen en su pasado histórico mitos, leyendas y relatos sobre héroes, dioses y hazañas, transmitidos de generación en generación. Pero, también, se impone contar lo que hemos hecho, lo que ha sucedido, lo que otras han realizado, aunque tenga poco de extraordinario. Contar es una vieja actividad.

Si en todo escrito hay que **tener en cuenta al "otro"**, **al lector**, en la narración la necesidad de **atraer su atención** es incondicional. La aventura más atractiva puede resultar aburrida si se cuenta mal.

4.2.1.1.1 Elementos de un texto narrativo

■ La ACCIÓN. **Acontecimientos** que configuran la historia. Suele presentarse una acción principal y otras secundarias.

■ Los PERSONAJES. **Individuos** que realizan o a quienes les suceden los hechos. Suele aparecer unos personajes principales y otros secundarios.

■ El TIEMPO. **Duración de los hechos y el momento** en el que se producen. **En ocasiones,** el tiempo y el espacio se convierten en **parte principal** del relato.

■ El ESPACIO. **Lugar** donde acontecen los sucesos narrados. Es **frecuente** que el **ambiente** asuma la función de **antagonista** del personaje principal, sin embargo, otras muchas veces, el entorno es un mero elemento decorativo de los sucesos.

4.2.1.1.2 Orden

Es imprescindible un orden. El **orden más simple** consiste en:

- **Exponer** los sucesos según su **desarrollo cronológico**.

- **Referirse** a los **personajes** y a los **objetos** a medida que **van interviniendo** en la acción, sin que se pueda confundirlos.

En los relatos se rompe en ocasiones la firmeza cronológica, utilizando el procedimiento que los rétores clásicos llamaban **in medias res,** es decir, empezando por un **punto intermedio de la historia**. La literatura y el cine han empleado muchas veces este artificio. Asimismo, un relato muestra a los personajes en un momento de su vida, se narra más tarde lo que les sucedió hasta llegar a ese momento y, por último, lo que ocurre hasta el **desenlace**.

4.2.1.1.3 Animación

Con propósito de **atraer la atención** del lector, el **relato** ha de ser **animado**, con el debido equilibrio entre la importancia de lo que se cuenta y el modo de contarlo.

Un relato se anima dramatizándolo:

- **Dividir** en "actos" o "episodios".
- **Describir con brevedad pero con color** los personajes, los objetos, el ambiente y las circunstancias.
- **Resaltar** con energía proporcionada los **pensamientos** y las **acciones**.
- **Crear**, si es posible un cierto **suspense**.
- Dejar para el final el **desenlace**.

4.2.1.1.4 El lenguaje del relato

No conviene enumerar elementos que fácilmente supone el lector, como *después, a continuación, seguidamente, al final, por último, etc.*

La **variedad** es **obligada** en toda la narración, y **especialmente** en el **VERBO**. Refiriéndose el relato siempre a sucesos pasados (*incluso en la "novela de anticipación", las cosas suelen contarse como si hubieran sucedido*), **predominan** en él las **formas verbales pretéritas:**

- El Pretérito Imperfecto de Indicativo (*saltaba*) aparece **solo** en los fragmentos descriptivos del relato.
- El Pretérito Indefinido (*salté*), **reanuda** la narración:

> *La cigüeña **revoloteaba**, feliz y curiosa, removiendo las patas en el cielo. **Recostóse** el niño en el tejado cerca de ella aguantando el frío para observarla.*

■ El Pretérito Indefinido (*salté*) y el Perfecto (*he saltado*) son los **tiempos habituales del relato**.

La reincidencia de estos tiempos puede producir agotamiento, por ello, suele combinarse con el Presente histórico (*salto*), que, en contextos inequívocos, posee significado pretérito:

> *Me puse en pie de un salto. Repentinamente **veo** el móvil en la estantería.*

■ **Verbos de acción** que permiten contar la historia en **Presente** y sobre todo, en **Pretérito Prefecto Simple**. *Se **detuvo** largo tiempo en mitad del camino, **fue** después al palacio.*

■ **Abundancia de** Oraciones Enunciativas. *Pasada una hora se marchó.*

En cuanto a la economía de medios lingüísticos, importa mucho guardar en el relato escrito los **verba dicendi**, en el estilo directo, esto es, los verbos que introducen lo que manifiesta cada personaje en el diálogo.

> Entonces apuntó Tobías. – "¿Por qué no venís?" Y Loreto le respondió: -"No nos fiamos de esa lancha". – "Es vieja, pero segura", replicó Tobías.

Decir, contestar, replicar, asegurar, apuntar, responder, etc., son verba dicendi. Deben sortearse, en la medida de lo posible, y siempre que su eliminación no dé lugar a confusiones.

4.2.1.2 Descripción

Puede decirse que la **Descripción es una pintura hecha con palabras**, ya que en la Descripción el objetivo principal reside en informar acerca de cómo es o ha sido una persona, un objeto o una experiencia – **DESCRIPCIÓN OBJETIVA** -, bañándola en ocasiones con impresiones o evaluaciones personales de quien describe – **DESCRIPCIÓN SUBJETIVA** -. Es habitual que se entremezclen en la descripción lo objetivo y lo subjetivo.

La **Descripción se combina con otras modalidades** de escrito como la narración, exposición o argumentación.

La **Descripción se diferencia** esencialmente de la **narración** en que, mientras esta se ocupa de **informar** sobre sucesos que se desarrollan **en el tiempo**, **al describir no se considera el paso del tiempo**: el tiempo se inmoviliza para "*retratar*" el objeto, la persona… exactamente igual que hace el pintor. *La niña es rubia, pequeña, con una camiseta amarilla…*

4.2.1.2.1 Características

- Empleo de **verbos de estado** que permiten contar **cómo es** lo que se describe, sobre todo, en **Pretérito Imperfecto** y en **Presente de Indicativo**. *La ciudad **dormía** hundida en la miseria, miedo y desesperanza. La **bloqueaban**.*

- Abundancia de **sustantivos con adjetivos y otros complementos** para apreciar lo escrito. *Una **mujer experimentada** con **cara de ángel**.*

- Al describir **no** se debe **perder** el sentido de la **unidad**.

- **Exceso de conjunciones** (*ciudad bárbara y tosca y endiablada*). Este artificio – empleo abusivo de conjunciones - se denomina **POLISÍNDETON** (*lo contrario es el **Asíndeton** – ausencia de conjunciones-: traspasa la sierra, llega al valle*).

- En una **DESCRIPCIÓN OBJETIVA** los **adjetivos** son **especificativos** casi siempre, necesarios para que el lector puede reproducir en su mente lo que se quiere representar. No son de adorno, no suscitan emoción alguna. **Apenas** pueden señalarse **epítetos** (*viva claridad, incierta sombra*). En la **DESCRIPCIÓN SUBJETIVA** fluyen los **epítetos**, con los que el autor manifiesta sus sentimientos y desea comunicarlos al lector. No se conforma con transmitirle información: pretende **contagiarle su propia emoción** (*horrible faz, enormes músculos, henchidos pellejos*).

- En una **DESCRIPCIÓN SUBJETIVA**, aparecen **rasgos** intencionalmente **literarios** como es la **METÁFORA** (*los pantalones medio se le derriban*).

- En la **DESCRIPCIÓN SUBJETIVA** aparecen **comparaciones**. *Abraza la espada como a un hijo.*

- En la **DESCRIPCIÓN SUBJETIVA** se dan **palabras** de **enérgica significación**: *deforme, horrible, monstruoso, desolada...*

4.2.1.2.2 La descripción en nuestros escritos

El **tono**, más *objetivo* o más *subjetivo*, de nuestros textos descriptivos (*o de los fragmentos descriptivos que deban aparecen en nuestros textos*) **no puede ser predicho**: obedece al tema, a la ocasión, al objeto describible...

Los **vicios** de cualquier texto como en la descripción son la **sequedad** y el **énfasis** desproporcionado con lo que se quiere describir. Sin caer en la sequedad, conviene que se reprima o se controle bien los impulsos subjetivos, si bien, las descripciones pueden animarse con algún rasgo que las ilustre.

El **objeto** de una descripción puede **ser todo**, existido o que haya existido, tanto en el mundo físico como en el espíritu (*sentimientos, emociones, fantasías, etc.*).

4.2.1.2.3 Retrato

Una de las manifestaciones más usuales de la **DESCRIPCIÓN** es el **RETRATO DE PERSONAS**, tanto en su **aspecto físico como espiritual**. Cuando el retrato se destina solo a los **caracteres morales**, recibe el nombre particular de **ETOPEYA**. Frecuentemente, lo **físico** y lo **moral se entremezclan** en el retrato.

Hay que **describir con exactitud** y **vivacidad** los **detalles** en el retrato (*igualmente que en cualquier descripción*), pero no todos los **detalles** poseen igual valor; **importan** solo aquellos que son **característicos** del individuo retratado. Esto significa que la simple acumulación de detalles no compone un buen retrato, por lo contrario, puede hacerlo incómodo y largo.

Hay que **seleccionar** los **rasgos definidores**. La minuciosidad, el querer decirlo todo suele provocar malos resultados. Se debe suprimir radicalmente todo aquello que carece de significación especial.

En el **RETRATO FÍSICO importan** los **rasgos corporales** y el **atuendo**.

En la **Edad Media**, se estableció un **orden fijo** para realizar el **RETRATO** corporal, pero podía alterarse en algún punto y ciertos rasgos podían faltar.

Cabellos. Frente. Cejas y ojos. Mejillas. Nariz. Boca. Dientes. Barbilla. Cuello. Nuca. Espaldas. Brazos. Manos. Pecho. Talle. Vientre. Piernas. Pies.

4.2.1.2.4 Autorretrato

Al igual que en la pintura, el **retrato** que hace **de sí mismo quien escribe** se denomina **AUTORRETRATO**.

4.2.1.2.5 Caricatura

La **descripción** aparece **distorsionada** por el autor con **fines humorísticos**.

4.2.1.3 Diálogo

■ En los **TEXTOS NARRATIVOS** es la introducción de las **intervenciones de los personajes** por medio de **verbos de lengua** y **de pensamiento**. *Le **habló** así, **exclamó** el compañero*. Sus palabras se presentan en **estilo directo** por medio de rayas o de comillas. *"Esa licencia hay que conseguirla"*. En el **estilo indirecto**, el narrador es el que relata lo expresado por los personajes al insertar el diálogo en el discurso narrativo. El narrador tiene que convertir las palabras pronunciadas en **oraciones subordinadas** precedidas de la conjunción que o si, y cambiar los tiempos verbales, las referencias pronominales y los deícticos de espacio y tiempo: *Fernanda le dijo que allí se encontraría más cómoda*.

■ **En el TEATRO**, presentación directa de las **intervenciones de los personajes,** precedidas por su nombre. Carmelo**. -** ¿Cómo estás?

■ **REFERENCIAS al emisor y al receptor** por medio de **pronombres personales**. *Usted no tiene tal licencia*; y a la **situación**, por medio de **demostrativos** y **adverbios**. *Este lago es propiedad del pueblo; ¿acaso hay **allí** un pueblo?*

4.2.1.4 Combinación en textos narrativos

En los **Textos Narrativos**, la **narración** se utiliza para:

Presentar los **hechos** que hacen avanzar la **acción**, así, aparece el **PLANTEAMIENTO**, se sigue desarrollando la acción, **NUDO** y se llega al final de la historia, **DESENLACE.**

La **voz que relata** lo que sucede en una narración es el **narrador**, este se concentra a veces en la *descripción de personajes, de lugares, de objetos, etc.*, en otras ocasiones, *cede la palabra a los personajes* y, de este modo, se incorpora el **diálogo**.

4.2.1.5 Combinación en textos dialogados

En los textos dialogados, como el **Teatro**, el **diálogo** es el texto predominante y corresponde al intercambio verbal entre los personajes. Las palabras de estos pueden adoptar otras **dos formas**:

- **Monólogo**. Cuando un personaje se dirige a sí mismo o al espectador.
- **Aparte**. La emisión en voz alta de un personaje para que sea oída por el espectador, pero no por el resto de los personajes de la acción.

En el **diálogo teatral**, aunque no existe narrador, **pueden aparecen fragmentos narrativos** en boca de los personajes. Su finalidad es anunciar situaciones anteriores a la historia representada, que el espectador necesita conocer para comprender lo que sucede.

La **descripción**, por su parte, se incorpora igualmente a través de las palabras de los personajes y en las acotaciones (*comentarios*), que ofrecen indicaciones para llevar a cabo la puesta en escena de la obra.

4.2.2 TEXTOS EXPOSITIVOS: CARACTERÍSTICAS Y ESTRUCTURA

Exponer **es presentar una cuestión cualquiera** con la intención de hacerla conocer y comprender a otras personas.

4.2.2.1 Tipos de exposición según el receptor

- EXPOSICIÓN DIVULGATIVA. El **autor informa** de un modo claro y objetivo sobre un **tema de interés general**. **Comprensión sencilla** puesto que va dirigida a un receptor común.

- EXPOSICIÓN ESPECIALIZADA. Desarrolla un **tema de carácter científico** y que implica un **conocimiento específico** del tema **por** parte del **receptor**. El lenguaje no es tan sencillo, suelen ser frecuentes los **tecnicismos** propios de la rama del saber a la que hace referencia la exposición.

4.2.2.2 Tipos de exposición según el orden de los contenidos

- ESTRUCTURA ANALIZANTE. El **orden** empleado es el **deductivo** (*razonado*), la explicación parte **de lo general** para llegar **a lo particular**. La **idea principal** aparece **al principio** del texto y después se demuestra con datos.

- ESTRUCTURA SINTETIZANTE. El **orden** es **inductivo** (*intuición*), se parte de **casos particulares** para llegar **a** una **conclusión final**. Las ideas desarrolladas inicialmente llevan a una tesis final.

- ESTRUCTURA PARALELÍSTICA. Dos o más **ideas** son **comparadas directamente** o se oponen aspectos parciales de cada una de ellas. Las ideas tienen igual importancia.

- ESTRUCTURA ENCUADRADA. La **idea principal** se desarrolla al **inicio** y se vuelve a **recoger al final** como **parte** de la conclusión.

4.2.2.3 Textos expositivos

Son **Textos Expositivos** la mayor parte de los libros de texto, las explicaciones de clase, las actividades académicas (*ejercicios de examen y trabajos*), las conferencias, los artículos especializados, las respuestas de los exámenes, los manuales, los tratados científicos y muchos otros textos científicos, humanísticos, periodísticos e, incluso publicitarios, los ensayos...

La **exposición pura es más bien escasa**, puesto que en muchos casos la exposición se combina con la argumentación, es decir, con un juicio más personal y creador, en el cual el expositor introduce ideas o puntos de vista suyos, defendiéndolos con razones y, en ocasiones, pugnando otros que considera equivocados.

En la **exposición prevalece**, por tanto, una **actitud objetiva**. Con ella se trata de manifestar a quien la lee – o la oye– una información que pueda resultarle útil o necesaria. Como todo escrito, consta de los tres componentes retóricos:

- La **invención** o acopio de hechos.
- La **disposición** u orden en que se exponen esos hechos.
- La **elocución** o expresión lingüística definitiva.

4.2.2.3.1 La invención

Recibe el nombre particular de DOCUMENTACIÓN. Quien se dispone a **exponer** algo (*profesor, conferenciante, alumno, periodista...*) debe **comenzar por documentarse**: *leer (o escuchar) el mayor número de libro, artículos, etc.,* relativos al asunto que va a exponer. No debe olvidar, si el tema lo permite, la documentación plástica: fotografías, cuadro, esculturas, gráficos, etc., que puedan contribuir a una mejor comprensión.

La DOCUMENTACIÓN **debe ser:**

- Lo más completa posible. No conformarse con una sola fuente de información, ya que así, el expositor solo se convertirá en un puro repetidor de lo que otro ya ha expuesto.

- Lo más moderna posible; cuando el tema haya sido tratado por diversos autores, en diversas épocas; se procurará informarse de él a través de los autores más serios y en sus escritos más recientes, sin embargo, habrá temas que sean un trabajo histórico y ello obligará a consultar las fuentes antiguas o modernas, sin renunciar a ninguna.

- Estrictamente referente al tema que interesa; al exponer, no se debe desviar hacia otras cuestiones, y ello debe comenzar a atenderse en el momento de la documentación.

En la fase de DOCUMENTACIÓN es muy útil trabajar con **FICHAS**. Si se está documentando en un libro, una revista, un periódico, etc., se copian en fichas distintas aquellos informes que se consideran importantes, procurando que sea homogéneo (*que trate de una sola cosa*) lo que en cada ficha se copia. A un mismo punto de la cuestión pueden dedicarse diversas fichas. Ello será obligado cuando se pasa a consultar otras fuentes documentales (*otro libro, otra revista, otro periódico*).

Una vez que se dé por finalizada la fase de documentación, se procederá a **ordenar las fichas**, es decir, a agrupar aquellas que tratan del mismo asunto(*aunque sus puntos de vista sean diferentes*) y, a continuación, a colocar cada grupo en un orden determinado, con lo cual se entra ya en la segunda fase del trabajo preparatorio: la DISPOSICIÓN.

4.2.2.3.2 *Disposición*

Se ha de trazar un PLAN, igual que en los textos argumentativos.

Es muy difícil enseñar a diseñar un PLAN. Puesto que este suele estar condicionado por la naturaleza del tema, y el número de cuestiones explicable es infinito. Depende, además, de las aptitudes del expositor, de sus facultades lógicas.

Se ha de **partir** siempre del **enunciado claro e inequívoco del asunto**. Aparte de aparecer este resumidamente en el TÍTULO, pueden dedicarse las primeras líneas del escrito a su planteamiento, sobre todo si es muy amplio o tiene muchas implicaciones que no se pueden desarrollar. En ese caso deben divulgarse los límites que nos hemos marcado en la EXPOSICIÓN, señalando si es posible las cuestiones que dejamos fuera.

Si se expone el tema **históricamente**, se debe seguir un **orden cronológico**, mostrando las sucesivas soluciones que se han ido aportando, dejando para el final nuestra adhesión a una de ellas o nuestra propia propuesta, si es que la hacemos. Se irán utilizando las FICHAS que se tengan, sabiendo renunciar a las menos significativas (*no puede entrarse tan a fondo en un trabajo de clase como en una tesis de licenciatura o doctorado*).

Cuando el tratamiento del tema **no es histórico**, las dificultades crecen porque se carece de la ayuda que facilita la ordenación cronológica. Se ha de constituir un PLAN PROPIO. Conviene entonces "fraccionar" la cuestión en **aspectos homogéneos**, pero diversos entre sí. Se tendrán multitud de FICHAS que se deberán ordenar, se tendrá que "fraccionar" la cuestión a tratar. En una **primera división** se impone:

- ■ Argumentos a favor.
- ■ Argumentos en contra.

Seguidamente se empieza a **subdividir** el primer bloque según su naturaleza e igualmente con el segundo bloque.

El **texto expositivo** puede concluir con un **brevísimo resumen** de las opiniones expuestas, y sobre todo, con la **formulación razonada** de la que sustenta el expositor.

4.2.2.3.3 *Elocución*

Dado el primordial carácter objetivo unido a la exposición, las cualidades de **orden** y **claridad** deben sobresalir especialmente. El **LENGUAJE** ha de ser **sencillo, claro** y **apropiado**, lo cual resulta compatible con la posibilidad de que el expositor deje percibir o manifieste evidentemente la actitud que adopta ante ciertos aspectos de lo que expone: *respeto, admiración, adhesión, crítica, ironía, humor, etc.*, en dosis sensatamente medidas, pues importa más la presentación clara del tema que el triunfo personal.

 **¿SABÍAS QUE...?**

Los TEXTOS EXPOSITIVOS tiene como finalidad, **explicar** un tema, **transmitir** unos conocimientos, no tratan de convencer o persuadir, sino de **informar**.

Puesto que su **objetivo es informar**, la **claridad** y el **orden** son **básicos** en los Textos Expositivos, cuyos contenidos – *ideas, conocimientos*...- se muestran por medio de distintos PROCEDIMIENTOS. Son:

- **Enumeración.** Se exponen **rasgos, cualidades, datos o hechos** que se hallan relacionados.

- **Problema / solución. Se presenta** un **problema o** una **dificultad** a los que **se da respuesta.**

- **Comparación. Se cotejan dos entidades o dos fenómenos** para establecer **semejanzas** y **diferencias** entre ellos.

- **Causa / efecto.** Se ofrecen las **conexiones causa / efecto** que se dan entre fenómenos.

4.2.2.4 Estructura del texto expositivo

Sea cual sea el procedimiento de presentación del texto, los Textos Expositivos presentan una estructura bastante fija, que facilita la comprensión de su información al receptor.

Los Textos Expositivos presentan habitualmente **tres partes**: Introducción, cuerpo expositivo y conclusión. **Cada una** de estas partes cumple **una finalidad** en el texto.

- Introducción. Se **presenta el tema** y se anuncia el **punto de vista** desde el que se va a tratar.

- Cuerpo expositivo. Son los párrafos donde **se desarrollan las ideas**, para que estas sean entendidas e interpretadas por el receptor, se utilizan diferentes recursos:

  - *Ejemplificaciones*. Los ejemplos sirven para concretar en la experiencia las ideas abstractas, haciéndolas más comprensibles.

  - *Analogías*. Se conecta lo explicado con otras realidades para hacerlo más claro. Es habitual el empleo de comparaciones y metáforas.

  - *Citas de autoridad*. Aparecen citas de otros autores y referencias a otras obras, que ceden autoridad a lo que se expresa.

- Conclusión. Suele radicar en el **resumen final de las principales ideas** expuestas.

4.2.2.5 Anotaciones

Los **Textos Expositivos tienen carácter informativo** y se utilizan frecuentemente como fuente de documentación para realizar trabajos, exposiciones orales, etc. Por ello, exigen una lectura detenida durante la cual el receptor debe ir realizando **anotaciones** que le permitan entender el contenido después de la lectura.

Las **NOTAS** tomadas a partir de un Texto Expositivo deben contener las ideas principales, relacionadas con las secundarias, y agregar las explicaciones necesarias para su comprensión.

 **¿SABÍAS QUE...?**

Las notas son escritos personales que no demandan una redacción muy elaborada. Se pueden utilizar abreviaturas y símbolos propios, siempre que no enreden la compresión posterior y permitan reproducir y manejar de manera exacta los términos y palabras clave del escrito leído.

La toma de notas de un Texto Expositivo resulta más cómoda si se delimita primero su **estructura**:

■ *Introducción*. Incluir el **enfoque** que se intenta dar a los contenidos del escrito, fundamentalmente si la intención consiste en contrastar textos de diversos autores sobre el mismo tema.

■ *Cuerpo expositivo*. Anotar las **ideas principales de cada bloque** (*marcado con epígrafes o subepígrafes*), tomar la **información secundaria** precisa para comprender lo que se dice tras la lectura y apuntar ejemplos y comparaciones.

■ *Conclusión*. Anotar la **conclusión** para saber que esa es la **idea o postura** que defienden los **autores**.

4.2.3 TEXTOS ARGUMENTATIVOS: ESTRUCTURA Y TIPOS DE ARGUMENTOS

La **ARGUMENTACIÓN** consiste en **aportar razones** que demuestren la certeza o falsedad de una opinión o de una idea. Su **finalidad** es **convencer** al receptor para que piense de una determinada forma. Además, de informar se pretende persuadir, lo que implica unos mecanismos de desarrollo específicos.

La **ARGUMENTACIÓN** se emplea como forma de elocución, sobre todo, en los **textos periodísticos de opinión, en numerosos textos humanísticos, publicitarios y en algunos científicos**, los que para justificar una **TESIS** utilizan argumentos sobre la que sustentarla.

¿SABÍAS QUE...?

La Argumentación reside en la defensa razonada de una determinada opinión. Si ésta posee alguna consistencia intelectual, se denomina TESIS.

La TESIS puede emplazarse al principio del escrito, o como conclusión. Esta última posibilidad es de más difícil realización, sería como el remate de un proceso inductivo.

Los textos en los que la forma principal es la argumentación se designan TEXTOS ARGUMENTATIVOS. Son textos argumentativos los **editoriales** y **cartas al director, artículos y columnas de opinión, ensayos...**

La argumentación se emplea, además, en textos orales como **tertulias** y **debates**. Actualmente, los Medios Electrónicos permiten el intercambio de opiniones a través de **Foros** y **Chats**.

La **Argumentación** y la **Exposición** suelen producirse **asociadamente**; ello hace que, en este punto, resulta muchas veces imprescindible la **documentación**.

¿SABÍAS QUE...?

El **propósito** de los TEXTOS ARGUMENTATIVOS es **convencer** o **persuadir** a otros de que una determinada opinión es acertada.

Para **desarrollar** un TEXTO ARGUMENTATIVO se han de realizar **dos operaciones previas:**

- "Inventar" una idea.
- "Disponer" su desarrollo según un cierto orden o plan

Después se da **forma lingüística** definitiva al escrito.

En el TEXTO ARGUMENTATIVO se aprecian dos componentes esenciales.

- **Opinión**. Es la manifestación de un **punto de vista personal** del emisor del texto, sobre un asunto determinado. Equivale a la Tesis.

- **Argumentos**. Son las distintas **razones** o **pruebas** que el autor del texto exhibe para sostener su Tesis. Deben ser sólidas y brillantes.

4.2.3.1 Cómo organizar la argumentación

Para la ARGUMENTACIÓN es necesario un **PLAN**. Las posibilidades de organizar interiormente un escrito son muchas, y su mayor o menor validez dependen de la capacidad del autor.

Lo importante es que el PLAN existe siempre, sin él, el texto carecería de firmeza y de ímpetu, no podría seguirse, ya que se iría y vendría de una cuestión a otra.

Inventar, disponer y dar forma al texto son operaciones simultáneas.

El PLAN debe adoptar la forma de un ESQUEMA, en el que se **divulguen brevemente las cuestiones a tratar**. Ello obliga a reflexionar antes de escribir. El TEXTO no se habrá ocurrido porque sí, sino que ha surgido en virtud de unos ARGUMENTOS anteriores, más o menos claros que hay en la mente. Ahora se trata de hacerlos claramente evidentes, y de documentarlos con ejemplos que los apoyen. Inmediatamente hay que jerarquizar todos estos elementos por orden de importancia, y de interrelacionarlos, además, se habrá renunciado a los insignificantes.

4.2.3.1.1 *Elaboración del esquema*

- Se escribe arriba del esquema la TESIS. Se subrayará la **palabra** o palabras **clave**, ya que servirán de estímulo para la "invención" de argumentos y ejemplos.

■ Seguidamente, fijar dos o tres **ideas principales**, de rango o importancia semejantes, que sirvan de cabezas para otras tantas partes del escrito. Entre ellas se deja espacio para apuntar las ideas de apoyo y los posibles ejemplos que se aporten como prueba.

■ Las **ideas principales** se señalan con números romanos (I, II, III...), y las de apoyo con letras mayúsculas (A, B, C...), por último, con números árabes (1, 2, 3...).

Así, teóricamente, el ESQUEMA ideal de un razonamiento podría ser el siguiente (*dividido en dos partes; pero podría subdividirse en tres o más*).

Tesis. El ser humano al matar la Naturaleza, se suicida.

1. **Idea principal**. El hombre, al atropellar ríos, mares, tierras y bosques, se pasa a asesino.
   - Idea de apoyo. El "progreso" obliga a crear residuos contaminantes, que acaban con la vida vegetal y animal.
   - Ejemplo. Peces muertos en ríos que reciben aguas residuales.
   - Ejemplo. Animales muertos porque sus alimentos tienen insecticidas u otros tóxicos para alimañas.
   - Idea de apoyo. A veces, son accidentes los que conllevan efectos exterminadores.
   - Ejemplo. Los naufragios de grandes petroleros producen las "mareas negras", que llevan a la muerte de peces y de aves acuáticas.

Breve conclusión parcial que reafirma la idea principal. Actuando voluntaria o involuntariamente así, el hombre mata. Es asesino de la Naturaleza.

2. **Idea principal**. Pero como necesita las restantes formas de vida, está suicidándose con ello.
   - Idea de apoyo. El hombre no posee derechos especiales. Si los tiene, posee una inteligencia que le permite establecer el equilibrio de la Naturaleza.
   - Idea de apoyo. No obstante, la emplea solo en beneficio propio, es incapaz de caer en la cuenta de que está minando las bases de su subsistencia al acabar con el orden natural, porque en este orden todo es solidaridad.
   - Ejemplo. El orden natural es como una partida de ajedrez.

Breve comentario final, fundado en todos los argumentos, que confirma la tesis. La impertinencia humana...nos estamos demoliendo al demolerla.

4.2.3.2 Estructura del texto argumentativo

■ **ESTRUCTURA ANALÍTICA**. Si en un Texto Argumentativo se presenta al principio la opinión, seguida de los argumentos.

■ **ESTRUCTURA SINTÉTICA** Si aparecen primero los argumentos y la Tesis se desprende como conclusión.

4.2.3.3 Desarrollo argumentativo

En un Texto Argumentativo el desarrollo de la argumentación, es decir, de la defensa de la opinión que mantiene el autor, se lleva a cabo manejando distintos tipos de argumentos.

Los **Tipos de Argumentos** más frecuentes son:

■ **Datos**. Se aportan cifras u otro tipo de información objetiva referida con las afirmaciones efectuadas.

■ **Hechos**. Se nombran hechos que valen de prueba, puesto que mantienen una correspondencia de causa o efecto con la afirmación que mantienen.

■ **Ejemplos**. Son casos precisos y ciertos que se exhiben como prueba para confirmar o negar la afirmación.

■ **Argumentos de autoridad**. Son citas, directas o indirectas, de afirmaciones de personas o de instituciones de prestigio.

La **argumentación puede proyectarse también a partir de la Tesis contraria** a la opinión que ampara el autor. La Tesis contraria se denomina **ANTÍTESIS** y se incluye, para rebatirla, en un proceso de contraargumentación.

 **¿SABÍAS QUE...?**

Los argumentos que se emplean para rebatir la ANTÍTESIS se conocen como CONTRAARGUMENTOS y son del mismo tipo que los argumentos.

En el proceso de **Contraargumentación**, el emisor define por medio de los Contraargumentos que la **opinión contraria** a la suya **no se sustenta o tiene menor peso**, lo que sirve para fortalecer su Tesis.

4.2.3.3.1 Cualidades de una tesis

Ha de tener **alcance limitado**. Los temas de amplio contenido son difíciles de abordar, porque obligan a argumentos muy generales y conocidos. Se ha de **limitar el tema**, renunciando a otras posibilidades que pueden aflorar.

Una TESIS debe **evitar la trivialidad**, pero ello no significa que, persiguiendo la originalidad, se caiga en la extravagancia, en lo desproporcionado, en lo redundante. De ordinario, la obsesión por ser originales coloca fuera del sentido común.

Para que exista **"originalidad"**, basta con evadir los planteamientos más generales y más estándares de la tesis, en ocasiones, es suficiente adoptar un punto de vista poco frecuentado; o apoyar la tesis con experiencias personales.

Una TESIS tiene que estar **nítidamente formulada**. De ello depende que el PLAN que se adopte sea más o menos acertado. Una formulación transparente admite incluir solo asuntos relacionados con ella, y excluir los menos relacionados, evitando la confusión. Ceñirse al tema deber se primordial.

Para **anunciar eficazmente la TESIS**, se deben adoptar algunas **PRECAUCIONES** como estas:

1. Formularla en forma de oración u oraciones gramaticales completas.

2. Evitar clichés como "yo creo", "o pienso", "en mi opinión", etc.

3. Si consta de dos o más miembros deben estar directamente relacionados.

4. Evitarse metáforas y otros recursos figurativos u ornamentales.

5. Procurar que la tesis se presente asertivamente, evitando la interrogación (ya que la tesis es siempre la respuesta a una interrogación). La tesis consistirá, precisamente, en la contestación asertiva.

6. No olvidar que existen las llamadas interrogaciones retóricas, que, con construcción, interrogativa, no aguardan respuesta, porque su sentido es enérgicamente asertivo ¿Se debe tolerar tanta humillación sin respuesta?, que equivale a"No se debe tolerar tanta humillación".

En una TESIS bien formulada, hay generalmente una o algunas palabras clave en las que se centraliza dicha tesis, y sobre la cual se establece el plan para su desarrollo.

El ser humano al matar la Naturaleza se suicida

....

4.2.4 TEXTO EXPOSITIVO-ARGUMENTATIVO

En la **vida académica** es muy usual la consulta, el análisis y la elaboración de **textos argumentativos** o **que combinan exposición y argumentación.** Precisamente, sucede con los manuales y obras de referencia, en el comentario de textos o en la redacción de trabajos monográficos.

 **¿SABÍAS QUE...?**

Un **TRABAJO MONOGRÁFICO** es un **texto expositivo-argumentativo** escrito sobre un tema determinado, fruto de un proceso de investigación y documentación.

....

Los trabajos recogen usualmente una parte expositiva de información sobre el tema tratado y una parte argumentativa, en la que se muestran las reflexiones y valoraciones personales de quien lo ha ejecutado y se apoyan o contradicen las Tesis de los autores cuya bibliografía se ha examinado.

Para preparar cabalmente esa ARGUMENTACIÓN, hay que tener en cuenta las siguientes **PAUTAS**:

- **Establecer con exactitud la Tesis**. Se esta es muy amplia, los argumentos pueden no ser suficientes, si es demasiado concreta, el trabajo resultará poco interesante.

- **Analizar la Tesis desde diversa perspectivas** para conocer nuevos argumentos y anticipar posibles contraargumentos.

- **Seleccionar los argumentos adecuados**. La Tesis tiene más fuerza si se sostiene en datos y hechos verdaderos que resulten irrefutables. Las citas directas deben "venir al caso" y aparecerán entrecomilladas; las indirectas deben ser conocidas para que causen efecto.

- Realizar un **esquema previo** del texto que se va a desarrollar ordenando los argumentos de manera que los de mayor peso aparezcan al final.

Recordar, además, que el contenido de un TRABAJO MONOGRÁFICO debe responder a la siguiente **ESTRUCTURA**:

- **Portada**: Título del trabajo. Nombre y apellidos del autor o los autores del mismo. Curso y grupo. Área. Nombre del profesor y del centro de estudios.

- **Índice**: Se enumeran los principales apartados, epígrafes y subepígrafes que componen el trabajo, con la indicación del número de la página en la que empiezan. Puede aparecer también al final del trabajo.

- **Cuerpo del trabajo**. Introducción: Plantea el objeto del trabajo y el enfoque elegido. Exposición del tema: este se presenta como hipótesis que ha de ser demostrada. Desarrollo de los argumentos: conviene organizarlos en epígrafes según su contenido.

- **Conclusiones**. Confirman la hipótesis inicial como consecuencia de los argumentos aportados.

- **Última página**. Debe aparecer la fecha de realización, Nombre y firma (*a mano*) del autor o de los autores.

- **Bibliografía**. Relación de los documentos examinados para la realización del trabajo (*enciclopedias, manuales, artículos de prensa, etc.*), ordenados.

- **Anexos**. Al final de algunos trabajos se incorporan documentos de variados tipos: *esquemas, gráficos, cuadros sinópticos, mapas...* que amplían o complementan la información ofrecida en el cuerpo del trabajo.

4.2.5 TEXTOS PRESCRIPTIVOS: NORMATIVOS E INSTRUCTIVOS. ESTRUCTURA

Los textos prescriptivos tienen por **objeto regular o guiar** el comportamiento del receptor en una situación determinada.

En los textos prescriptivos **prevalece la función apelativa**, ya que se utiliza el lenguaje para influir en la conducta del receptor, igualmente se da en ellos la función representativa, ya que se da información para llevar a cabo la función prescrita.

4.2.5.1 Clasificación de los textos prescriptivos

Existen dos tipos de textos prescriptivos:

- LAS **NORMAS**, TEXTOS NORMATIVOS. Los textos normativos son los que acumulan órdenes o normas con las que el emisor pretende regularizar el comportamiento del receptor: leyes, reglas de circulación, las pautas para el uso de una biblioteca, etc.

- LAS **INSTRUCCIONES**, TEXTOS INSTRUCTIVOS. Los textos instructivos son los que recogen instrucciones para que el receptor lleve a cabo una labor. Acostumbran a estar estructurados en pasos que intentan guiar la acción del receptor: receta de cocina, instrucciones para el lavado de la ropa, instalar un programa en el ordenador, etc.

4.2.5.2 Estructura de los textos prescriptivos

Habitualmente aparecen estructurados en **dos partes**: la **meta** y el **programa**.

- LA **META**. **Expresa el propósito** de las normas o de las instrucciones. Se enuncia de **manera breve** y suele ser el título mismo del texto.

- EL **PROGRAMA**. **Conjunto de normas o instrucciones** que se deben seguir **para conseguir la meta**. En las instrucciones, los pasos acostumbran a ordenarse cronológicamente.

4.2.5.3 Características lingüísticas de los textos prescriptivos

Para su eficacia, los textos prescriptivos deben estar **escritos en un lenguaje claro, preciso y sencillo** que pueda ser entendido fácilmente.

Suelen aparecer **explicaciones breves e imágenes** que esclarezcan el contenido del texto. Se dividen en **apartados breves y ordenados**. Del mismo modo, son usuales los **marcadores** que expresan orden: *números; letras, puntos; adverbios o locuciones adverbiales de tiempo - en primer lugar, después, a continuación, por último - .*

En el lenguaje de los textos prescriptivos suelen presentarse **tecnicismos** propios del tema del que trate el texto: *mecánica, electrodomésticos, informática...*

La **SINTAXIS** tiene que ser **sencilla**, con abundancia de **oraciones simples, estructuras simples y ordenadas**. A veces, **construcciones impersonales con "se"**.

Las **formas verbales** más habituales son:

- **Imperativo**: Poned *suficiente aceite de oliva*.
- **Infinitivo**: Poner *suficiente aceite de oliva*.
- En ocasiones aparece la **segunda persona**. Tú *pon suficiente aceite de oliva*.
- **Perífrasis obligatorias**: Debe poner *suficiente aceite de oliva*.

EJERCICIOS

1. Señálense las características de los párrafos de un texto.

2. Cuáles son las tres propiedades de un texto. Explíquense.

3. En qué consiste la descripción, la narración, la exposición y la argumentación.

4. Señálense los elementos del texto narrativo.

5. Escríbase un relato de treinta líneas donde aparezca narración, descripción y diálogo.

6. Localícense las características lingüísticas de la narración, descripción y diálogo en el relato anterior. Explíquense.

7. Hágase un breve resumen sobre en qué consiste el diálogo.

8. Cuáles son las partes de un texto narrativo.

9. En qué consiste la descripción objetiva y la descripción subjetiva.

10. Explíquense los tipos de exposición que existen.

11. Qué es un texto expositivo. Pónganse ejemplos.

12. Cómo es la estructura de un texto expositivo.

13. Escríbase un texto expositivo de veinte líneas.

14. Enumérese y desarróllese brevemente los tres componentes retóricos de un texto expositivo.

15. ¿Qué notas se podrían tomar a partir del texto anterior?

16. Por qué el siguiente texto es expositivo? ¿A qué parte de la exposición pertenece? ¿Qué recursos expositivos aparecen. Razonar el empleo de las analogías que se da en el texto.

- *Chaikovski construyó ese encantador tema repitiendo simplemente sus ideas en un orden predeterminado, que a mí me gusta llamar el método 1 – 2 – 3 [...] Veamos cómo funciona: primero tenemos una pequeña idea o* frase*; segundo, se repite la misma frase, pero con una pequeña variación; y tercero, la melodía despega en un inspirado vuelo.*

- *1, 2 y 3, como el despegue de un cohete, o como la cuenta atrás de una carrera: "¡En sus marcas, listos, ya!". O en la práctica del tiro: "¡Preparados, apunten, fuego!". O en un estudio de cine:" ¡Luces, cámara, acción!". Siempre es lo mismo: ¡1, 2 y 3!*

Leonard BERNSTEIN

El maestro invita a un concierto, Siruela

17. Cuáles son los tipos de argumentación más frecuentes. Explíquense.

18. Escríbase un relato de veinte líneas que sea un texto argumentativo. ¿Por qué es argumentativo? ¿Qué estructura presenta?

19. Escríbase una Antítesis al texto del ejercicio anterior.

20. Realícese el esquema que podría dar lugar el desarrollo de una tesis sobre un tema de actualidad.

21. Explíquese la estructura de un trabajo monográfico.

22. Escríbase un relato de veinte líneas que sea un texto prescriptivo. ¿Por qué es un texto prescriptivo? ¿Qué estructura presenta?

4.3 DESARROLLO DE HABILIDADES LINGÜÍSTICAS PARA LA COMPRENSIÓN Y COMPOSICIÓN DE TEXTOS DE DIFERENTE TIPO

4.3.1 NARRACIONES Y DESCRIPCIONES DE EXPERIENCIAS, HECHOS, IDEAS Y SENTIMIENTOS

Para **realizar o entender** una **narración** o una **descripción** sobre cualquier tema, es importante tener presentes una serie de **PASOS** como son:

4.3.1.1 Comprensión del texto

La posesión de un **VOCABULARIO amplio facilita la comprensión** de los mensajes que se reciben, especialmente de los **escritos**. Para conseguirla, es primordial utilizar habitualmente el **DICCIONARIO**, pues permitirá **resolver** las **dudas** sobre el significado de algunas palabras y **ampliar** el **vocabulario**.

La **mayor parte de la información obtenida está en textos escritos**. Para obtener el máximo rendimiento de esa información, se debe **COMPRENDER** exactamente el contenido de los textos leídos y sintetizar las ideas principales. En la **COMPRENSIÓN** y **SÍNTESIS** se utilizan unan serie de **TÉCNICAS** que facilitan el trabajo y mejoran el resultado: **LECTURA, SUBRAYADO, ESQUEMA, RESUMEN, RESEÑA y FICHA.**

4.3.1.1.1 Lectura

La **LECTURA** debe ser **COMPRENSIVA**, debe cautivar el **significado del texto**. Según el **fin** que se persiga, existen varios **tipos de lectura**: *lectura de entretenimiento, lectura formativa* y ***lectura de estudio***. Esta última es la que **interesa**, pues permite **encontrar rápidamente las ideas básicas** y los **datos notables** para comprender, analizar y asimilar los conceptos de cualquier tipo de texto.

La **LECURA COMPRENSIVA** permite **comprender** y **captar** lo **fundamental** de un texto a través de la búsqueda de sus **ideas esenciales**. Para mejorar la **LECTURA DE ESTUDIO** existen unas **técnicas** previas como son: LECTURA RÁPIDA del texto (*acercamiento inicial al tema desarrollado*); LECTURA EN DIAGONAL (*buscar de forma rápida un nombre, un concepto, un dato o una fecha*) y la LECTURA DE SALTEO (*recorrer la vista de forma superficial sobre el texto para buscar lo esencial del mismo*).

4.3.1.1.2 Subrayado

Sirve para impulsar la **atención en la lectura y asimilar el contenido** del texto leído.

Se ha de seguir un MÉTODO ORDENADO que consistirá en:

- **LEER** el texto párrafo por párrafo.
- **FORMULAR PREGUNTAS** referentes a las ideas expuestas en el texto. Las respuestas serán las ideas que se subrayan.
- **SELECCIONAR** las **PARTES** más importantes, distinguiéndolas de las que no lo son.
- **SUBRAYAR** con lápiz las **FRASES** que contiene *afirmaciones, definiciones y argumentaciones* **RELACIONADAS** con el **TÍTULO** del texto.
- **SUBRAYAR** solo las **PALABRAS CLAVES** que resultan imprescindibles.
- **LEER LO SUBRAYADO**, comprobando que las ideas secundarias y los detalles menos significativos quedan fuera.

4.3.1.1.3 Esquema

Para realizar un **buen esquema** es necesario hacer un **buen subrayado**.

El **ESQUEMA** reside en **escribir de manera organizada** y **jerarquizada** las **ideas** del texto.

Hay que **tener en cuenta** que:

- La **PRESENTACIÓN** debe guardar **EQUILIBRIO**, con amplios espacios en blanco.
- Las **IDEAS** se han de expresar con **ORACIONES SIMPLES**.
- Las **IDEAS PRINCIPALES** van junto al **margen izquierdo** del papel. Las ideas menos importantes se colocan a la derecha.
- Se puede utilizar un sistema de **CLASIFICACIÓN NUMÉRICA**.
- Es beneficioso la **COMBINACIÓN** de diversos **TIPOS DE LETRAS**: mayúsculas y minúsculas...
- **UBICAR** las **IDEAS PRINCIPALES** con un simple **VISTAZO**.

Ejemplo

CAPÍTULOS – IMPRESIÓN PROFESIONAL

1. Introducción

2. Columnas de texto
   - Columnas periodísticas
   - Columnas paralelas

3. Notas al pie
   - Creación y edición
   - Opciones en las notas
   - Esparcimiento
   - Numeración
   - Caracteres y forma de impresión
   - Detalles sobre las notas

4.3.1.1.4 Resumen

El **RESUMEN** es **presentar de modo abreviado el contenido de un texto.**

El resumen ofrece: **comprobar** si se ha **comprendido** con exactitud el contenido esencial de un texto y **facilita** el **repaso** de lo leído o estudiado (*se ahorra tiempo y esfuerzo).*

CARACTERÍSTICAS

Es una **SÍNTESIS BREVE** pero **CLARA** del contenido. **Resultado**: Escrito que tenga un tamaño no superior al **20 o 30 % del texto** resumido.

- **NO INFORMACIONES** que NO CONTENGA el escrito.
- **ORACIONES** que guarden **COHERENCIA** entre sí. No enumeración de frases sueltas.
- **REDACTAR EN TERCERA PERSONA**, tono objetivo: *se resume lo que dice otra persona.*
- **NO INCLUIR CITAS TEXTUALES**.
- El **ORDEN** no siempre tiene que continuar el marcado por el texto, sino el de **IMPORTANCIA** de las **IDEAS**.
- **EVITAR ORACIONES EXCESIVAMENTE LARGAS**.
- El **SUBRAYADO** y el **ESQUEMA** anterior son **primordiales** para un **buen resumen**.

4.3.1.2 Composición del texto

Una vez fijados los contenidos del trabajo, se debe procurar que la **REDACCIÓN** del texto sea **CORRECTA**, **CLARA** y **VARIADA**.

Hay que tener especial atención al **LÉXICO** que se emplea, al **ORDEN** de las **PALABRAS** en las oraciones, a la **CONCORDANCIA** entre los distintos elementos oracionales y la **ORGANIZACIÓN** de los **PÁRRAFOS**.

Hay que **tener en cuenta** que:

■ EMPLEAR solo PALABRAS CUYO SIGNIFICADO SE CONOZCA CON CERTEZA.

■ Preferible utilizar VOCABLOS SENCILLOS que erróneamente palabras más cultas.

■ EVITAR los TÓPICOS y las FRASES HECHAS que impiden la originalidad del texto.

■ Elegir las PALABRAS ADECUADAS al REGISTRO IDIOMÁTICO.

■ Procurar utilizar SINÓNIMOS que dan variedad al texto. Los sinónimos elegidos se deben ajustar al concepto que se quiere expresar.

■ EVITAR las PALABRAS BAÚL (*palabras que se emplean constantemente y en cualquier contexto por su amplio significado: hacer, haber, poner*).

■ USAR PALABRAS ÚNICAS en lugar de circunloquios o grupos de palabras.

■ CUIDADO con las PREPOSICIONES. Cada vez es más frecuente el empleo de locuciones prepositivas incorrectas.

4.3.1.3 Concordancia dentro de la oración

La **CONCORDANCIA** radica en la **coincidencia** de los **accidentes gramaticales** entre ciertos elementos de la **oración**. Las **principales relaciones de concordancia** se producen entre **sustantivo y artículo, sustantivo y adjetivo, sujeto y verbo, pronombre relativo y antecedente**.

4.3.1.3.1 *El párrafo*

Un **PÁRRAFO** está formado por un **conjunto de oraciones conectadas entre sí**, que desarrollan una idea o aspecto del contenido del texto. Las **oraciones** obtienen un **significado común** dentro del **párrafo**, complementándose y determinándose unas a otras **con el fin de aclarar la idea principal** de cada **párrafo**.

Se comienza un **nuevo párrafo** cuando se va a **ofrecer una información diferente** sobre la cuestión, o se va a estudiar desde otro punto el tema tratado.

Un párrafo debe reunir las siguientes **CONDICIONES**:

■ **UNIDAD. Integración de todas las ideas del párrafo alrededor de una idea central**. Esta puede estar **explícita**, y así emergerá en la oración temática, o **implícita**, y se desglosará del contexto.

■ **DINAMISMO. Desarrollo informativo a lo largo del párrafo**. Si todas las oraciones del párrafo dicen lo mismo, aunque de forma distinta, no hay progresión, no hay dinamismo.

■ **COHERENCIA. Relación** que se produce **entre** las **oraciones** de un **párrafo**.

■ **FUNCIONALIDAD. Papel que desempeña el párrafo respecto a los otros párrafos y respecto a la estructura global del texto**. Según su **FUNCIÓN**, los párrafos pueden ser principalmente de **INICIO** (sirven para **introducir** en el **tema** del texto); de **DESARROLLO** (se **profundiza** en los **contenidos** sobre los que trata el tema del texto); y de **FINALIZACIÓN** (sirven para **cerrar** el texto).

¿SABÍAS QUE...?

Según la **forma de elocución** empleada, los párrafos pueden ser **narrativos**, **descriptivos**, **expositivos** o **argumentativos**.

4.3.2 **TEXTOS EXPOSITIVOS Y ARGUMENTATIVOS SOBRE LA VIDA COTIDIANA, TEMAS SOCIALES, CULTURALES, LABORALES O DE DIVULGACIÓN CIENTÍFICA**

La **EXPOSICIÓN** da lugar a los **TEXTOS EXPOSITIVOS**, es **dar a conocer un testimonio** determinado con el fin de que sea comprendido por el receptor. Su **finalidad** es meramente **informativa** y su planteamiento ha de basarse en el rigor y en la objetividad.

En la EXPOSICIÓN DIVULGATIVA. El autor **informa** de un **modo claro** y **objetivo** sobre un **argumento de interés general**. **Comprensión sencilla** puesto que va dirigida a un receptor común.

¿SABÍAS QUE...?

Son **TEXTOS EXPOSITIVOS** la mayor parte de los *libros de texto*, las *explicaciones de clase*, las *actividades académicas* (*ejercicios de examen y trabajos*), las *conferencias*, los *artículos especializados*, las respuestas de los *exámenes*, los *manuales*, los *tratados científicos y muchos otros textos científicos, humanísticos, periodísticos* e, incluso *publicitarios*, los *ensayos...*

La **ARGUMENTACIÓN** da lugar a los **TEXTOS ARGUMENTATIVOS**, es **aportar razones** que demuestren la certeza o falsedad de una opinión o de una idea. Su **finalidad** es **convencer** al receptor para que piense de una determinada forma. Además, de informar se pretende **persuadir**.

¿SABÍAS QUE...?

La **ARGUMENTACIÓN** se emplea como forma de elocución, sobre todo, en los *textos periodísticos de opinión: editoriales, cartas al director, artículos, columnas de opinión, ensayos..., en numerosos textos humanísticos, publicitarios y en algunos científicos*, los que para justificar una TESIS utilizan argumentos sobre la que sustentarla.

La **Argumentación** reside en la **defensa razonada de una determinada opinión**. Si esta posee alguna consistencia intelectual, se denomina TESIS (*Tesis de Licenciatura o Doctorado).*

La argumentación se emplea, además, en textos orales como tertulias y debates. Actualmente, los Medios Electrónicos permiten el intercambio de opiniones a través de Foros y Chats.

La **ARGUMENTACIÓN Y LA EXPOSICIÓN** suelen producirse **asociadamente** en **algunos casos**.

En la **VIDA ACADÉMICA** es muy usual la *consulta*, el *análisis* y la *elaboración de **textos argumentativos o que combinan exposición y argumentación**. Precisamente, sucede con los **manuales** y **obras de referencia**, en el **comentario de textos** o en la redacción de **trabajos monográficos** (*texto expositivo-argumentativo escrito sobre un tema determinado, fruto de un proceso de investigación y documentación*).

Un interés especial requieren los textos de divulgación científica por sus características específicas.

4.3.2.1 Textos de divulgación científica

Junto a la lengua común o estándar, existen las **lenguas especiales** de los diversos **oficios** y **profesiones**, de la **ciencias naturales, humanas y diversas técnicas**, que no suelen tener una expansión general sino que son conocidas y utilizadas primariamente por quienes se dedican a aquellas actividades, entre ellas se encuentra el LENGUAJE CIENTÍFICO y TÉCNICO.

El lenguaje científico y técnico ha ejercitado un desarrollo incesante y creciente desde el siglo XIX, como consecuencia de la expansión que se produce en los conocimientos acerca de la naturaleza. Es en el siglo XIX cuando los **tecnicismos** iniciarán su fantástica propagación en todas las lenguas cultas, de ese siglo son vocablos como *bioquímica, bibliografía, biología, biopsia, microorganismo, microbio, termoquímica, cloroformo, urbanizar, apendicitis, etc.*

Desde hace algunos decenios, el vocabulario técnico y científico crece en proporciones muy superiores a las del lenguajes común.

Es en el terreno de la **ciencia y de la técnica** donde se presenta con máxima urgencia la necesidad de **forjar vocablos**, en vista de la rapidez con que producen los hallazgos y las invenciones. Multitud de conceptos nuevos, operaciones, relaciones, actividades, infinidad de objetos materiales requieren ser bautizados en el momento mismo en que aparecen.

¿SABÍAS QUE...?

Los escritos CIENTÍFICOS y TÉCNICOS pertenecen normalmente a los **textos expositivos** y **argumentativos.**

4.3.2.1.1 Características del lenguaje técnico y científico

La **principal característica es su LÉXICO**, en general el lenguaje técnico y científico carece de rasgos morfológicos y sintácticos ajenos a la lengua en que son forjados. **Es un idioma con solo nombres, adjetivos y verbos específicos**, es decir, con TECNICISMOS.

Para ser útiles, esas palabras exigen carecer de ambigüedad, nombrar con precisión aquello que deben designar. La **polisemia** aunque a veces existe en el lenguaje científico y técnico, es siempre un factor de **perturbación**.

Desde los países donde se generan los avances tecnológicos y científicos, se difunden los conceptos a otras naciones que tienen que adoptar los tecnicismos. Esta misión se realiza sin criterio fijo, conforme a las siguientes **posibilidades**:

■ La adopción pura y simple del tecnicismo extranjero. Así, **dumping** (*inglés*) se ha adoptado en muchas lenguas para llamar la práctica del comercio internacional consistente en vender una mercancía en el extranjero a un precio inferior al del mercado nacional.

■ La adopción apresurada del tecnicismo extranjero, con leves e imprescindibles retoques fónicos .**Automation** (*Estados Unidos, 1947*) designa la sustitución completa del sistema de producción manual por el de producción automática, bajo el control de un programa único. La Academia Española solo acepta automatización, pero el término inglés superficialmente adaptado, sigue proliferando.

■ Los intentos serios de adaptación, sustituyendo el extranjerismo por una palabra o un giro del idioma propio. **Touch and go** (*término inglés de Aeronáutica*) que alude a la maniobra de un avión que aterriza para reponer combustible y despega de nuevo, se ha traducido por toque y despegue.

¿SABÍAS QUE...?

En la actualidad la **mayor parte de los tecnicismos** proceden **del inglés**, si bien, poseen un carácter internacional. Este **carácter internacional** y la **monosemia** son las dos **características fundamentales** del **lenguaje técnico y científico**.

4.3.2.1.2 *Exigencias gramaticales y semánticas de la exposición científica*

El **lenguaje científico** consiste esencialmente en una **terminología** que se instala en el sistema morfológico y sintáctico de una lengua.

Se exige:

- Gran claridad de las oraciones, de tal modo que la comunicación no ofrezca dificultad alguna. Sencillez en la sintaxis.

- Propiedad y corrección son propósitos mínimos. Un texto científico debe estar escrito perfectamente.

- Elegancia, si es posible, pero en este punto, este lenguaje cuenta con un **exclusivo privilegio**: las **repeticiones**, que en otras clases de escritos, pueden considerarse defectos o descuidos, son en él muchas veces necesarias, porque es fundamental la claridad.

4.3.2.1.3 *El informe técnico*

Hay momentos en los que se solicita a un **experto** en un campo determinado que **realice un dictamen** sobre alguna cuestión relacionada con sus conocimientos, el documento resultante es un INFORME TÉCNICO.

 **¿SABÍAS QUE...?**

El **Informe Técnico** es un texto en que una **persona especializada** en un tema **expone** de forma justificada sus **conclusiones** acerca de la cuestión sobre la que ha sido consultado.

En un **Informe Técnico** aparecen los siguientes **contenidos**:

- El **asunto** que es **centro** de consulta.

- Los **resultados** que se han obtenido después del estudio.

- La **exposición** de los **argumentos científicos y técnicos** (*datos, cálculos, mediciones...*) que han permitido tener los conclusiones.

- El **análisis** y **la opinión del técnico** que son las **recomendaciones** que se hacen extraídas a partir de los datos obtenidos.

PARA ELABORAR UN INFORME TÉCNICO

- Emplear la **terminología** propia de la especialidad.

- Dotar al texto de **sobriedad** y **rigor**: emplear adjetivos **especificativos** y **complementos del nombre**.

- **Evitar** los **elementos subjetivos**, la **objetividad** debe prevalecer incluso en el momento de emitir el juicio técnico.

Los **Informes Técnicos** se solicitan **para examinar cuestiones de índole diversa**: la capacidad de una instalación existente (*una caldera o el aire acondicionado de un establecimiento*), las causas de determinados problemas (*grietas o humedad en una edificación*), los posibles efectos del vertido de ciertas sustancias en un río, problemas relacionados con la salud, etc.

El **Informe Médico** es un Informe Técnico.

4.3.3 TEXTOS PROPIOS DE LOS MEDIOS DE COMUNICACIÓN (CARTAS AL DIRECTOR, COLUMNAS DE OPINIÓN, MENSAJES PUBLICITARIOS)

En el periodismo es frecuente afirmar que el **lenguaje periodístico** tiene que ser **claro**, **conciso** y **correcto** (*"las tres ces"*), solo así puede ser descifrado por cualquier lector, de cualquier nivel cultural, pero **tres tentaciones** aguardan al periodista:

- Literalizar su estilo, por medido de adjetivos, enumeraciones, disyunciones y metáforas.

- Emplear un estilo "administrativo", esto es, el que la Administración y los políticos emplean esencialmente para no referirse con sinceridad a las cosas, con rodeos y evasiones.

- Emplear vulgarismos, pretendiendo acercarse de ese modo el lector, cuando suele ocurrir lo contrario. Lo que se desea, por el contrario es un lenguaje correcto.

 **¿SABÍAS QUE...?**

La **Argumentación** es la **forma textual principal** de varios géneros periodísticos, entre ellos las **Cartas al Director**, la **Columna de Opinión**, los **mensajes publicitarios**, la **Editorial** y el **Artículo**.

4.3.3.1 Cartas al director

Documento (*carta*) que el **receptor** del medio de comunicación **envía** al **Director** del medio **para comunicarse con él**, en el que se expresan: *ideas, opiniones, razonamientos, etc.*

4.3.3.2 Editorial y artículo

La **primordial finalidad** periodística es **difundir noticias para informar** a los lectores u oyentes, pero además, habitualmente, muchos medios de difusión se proponen **otra finalidad**:

FORMAR LA OPINIÓN DE SUS LECTORES, INTERPRETANDO LAS NOTICIAS.

Formar la opinión de lectores se logra principalmente con ARTÍCULOS o COMENTARIOS que expresan el **pensar de la redacción**; en los periódicos suelen publicarse en **lugar fijo**, **destacado** y **sin firma**, y se llaman EDITORIALES (*pueden ser uno o más*). El **contenido** del EDITORIAL es **responsabilidad del director** del periódico **o del consejo de redacción**. Aparece publicado sin firma y desarrolla un tema de actualidad.

¿SABÍAS QUE...?

La **Editorial** es el **texto** donde aparece de **forma explícita** la **línea ideológica del periódico.**

Junto a las EDITORIALES, que manifiestan el **sentir del periódico**, se insertan ARTÍCULOS DE OPINIÓN, **firmados** que expresan la **opinión personal de cada autor**, y que pueden coincidir o no con lo que el periódico piensa sobre un determinado tema. De ahí que, en muchos, aparezca la advertencia de que no se adhieren con los puntos de vista de tales artículos, cuya **responsabilidad** atañe estrictamente a los **autores**. El articulista suele ser un colaborador ocasional.

4.3.3.3 La columna de opinión

La **Columna De Opinión** es un **texto periodístico** en el que el **autor** *(quien la firma)* **emite su punto de vista sobre una cuestión de actualidad**. La **columna** aparece siempre en el **mismo lugar** del periódico.

Se trata de un texto de **extensión breve** y de **carácter subjetivo**, que en ocasiones se acerca a la literatura. Algunas Columnas se muestran en forma de narraciones que *"esconden"* la **opinión que su autor desea trasladar**. **No** existen **normas** fijas para escribir una Columna de Opinión pero sí unas **orientaciones**.

ESCRIBIR UNA COLUMNA DE OPINIÓN

- ■ **Exponer** visiblemente *lo personal*, incluyéndose cuantas veces sea necesario la presencia directa del **yo**.

- ■ **Emplear** una *adjetivación valorativa* para demostrar la apreciación o rechazo por lo tratado.

- ■ **Incluir al receptor** por medio de *mandatos, preguntas directas, interrogaciones retóricas,* uso de la *primera persona del plural*...

- ■ Recurrir a **recursos literarios** como *comparaciones* y *metáforas*, no solo por la claridad explicativa, sino por su interés artístico.

COLUMNISTAS

El columnista de un periódico o revista **suele ser un colaborador frecuente**. Son escritores o intelectuales de valorado prestigio, cuya firma es la que verifica la opinión y cautiva al lector.

4.3.3.4 La publicidad

COMIENZOS DE LA PUBLICIDAD

■ El **testimonio más antiguo** se encontró en un **papiro egipcio** (*S. V a. C*), hallado en Tebas, en el que un tejedor anunciaba sus teles.

■ En **Grecia** y **Roma** aparecieron los primeros **soportes publicitarios**: *tablones, papiros en los muros...*

■ Con la aparición de la **imprenta** despegó la publicidad tal como hoy se conoce.

■ **1611**. **Inglaterra**: Avisos sobre compras y ventas.

■ **1621**. **España**: Anuncios en las gacetas.

■ **1630**. **Inglaterra**: Dayli Advertiser, **periódico** dedicado **solo a anuncios publicitarios.**

■ **1924**. **Radio Barcelona** emitió su primer anuncio.

■ **1941**. *Nueva York. Primer anuncio por televisión.*

Los **textos en los que se incluye una opinión**, pero **no se defiende** con argumentos son **PERSUASIVOS**, no propiamente argumentativos.

Las **relaciones** entre el **texto** y la **imagen** pueden ser de *redundancia, complementariedad, anclaje y comentario*.

En el **análisis de una imagen** debe **considerarse** su *grado de iconicidad, su denotación o connotación, su complejidad* y *originalidad.*

 **¿SABÍAS QUE...?**

La PUBLICIDAD es un tipo de comunicación en la que el **emisor** (*o anunciante*) intenta **darse a conocer** a un público amplio en el que **pretende influir** para que realice una acción: *comprar un producto, seguir unos consejos, etc.*

La **finalidad básica** de la publicidad es la **persuasión**. Así pues, la publicidad es creativa y se sirve de diversas **estrategias** que llaman poderosamente la atención: el color, que sugiere diversos significados; recursos lingüísticos, como los fuegos de palabras; la **combinación de imágenes.**

En la sociedad de consumo actual, la **publicidad** forma parte de la vida diaria, está **presente en todo lo que rodea al hombre** (*marcas de ropa, marquesinas de autobuses, vallas publicitarias...*) y se incluye en todos los medios de comunicación: prensa, radio, televisión, cine, Internet...Así, la **publicidad sufraga**, en gran medida, los **medios de comunicación social**.

La publicidad se emplea tanto para la **venta de productos diversos** como para la **divulgación** de **mensajes** relacionados con la **conducta de los ciudadanos**. En la primera cuestión se trata de **PUBLICIDAD COMERCIAL**; en la segunda, de **PUBLICIDAD INSTITUCIONAL**. Una y otra se sirven de similares procedimientos de **sugerencia** y de **persuasión**.

CARACTERÍSTICAS DE LOS TEXTOS PUBLICITARIOS

Es **usual**, aunque no constante, que el **lenguaje publicitario se aparte en algún momento de la gramática del lenguaje estándar** oral o escrito, esto es, porque **llama la atención** y por lo tanto, se puede **recordar mejor**.

Destaca:

■ Abundancia de **oraciones sin verbo**.

Vital-energía, los batidos.

■ **Rimas** con la finalidad de que el texto o el eslogan sea recordable.

Demostrado: Vital- energía, es indicado.

■ El carácter de estimulo a los potenciales clientes se apoya habitualmente con **imperativos**.

En confianza: toma Vital-energía.

RASGOS SEMÁNTICOS

Mucha Publicidad basa su eficacia en las **connotaciones** (*vínculos*) asociadas al mensaje.

El experto en Publicidad tiene muy en cuenta al **PÚBLICO** al cual se destina.

Tu loción de afeitado es Maxhom.

Siempre en función de la posible clientela, se emplean **adjetivos** o **nombres** de **fuerte impacto** o, por el contrario, de **delicado contenido semántico**.

Caribe. El pelo salvaje.
Elegancia y suavidad en Perfumí.

4.3.3.5 El anuncio publicitario

El **texto propio** de la PUBLICIDAD es el ANUNCIO PUBLICITARIO que, en la actualidad armoniza **texto verbal** (*oral o escrito*) e **imagen** (*fija o en movimiento*). En los **medios audiovisuales** se completa, además, con el **sonido**.

Algunos textos publicitarios **solo** presentan **texto verbal** como los **anuncios breves por palabras** y otros solo presentan **imagen**.

Si bien la publicidad es **creativa**, en muchos anuncios **se repiten cuantiosos esquemas**. Si se comparan se pueden observar las **semejanzas**, así como el manejo de **elementos comunes**.

CARACTERÍSTICAS

■ IMÁGENES. Suelen contener elementos familiares para los receptores, así, se sienten identificados con lo que se presenta. Estos elementos se eligen en función del tipo de público al que se destina el anuncio. En las campañas de sensibilización sobre temas de interés general y en los anuncios de algunos productos de consumo, es habitual la aparición de personajes famosos o de prestigio, que consideramos cercanos.

Por medio de la **originalidad** de lo representado o de la **composición**, y gracias al color, las imágenes publicitarias no solo **cautivan la atención**, sino que **insinúan sensaciones** que el receptor afilia con el producto anunciado: *juventud en un cosmético, éxito por llevar una determinada marca de ropa, lujo en un automóvil...*

■ ESLOGAN y TEXTO VERBAL. El ESLOGAN o **frase publicitaria es una frase breve y concisa** que recoge **la información fundamental del anuncio** y que **ensalza** el producto. El **Eslogan favorece a que lo anunciado se identifique y se recuerde con facilidad.** Para ello, **se apoya en recursos lingüísticos** (*repeticiones de palabras, de estructuras sintácticas, fórmulas imperativas, uso de pronombres, adverbios o locuciones de tiempo y lugar, adjetivos valorativos*) y **expresivos** (*metáforas, hipérboles, juegos de palabras, rima, personificaciones, paradojas, onomatopeyas*).

Tanto en el Eslogan como en el resto del TEXTO VERBAL de los anuncios impresos se utilizan **recursos tipográficos** (*cuerpos y tipos de letra distintos, colores, mayúsculas...*) para **destacar** algún **elemento** del mensaje publicitario y **atraer la atención** sobre él.

■ LOGOTIPO. El Logotipo es un **signo gráfico** que suele presentarse junto a la marca. Funciona como **emblema de la organización, empresa o campaña** de la que trate el anuncio y proporciona su identificación. Puede recoger palabras, abreviaturas o constar solo de un dibujo.

RETÓRICA DE LOS ANUNCIOS

Abundantes FIGURAS RÉTORICAS aparecen en los textos publicitarios:

■ **Hipérbole**. *Zumo Único, para la vida bestial.*

Dubitación. *¿Beber Zumo Único? Categóricamente, sí.*

Metáfora. *Zumo Único, él revitaliza-todo.*

Comparación. *Zumo Único, más fuerza que los demás.*

Interrogación retórica. *Si no le das Zumo Único, ¿quién se lo dará?*

RASGOS ICÓNICOS

Los anuncios en televisión, prensa, etc., se suelen acompañar de **IMÁGENES ICÓNICAS**, enérgicamente **atractivas** que *invitan al gusto, al placer y a la satisfacción de los sentidos*. **Vale más una imagen que cien palabras**. Para muchas personas es más contundente ver que leer.

 **¿SABÍAS QUE...?**

La **asociación** de una **imagen atrayente** y de un **eslogan** recordable es el **ideal** para un **mensaje publicitario**.

Unas veces es el ICONO (*fotografía y dibujo*) el elemento fundamental, en otras ocasiones; es el TEXTO el que atrae, puede ocupar casi todo la página.

CREAR UN ANUNCIO PUBLICITARIO

Los **textos publicitarios** se transfieren por **diversos medios de comunicación**, desde los **anuncios impresos** de periódicos, revistas y vallas, pasando por la **publicidad radiofónica** y **televisiva**, hasta los **banners** (*espacio reservado para la publicidad en una página web. Las ventanas que se ejecutan automáticamente se denominan pop-up*) de **Internet**.

El **medio de comunicación** por el que se propague un anuncio publicitario **condiciona sus característica y la forma de elaboración del mensaje**, no obstante, aunque se adviertan particularidades en función del medio (**códigos, tipos de imágenes...**), los **anuncios** en general presentan **características comunes**.

PARA CREAR UN ANUNCIO PUBLICITARIO

- Apuntar **distintas ideas** considerando, sobre todo, los **receptores** y buscar la **imagen** o imágenes que sean más apropiadas.

- Al crear el texto verbal, **concentrarse** primero en el **Eslogan**.

- Redactar un **texto breve** con diversos **recursos expresivos** y tener en cuenta qué **relación** se va a establecer entre la **imagen** y el **texto verbal**.

....

4.3.4 RESÚMENES, ESQUEMAS, COMENTARIOS, CONCLUSIONES

La mayor parte de la información conseguida está en textos escritos. Para obtener la máxima rentabilidad de esa información, se debe **COMPRENDER** fielmente el contenido de los textos leídos y **SINTETIZAR** las ideas principales. En la **COMPRENSIÓN** y **SÍNTESIS** se utilizan unan serie de **TÉCNICAS** que facilitan el trabajo y mejoran el resultado: **RESUMEN, ESQUEMA, COMENTARIO** y **CONCLUSIÓN**.

La **LECTURA DE ESTUDIO** permite **encontrar rápidamente las ideas básicas** y los **datos notables** para comprender, analizar y asimilar los conceptos de cualquier tipo de texto.

4.3.4.1 Resumen

El RESUMEN es **presentar de modo abreviado el contenido de un texto.**

El resumen ofrece: **comprobar** si se ha **comprendido** con exactitud el contenido esencial de un texto y **facilita** el **repaso** de lo leído o estudiado (*se ahorra tiempo y esfuerzo*).

CARACTERÍSTICAS

Es una **SÍNTESIS BREVE** pero **CLARA** del contenido. **Resultado**: Escrito que tenga un tamaño no superior al **20** o **30 % del texto** resumido.

- **NO INFORMACIONES** que no contenga el escrito.
- **ORACIONES** que guarden **COHERENCIA** entre sí. No enumeración de frases sueltas.
- **REDACTAR EN TERCERA PERSONA**, tono objetivo: se resume lo que dice otra persona.

- **NO INCLUIR CITAS TEXTUALES.**
- El **ORDEN** no siempre tiene que continuar el marcado por el texto, sino el de **IMPORTANCIA** de las **IDEAS.**
- **EVITAR ORACIONES EXCESIVAMENTE LARGAS.**
- El **SUBRAYADO** y el **ESQUEMA** anterior son **primordiales** para un **buen resumen.**

Si en un TEXTO NARRATIVO **se señalan los elementos esenciales** de la historia, si se extraen las **ideas fundamentales el resultado**, será un **RESUMEN**, por tanto:

 ¿SABÍAS QUE...?

El **RESUMEN** es una **síntesis** de los contenidos principales de un texto y puede realizarse a partir de textos narrativos como expositivo-argumentativos.

Cuando se realiza un resumen lo primero es seleccionar lo esencial pero **se procede de diferente manera** en función de **sí** se trata de un texto **narrativo o** un texto **expositivo-argumentativo.**

4.3.4.1.1 Resumir un texto expositivo-argumentativo

- Señalar las ideas principales de cada uno de los párrafos.
- Desechar las ideas secundarias y los ejemplos.
- Revisar las ideas escogidas para comprobar que no se ha olvidado ninguna idea esencial.

4.3.4.1.2 Resumir un texto narrativo

- Seleccionar los datos esenciales de los personajes principales (*nombre, clase social...*).
- Elegir solamente los hechos de la historia que llevan de la situación inicial a la final.
- Tener en cuenta la información que se deduce de los diálogos, pero no reproducir las palabras de los personajes y no hacer indicaciones del tipo: "*le dijo que...*"

 ¿SABÍAS QUE...?

Al **redactar el resumen** se deben utilizar las **propias palabras**, no copiar el texto original. La **consecuencia** debe ser un **texto personal** que acumule de forma clara y ordenada los conceptos básicos del documento que se resume.

4.3.4.2 Esquemas

El ESQUEMA sirve para **expresar mediante una estructura gráfica las ideas fundamentales de un texto**. Con un buen esquema se puede asimilar la **relación jerárquica entre las ideas** de una manera visual y fácil. Se trata de **seleccionar las ideas básicas** e **importantes** de un texto, **expresarlas en pocas palabras y organizarlas de un modo claro y sintético.**

Para realizar un **buen esquema** es necesario hacer un **buen subrayado**.

El **ESQUEMA** reside en **escribir de manera organizada** y **jerarquizada** las **ideas** del texto.

Hay que **tener en cuenta** que:

- La **PRESENTACIÓN** debe guardar **EQUILIBRIO**, con amplios espacios en blanco.
- Las **IDEAS** se han de expresar con **ORACIONES SIMPLES**.
- Las **IDEAS PRINCIPALES** van junto al **margen izquierdo** del papel. Las ideas menos importantes se colocan a la derecha.
- Se puede utilizar un sistema de **CLASIFICACIÓN NUMÉRICA**.
- Es beneficioso la **COMBINACIÓN** de diversos **TIPOS DE LETRAS**: *mayúsculas y minúsculas...*
- **UBICAR** las **IDEAS PRINCIPALES** con un simple **VISTAZO**.

En el **ESQUEMA** aparecen los **contenidos más importantes**, las **relaciones** entre ellos y la forma en que se **estructuran**. Es un medio rentable para almacenar información y sirve de **guía en la redacción y revisión de textos**.

Para expresar mediante una estructura gráfica las ideas fundamentales de un texto con una relación jerárquica entre las ideas, expresarlas en pocas palabras y organizarlas de un modo claro y sintético, existen diferentes **TIPOS DE ESQUEMAS** como el ESQUEMA DE LLAVES, ESQUEMA NUMÉRICO y MAPA CONCEPTUAL.

4.3.4.2.1 Esquema de llaves

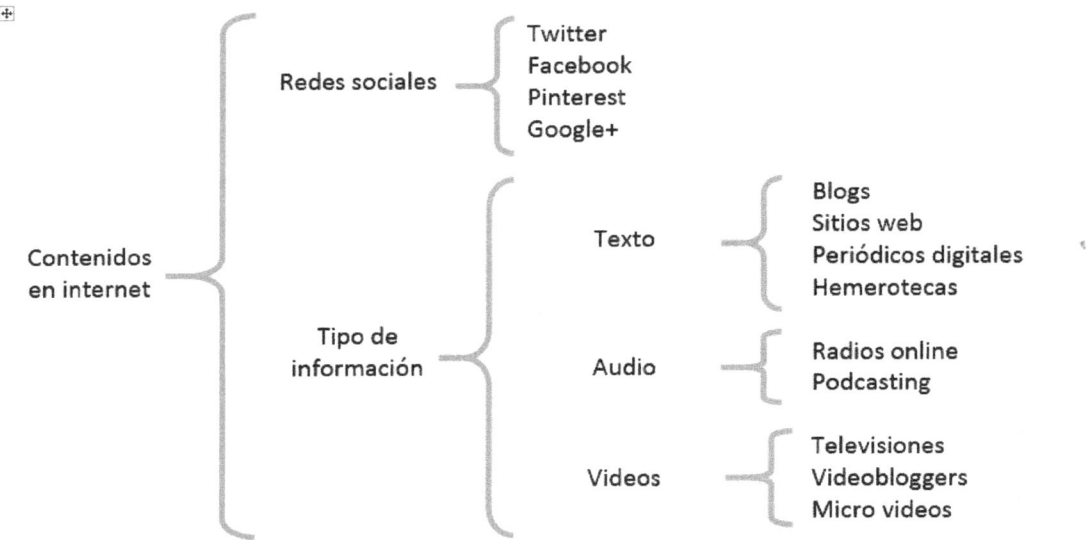

El ESQUEMA DE LLAVES es uno de los más utilizados. La **disposición de las ideas** se realiza **de izquierda a derecha**. Si las ideas requieren muchas subdivisiones se puede producir cierta confusión en la zona derecha. Por ello, es favorable utilizarlo cuando hay poco contenido o cuando se van a incluir en el esquema las ideas más generales.

4.3.4.2.2 Esquema numérico

Este tipo de esquema suele emplearse en la elaboración de índices de capítulos o de libros y en la realización de trabajos científicos. Puede ser exclusivamente numérico o combinar letras y números, según la complejidad que tenga. Este esquema aporta claridad para reconocer los temas tratados.

EL GÓTICO

1. El gótico: contexto histórico y características.

    – El gótico en Europa.

        • El gótico en España.

    – El neogótico.

4.3.4.2.3 Mapa conceptual

El mapa conceptual **facilita la visión gráfica de los contenidos** y permite incorporar más elementos que en los esquemas de llaves o numéricos.

ELABORAR MAPAS CONCEPTUALES

■ Presentar el TEMA en el centro de la página.

■ Situar alrededor de este los CONTENIDOS PRINCIPALES, los contenidos secundarios deben aparecer más alejados.

■ Formular las IDEAS solo por medio de palabras claves.

■ Indicar las CONEXIONES mediante signos gráficos.

¿SABÍAS QUE...?

El **ESQUEMA favorece la concentración** en la lectura, **estimula el estudio activo** y **facilita la comprensión** y **memorización** de lo leído, ya que se puede repasar rápidamente el contenido. Unas ideas previas se pueden organizar por medio de un esquema El **ESQUEMA** radica en la **representación** de la **información principal** de un texto organizado de **forma jerárquica.**

4.3.4.3 Comentarios

Un COMENTARIO es una **evaluación oral o escrita sobre cualquier tema** puesto **en análisis**. El comentario implica **emitir un juicio valorativo**, lo que supone que es enteramente diferente a una opinión o una publicación.

¿SABÍAS QUE...?

El COMENTARIO DE UN TEXTO es un ejercicio encaminado a plasmar por escrito o de forma oral todas las **claves** que permiten la **comprensión** plena de un **documento**.

El Comentario es la interpretación de una obra. Las notas y observaciones, con las que parece favorable enriquecerla para aclarar dudas, conceptos no despejados, explicar lo que no es bastante evidente, que por la antigüedad de la obra, el receptor no pueda comprender en todas sus partes y conceptos de difícil comprensión.

4.3.4.4 Conclusiones

Una CONCLUSIÓN es una proposición al final de un argumento, al punto de los antecedentes. Si el argumento es válido, los antecedentes implican la conclusión. Sin embargo, para que una **propuesta constituya conclusión** no es necesario que el argumento sea válido: lo único **significativo** es **su lugar en el argumento**, no su papel o función.

En general se argumenta con propósito de establecer una conclusión, se suele procurar que los antecedentes impliquen la conclusión y que sean verdaderos, es decir, que el argumento sea sólido

Una **conclusión** es una **proposición lógica final** y no una opinión, sin embargo, para poder concluir hay que apoyarse en ciertas proposiciones que no sean falsedades.

Considérense las proposiciones siguientes:

Todos los **ovíparos nacen** de un **huevo**.
Todas las **gallinas** son **ovíparas**.

CONCLUSIÓN → Deducidamente, todas las gallinas nacen de un huevo.

En este argumento la última propuesta es la **conclusión**. Las demás son las **antecedentes**.

En el lenguaje, las **conclusiones suelen advertirse mediante expresiones como**: *por lo tanto, por ende, luego, en consecuencia, entonces, etc*.

¿SABÍAS QUE...?

Las **Conclusiones confirman la hipótesis inicial como consecuencia de los argumentos aportados**.
La Conclusión radica en el **resumen final** de las **principales ideas** expuestas.

Un TEXTO EXPOSITIVO incluye una **conclusión**; una TESIS puede emplazarse como **conclusión**; El INFORME TÉCNICO expone de forma justificada sus **conclusiones**, etc.

4.3.5 TEXTOS DE CARÁCTER PRESCRIPTIVO (INSTRUCCIONES, NORMAS, AVISOS)

En la **vida cotidiana** aparecen **textos** cuya **intención principal** es la de dar **INSTRUCCIONES** sobre cómo hacer correctamente determinadas actividades: *recetas de cocina, manejo de electrodomésticos, guías de viaje, etc*. Igualmente aparecen **NORMAS** y **AVISOS**. Son **TEXTOS PRESCRIPTIVOS**.

La NORMA se trata de una **regla que se debe seguir** o a que se deben ajustar las conductas, tareas, actividades, etc.

En las INSTRUCCIONES suele emplearse la **EXPOSICIÓN** y la **DESCRIPCIÓN**. Cada **paso** dado por el receptor debe ser explicado **de forma clara** y la **progresión** de las acciones tiene que seguir una **lógica adecuada.**

Por su parte un AVISO es una noticia o advertencia que se comunica a alguien o un anuncio que se coloca en los lugares públicos.

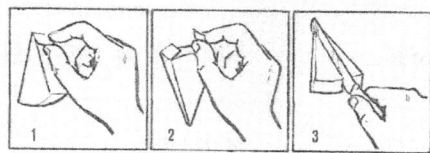

Qué fácil es
abrir una porción de
EL CASERIO

Solo hace falta levantar la solapita superior (1)
o una de las dos inferiores (2) y la abrirá con suma facilidad.

También puede optarse por partir la porción
con un cuchillo, tal como se indica en el dibujo n.º 3.

Así tendrá el más rico y delicioso de todos
los quesos a punto para deleitar
su paladar.

CARACTERÍSTICAS

- **División** de las instrucciones **en apartados breves y ordenados**.

- Empleo de **imperativo**: *Pulse, introduzca*. En ocasiones, aparece la **segunda persona** (*pulsa*). Es frecuente el uso del **infinitivo verbal** (*extraer el disco compacto…*) y las **perífrasis obligativas** (*debe extraer, tiene que introducir*).

- **Sintaxis sencilla**. Estructuras simples y ordenadas. A veces, construcciones impersonales con "*se*".

- **Enumeración exhaustiva y detallada de las acciones**. Suelen ser acompañadas de aclaraciones que evitan fallos o errores.

- Apoyo de códigos icónicos (*Gráficos, imágenes, números, viñetas, flechas, etc.*), que ayudan a la realización correcta de las instrucciones.

EJERCICIOS

1. Enumérense las técnicas para la comprensión de un texto.

2. Qué es la lectura comprensiva.

3. En qué consiste un buen subrayado.

4. En qué consiste un buen esquema.

5. Explíquense las características de un buen resumen.

6. Qué es necesario en la composición de un texto.

7. Qué condiciones deben reunir los párrafos de un texto. Explíquense.

8. Enumérense varios ejemplos de textos expositivos, textos argumentativos y textos que combinen las dos formas.

9. Búsquese un texto que se crea científico. Señálense en dicho texto sus características.

10. Cómo debe ser el lenguaje periodístico.

11. Cuáles son las características de un anuncio.

12. Créese dos anuncios teniendo en cuenta sus características.

13. Cómo debe ser un resumen, un esquema, un comentario y una conclusión.

14. Búsquese un texto narrativo y un texto expositivo-argumentativo y realícense sus resúmenes.

15. Redáctese un informe técnico sobre "las ausencias de un compañero" que falta constantemente al trabajo".

16. Créese un mapa conceptual sobre las ventajas y desventajas de la ciudad.

17. Escríbase una Columna de Opinión sobre un tema de interés, teniendo en cuenta sus características. Explíquense.

18. Qué es un texto prescriptivo. Explíquense sus modalidades.

4.3.6 TEXTOS PARA LA COMUNICACIÓN CON INSTITUCIONES PÚBLICAS, PRIVADAS Y DE LA VIDA LABORAL (CARTAS, SOLICITUDES, INSTANCIA, RECLAMACIÓN, RECURSO, CURRÍCULUM)

Los **ciudadanos necesitan determinados documentos** para acceder a un puesto de trabajo o un escrito formal para dirigiese a la Administración como una queja de un usuario o de un consumidor por el incumplimiento de un organismo público o por supuestos abusos de una empresa, además, se puede presentar un documento de disconformidad con determinadas resoluciones de la Administración, etc.

4.3.6.1 Curriculum vitae

Para acceder a un puesto de trabajo, las empresa recurren a un documento del solicitante, que es el *Curriculum Vitae* de carácter **expositivo** y orden **cronológico**. Un *Curriculum Vitae* viene a ser un resumen de la historia vital y profesional de una persona.

Habitualmente junto al Currículum se solicita la Carta de Presentación.

 **¿SABÍAS QUE...?**

El **CURRÍCULUM VITAE** es un **texto expositivo** que **resume la trayectoria vital y profesional** de una persona.

Al elaborar el Currículum se debe **cuidar la presentación** y se deben tener en cuenta algunos puntos sobre su **contenido**:

Organizar el currículum en los siguientes **apartados**: Datos personales, Experiencia laboral, Estudios e Idiomas.

- ■ DATOS PERSONALES.

- ■ En EXPERIENCIA LABORAL, se enumeran los trabajos que se han desempeñado, empezando por los más recientes.

- ■ En ESTUDIOS se alude primero a los actuales y después a los ya realizados, indicando la fecha y el centro en que se cursan. Se incluye la titulación académica y los cursos complementarios

- ■ En IDIOMAS se especifican los idiomas que se conocen y qué nivel (*básico, medio, alto*) tanto hablado como escrito.

- ■ Se ha de hablar de uno mismo en tercera persona, e incluso, evitar los verbos.

La CARTA DE PRESENTACIÓN se trata de un escrito formal, en el que deben figurar los siguientes datos:

- ■ Datos del remitente,
- ■ Destinatario y empresa,
- ■ Lugar y fecha,
- ■ A continuación el contenido, incluyendo las fórmulas de cortesía (*saludo y despedida*).

4.3.6.2 La instancia

Los **textos** con los que los **ciudadanos se dirigen a la Administración**, también tienen **párrafos expositivos**, estos documentos reciben el nombre de **instancias**.

 **¿SABÍAS QUE...?**

La **INSTANCIA** es un tipo de texto mediante el cual los **ciudadanos dirigen** sus **solicitudes** a la **Administración**.

Por medio de una instancia se puede solicitar *una beca de estudios, una plaza en un instituto, la incorporación en una entidad deportiva o cultural, etc.*

Es **importante** saber presentar correctamente este documento:

- ■ Una vez establecido el **motivo** de la solicitud, investigar a qué organismo se debe dirigir y si este posee un modelo de instancia o no.

- ■ Sea cual sea el formato deben aparecer estos **CONTENIDOS**. **Identificación** del emisor. **Exposición** de las razones por las que se presenta la instancia. **Solicitud**, **Lugar** y **Fecha**, **Firma** y la **Autoridad** a la que va dirigida.

- ■ En la Exposición se deben **ordenar las razones** que establecen que la petición está justificada. Este apartado se inicia con la palabra **EXPONE**.

- ■ En la Solicitud se han de expresar la **petición con exactitud** y **claridad**. Este apartado se presenta con la palabra **SOLICITA**.

- ■ Después de mencionar el Lugar y la Fecha, se firma el documento.

Si se acompaña la Instancia de documentos (Documentos adjuntos) que acrediten alguna de las afirmaciones de la Exposición, incorporar una relación de los mismos entre la Solicitud y la Fecha.

Identificación del Emisor: Nombre, dirección, teléfono y DNI de solicitante.
Exposición: Cada una de las razones se indica en un párrafo diferente iniciado con las fórmulas Primero: Que...; Segundo: Que... En línea aparte se da paso a la Solicitud, con fórmulas como Por todo lo anterior, Por ello...
Solicitud: Si se realiza más de una petición, se separan por párrafos.
Lugar y Fecha (si hay documentos adjuntos, una relación de estos antes de este apartado → Esta solicitud se acompaña de los siguientes documentos:...)
Firma
Autoridad

4.3.6.3 La reclamación

Una Reclamación es la **queja** de un usuario o de un consumidor **por** el **incumplimiento de un organismo público o por supuestos abusos de una empresa,** con la solicitud de que se corrijan o compensen las deficiencias.

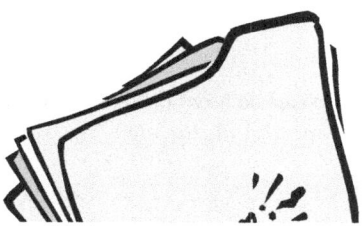

La reclamación ante un organismo público puede hacerse rellenando un impreso u hoja de reclamación que proporciona la entidad y que se entrega inminentemente, pero también es válida la presentación posterior de una reclamación elaborada por uno mismo ante el organismo pertinente (*Oficina Municipal de Información al Consumidor, Ministerio de Hacienda, Dirección General de Tráfico, instituciones financieras...*).

4.3.6.3.1 Presentar una reclamación

- **Presentar ordenada y claramente los hechos** sin exceptuar nada de lo sucedido. Es adecuado utilizar un orden lineal para relatarlos.
- **Prescindir de ambigüedades** al manifestar la solicitud: mostrar exactamente qué se desea y qué conexión guarda lo solicitado con los hechos expuestos.
- **Adjuntar todos los documentos** que valgan a servir **de prueba o para valorar** los hechos: *facturas, contratos, garantías, folletos publicitarios...*

4.3.6.3.2 Plazo

Puesto que la presentación de una reclamación incita el inicio de un procedimiento administrativo, a veces, se establecen plazos para entregar este tipo de documentos.

4.3.6.3.3 Estructura

- **Datos del reclamante**. *Nombre, DNI, domicilio de notificación y teléfono de contacto.*
- **Exposición de lo que se reclama**. Incluye una narración de lo sucedido con indicación de la fecha en la que se produjeron los hechos.
- **Pretensión** del reclamante o solicitud.
- **Indicación de documentos adjuntos**.
- **Lugar** y **fecha**.
- **Firma**.

4.3.6.4 El recurso

En diferentes circunstancias, los **ciudadanos** precisan **mostrar** su **disconformidad** con determinadas **resoluciones de la Administración** que perjudican los intereses, por ello, interponen un RECURSO.

 **¿SABÍAS QUE...?**

El **RECURSO** es el **documento** que el **ciudadano** remite a la Administración para **solicitar la anulación de un acto administrativo**.

Se puede recurrir: *la no concesión de una beca, la imposición de una multa de tráfico que pensamos injusta, la denegación de una matricula en un centro, etc.*

Para **interponer** el **recurso** es **necesario** que se haya producido **previamente un acto administrativo** (*negar la solicitud de una beca o de la matrícula, poner una multa, etc.)*

4.3.6.4.1 Tipos de recursos

- ■ RECURSO ORDINARIO. Ha de ser presentado en el plazo de un mes desde la notificación y será resuelto por el órgano superior al que dictó el acto impugnado.

- ■ RECURSO CONTENCIOSO-ADMINISTRATIVO. Traslada el asunto a la vía judicial. El plazo para interponer estos recursos es de dos meses desde la notificación.

4.3.6.4.2 Para interponer un recurso

- ■ **Analizar** con atención la **notificación** de la Administración **para argumentar** el recurso adecuadamente.

- ■ **Pensar qué tipo de recurso** se ha de interponer para controlar el plazo en el que se puede dirigir al organismo correspondiente.

- ■ **Observar el modelo de recurso y rellenar todos los apartados con los datos que se solicitan:** *Datos del recurrente; Identificación del recurso y contra quién se dirige; Indicación de los motivos; Solicitud; Notificación; Lugar, fecha y firma; Órgano, persona o entidad administrativa al que se dirige.*

- ■ Utilizar **frases cortas**, que recojan los datos concretos.

Ejemplo

Nombre: Marcelo Andrá Gómez, mayor de edad, con DNI 43 058 365

Interpone **recurso ordinario**,

Contra el expediente N.º 98-7 481 de la Jefatura Provincial de Tráfico de Valencia, abierto el día 12-04-2002, en el que se le multa por circular a 150 Km/h, cuando la velocidad máxima permitida era de 120 Km/h, basándose en los siguientes **MOTIVOS**:

Primero: El día de la fecha no circulaba por la provincia de Valencia, por lo que no pudo cometer la infracción.

Segundo: La matrícula que figura en el expediente es 9235HHY y la del vehículo de mi propiedad es 9253HHY.

Por todo lo cual, **SOLICITA**.

Que se tenga por interpuesto el presente recurso y se acuerde dejar sin efecto la denuncia formulada.

A los efectos de notificación, el interesado señala como medio preferente el fax y, como lugar de notificación, su domicilio particular en C/ Los Castillos, 5, 3º C, Montaza (León).

Montaza, 10 de mayo de 2002

Marcelo Andrá Gómez

SR. JEFE DE TRÁFICO DE LA JEFATURA PROVINCIAL DE VALENCIA

EJERCICIOS

1. Invéntese un Currículum y una Carta de presentación para solicitar un puesto de trabajo en el que se esté muy interesado.

2. Escríbase una Instancia al Alcalde de la localidad solicitando que se remodelen las aceras de tu calle para atender a las necesidades de los vecinos.

3. Imagínese que una compañía aérea ha perdido su equipaje. Escríbase una Reclamación.

4. Imagínese que solicita una beca para la Asociación de Jóvenes Promesas, se ha presentado todo la documentación exigida y la beca ha sido denegada porque no se obtiene (según los criterios de baremación) la puntuación necesaria. Como se considera un error, se desea interponer un recurso. Redactar el Recurso para que concedan la beca.

5

Técnicas de búsqueda, tratamiento y presentación de la información

Para la **realización de un trabajo**, lo **primero** que se debe hacer es **recopilar** la **información** necesaria. Esta etapa es fundamental, porque el material que se obtenga será la base sobre la que se sostenga el estudio: la *calidad* y la *originalidad* del trabajo dependen en gran medida de la información obtenida.

5.1 CONSULTA DE INFORMACIÓN DE DIFERENTES FUENTES (ÍNDICES, DICCIONARIOS, ENCICLOPEDIAS, GLOSARIOS, INTERNET Y OTRAS FUENTES DE INFORMACIÓN

Algunos de los **recursos** más habituales en la **búsqueda de información** por su utilidad y sus características son los DICCIONARIOS, LAS FUENTES BIBLIOGRÁFICAS, LAS BIBLIOTECAS, LOS MEDIOS DE COMUNICACIÓN Y LAS NUEVAS TECNOLOGÍAS.

5.1.1 FUENTES BIBLIOGRÁFICAS

Una FUENTE es el **documento del que proviene la información**, un documento que se emplea para desarrollar un trabajo.

Estas **fuentes** se **sitúan** en **bibliotecas, archivos, hemerotecas, videotecas**. Es importante saber en qué lugares se puede hallar esas fuentes: i**nstituciones públicas** de la ciudad o localidad *(ayuntamiento, diputación, colegios profesionales)*, en **centros docentes**, **entidades bancarias** o **centros culturales** *(asociaciones culturales, museos...)*.

Al **comenzar un trabajo** es necesario **consultar** la **bibliografía** que existe **sobre el tema**: *libros, artículos, trabajos* o *estudios* que hay sobre el tema que se va a desarrollar. Los **libros** son el **principal recurso informativo**.

El uso correcto de la bibliografía es fundamental para **evitar las pérdidas de tiempo y la dispersión**. Por ello, se puede seguir estos **PASOS** en el proceso de recopilación de bibliografía:

- Buscar en **MANUALES** y **ENCICLOPEDIAS** que se tengan a mano algunos aspectos relacionados con el tema. Tomar **nota** de los **datos más relevantes** que puedan dar una **primera idea general** y conducir a la búsqueda de **informaciones más precisas**.

- Buscar en **BIBLIOTECAS libros relacionados con el tema**. En **primer lugar**, consultar los **archivos de materias**, ya que suelen llevar indicaciones precisas sobre temas y subtemas. **Posteriormente**, buscar información en los **archivos de autores** a los que se ha llegado tras la consulta del catálogo de materias o de informaciones obtenidas previamente.

- Consultar **DIARIOS** y **REVISTAS** de actualidad o antiguos en **hemerotecas**.

- Buscar información en documentos en **CD-ROM**, **DVD** o en **INTERNET**.

5.1.2 LOS DICCIONARIOS

La posesión de un **VOCABULARIO amplio facilita la comprensión** de los mensajes que se reciben, especialmente de los **escritos**. Para conseguirla, es primordial utilizar habitualmente el **DICCIONARIO**, pues permitirá **resolver** las **dudas** sobre el significado de algunas palabras y **ampliar** el **vocabulario**.

 **¿SABÍAS QUE...?**

Los **DICCIONARIOS** son **herramientas de ayuda indispensable para cualquier clase de trabajo y necesarios** en cualquier momento de su elaboración.

Los Diccionarios *pueden aclarar dudas sobre el significado de una palabra, pueden valer para utilizar la palabra precisa en el momento de la redacción y pueden ampliar las posibilidades expresivas.*

Según la **clase** de **información** que se necesite, **se consultará el diccionario que resulte más útil**, puesto que, existen **diferentes clases de diccionarios**, elaborados según el tipo de usuario, el tipo de información que se quiera incluir y la extensión que vaya a tener, sin embargo, se debe tener en cuenta que un diccionario no siempre solucionará las dudas que surjan.

Un DICCIONARIO, sea en libro, en CD-ROM o un diccionario en Internet, **recoge** y **explica de forma ordenada**, generalmente alfabética, las **palabras** de una o más lenguas, de una ciencia o de una materia determinada. De la **confección** de los **diccionarios** se encarga la **Lexicografía**.

5.1.2.1 Clases de diccionarios

- **DICCIONARIO MONOLINGÜE** Sirven para conocer el significado de la palabra. Presentan las palabras de una sola lengua y explican su significado. El **DICCIONARIO DE LA LENGUA ESPAÑOLA**, de la *REAL ACADEMIA ESPAÑOLA (DRAE)* es, probablemente, el más **práctico** y **completo** para la clase de **trabajos** que se desarrollan en el **ámbito académico**.

En este diccionario como en otro diccionario de este tipo de **lengua española**, en primer lugar aparece la *procedencia de la palabra*, a continuación, se informa de la *categoría gramatical*, después se incluyen las *distintas acepciones* y finalmente, se informa del significado que adquiere en determinadas *locuciones* y frases hechas.

Caber. (Del lat. Capěre, coger). V. Tr. Coger, tener capacidad. ‖ **2. Admitir**. ‖ **3**. ant. Comprender, entender. ‖ intr. Dicho de una cosa: Poder contener dentro de otra...**8**. Ante. Tener parte en algo o concurrir a ello. ‖ MORF. V. conjug. Modelo actual. ‖ **no cabe más**. Expr. U. Para dar a entender que algo es extremado en su línea...

■ **DICCIONARIO BILINGÜE**. Establece la **correspondencia** entre las **palabras** de **dos lenguas** distintas: inglés-español / español-inglés. Si la **correspondencia** es entre palabras de **varios idiomas** se denomina **MULTILINGÜE**.

■ **DICCIONARIO ESPECIALIZADO.** Incluye y explica los **términos específicos** de una ciencia o de una materia: *Historia, Biología, Economía, etc*.

■ **DICCIONARIO DE VARIEDADES DEL IDIOMA.** Pueden ser diccionarios que recojan **las variedades dialectales** o **regionales** de una zona o comunidad de hablantes, o diccionarios que incluyan las **variedades jergales** de determinados grupos sociales.

■ **DICCIONARIO ENCICLOPÉDICO. Contenidos más especializados**. Además, del significado de las palabras, incluye información sobre temas muy diferentes de carácter histórico, cultural, científico o técnico.

■ **DICCIONARIO DE USO**. Diccionario **monolingüe**. Además de las **definiciones** que se dan en cualquier diccionario, se caracterizan por **incluir** la palabra en un conjunto de *sinónimos, antónimos, de palabras*

afines, de **referencias de sus usos contextuales**, y numerosos **ejemplos de frases** con el uso de la palabra. Suelen recoger el **léxico** que efectivamente se usa en un determinado momento, prescindiendo de palabras poco empleadas o desusadas. El más representativo es el *Diccionario de uso del español, de María Moliner*.

▪ **DICCIONARIO DE SINÓNIMOS, ANTÓNIMOS e IDEAS AFINES**. Diccionario **monolingüe** Permite redactar un texto con un vocabulario más variado En este diccionario se incluye la relación de palabras y expresiones que comparten su significado (*sinónimos*) o algún rasgo significativo (*ideas afines*). Por ultimo, aparecen las palabras de significado contrario (*antónimos*).

▪ **DICCIONARIO DE DUDAS**. Diccionario **monolingüe Aclarará los problemas gramaticales, de escritura o de uso de una palabra**. En primer lugar, se informa, por ejemplo, si se trata de un verbo sobre su condición de verbo irregular y se remite al cuadro en el que aparecen las irregularidades en su conjunción. En segundo lugar, se explica algún sentido específico de la palabra, se aclara su concepto y los posibles usos.

Caber. 1. Verbo irregular (*Véase cuadro*) **2**. Uno de los sentidos de caber, que se da con frecuencia cuando a este verbo sigue un infinitivo, es *"ser posible"*: *"En la obra monumental de Arias cabe distinguir cuatro modalidades"* (Mahín, *Arias*, 68). Se da a menudo entre catalanes, al expresarse en castellano, la confusión de este verbo *caber*, *"ser posible"*, con el verbo catalán *caldre*, "ser preciso": *"Las inscripciones...finalizarán el próximo día 22 de septiembre...Cabe hacer notar la conveniencia de no esperar a pasada la fecha tope" (Semanoti, 13. 9 1975, 35).*

▪ **DICCIONARIO IDEOLÓGICO**. Diccionario **monolingüe**. Reúne las **palabras a partir de su significado**, según los **campos semánticos** a los que pertenezcan, por **ideas afines y contrarias**. El más conocido es el *Diccionario ideológico de la lengua castellana, de Julio Casares*.

▪ **DICCIONARIO ETIMOLÓGICO**. Diccionario **monolingüe** Especificará el **origen de una palabra**. En este diccionario se señala primero la fecha en que se data la palabra por primera vez en castellano, luego se explica su etimología y su significado, finalmente se incluyen algunos derivados con su significado.

CABER, h. 1140. Del lat. Capĕre, "asir", contener; dar cabida (a algo).

DERIV. Cabida. Cupo "cuota asignada a un pueblo o a un particular, 1884, del pretérito de caber en la acepción "tocar en parte" (*lo que cupo a cada uno*).

5.1.2.1.1 Diccionarios generales

Los **DICCIONARIOS GENERALES** son **diccionarios monolingües** que se utilizan normalmente para conocer el **significado** de las **distintas acepciones** de una palabra. Estos diccionarios contienen un repertorio léxico que explica, mediante definiciones, sinónimos o expresiones equivalentes, las palabras que contiene, dispuestas en orden alfabético. Cada una de las **palabras** que aparecen **ordenadas** en un **conjunto** de **informaciones** recibe el nombre de **ARTÍCULO**.

Un **diccionario INCLUYE** (*en general*):

▪ **ENTRADA** o LEMA. **Palabra** que se busca. La **información** que viene después se refiere a ella. Además, permite conocer la **ortografía** de la palabra.

▪ En ocasiones se incluye su **PRONUNCIACIÓN**, que se representa por medio de la transcripción en un alfabeto fonético.

▪ **CATEGORÍA GRAMATICAL**. *Sustantivo, adjetivo, verbo, etc.*

▪ La **ETIMOLOGÍA**. Indica **origen** de la palabra o los elementos que la han formado.

- **DEFINICIÓN**. Puede hacerse mediante **sinónimos** o **expresiones equivalentes**, o a través de **descripciones** y **explicaciones** de los rasgos genéricos o específicos de la palabra definida.

- **EJEMPLOS** de la palabra en frases o sintagmas y sirven para completar la definición.

- **MODISMOS** y **FRASES HECHAS** en que puede utilizarse la palabra.

- **SIGNIFICADOS PARTICULARES** que adquiere en determinados lenguajes específicos.

Entre los **diccionarios generales**, el **más importante** es el **Diccionario de la lengua española** elaborado por la **Real Academia Española**, también en versión CD-ROM. Este diccionario determina qué palabras deben usarse y fija las normas que deben regir su uso correcto.

5.1.2.2 Cómo se utiliza un diccionario

Para utilizar correctamente un diccionario, es imprescindible **conocer** el **alfabeto de memoria**; las **palabras se buscan por orden alfabético** teniendo como referencia la **primera letra**. Es frecuente en algunos diccionarios la inclusión de palabras que empiezan por la letra **ch** como parte de las entradas que empiezan por **c**. Lo mismo sucede con las que comienzan por la letra **ll**, que se incluyen dentro de la **l**.

Es **IMPORTANTE leer** previamente las **instrucciones** de uso del diccionario, ya que se ahorrará tiempo y esfuerzo, además, en los diccionarios no están todas las palabras.

Tener en cuenta que:

- No aparecen las formas conjugadas de los verbos. La **entrada** se hace por el **infinitivo**.

- Los **nombres** y **adjetivos** aparecen en **singular**, y si tienen variación de género, aparecen **en masculino**.

- **No** aparecen los **adverbios** terminados **en "–mente"**. Hay que buscar el adjetivo del que proceden.

- Muchas de las **palabras derivadas** por medio de sufijos apreciativos y superlativos no aparecen. Solo se incluyen los casos en que la palabra adquiere un **significado específico**. No aparecerá *"jovencísimo"*, pero sí *"ilustrísimo"*.

- Cuando se consulta en el diccionario el significado de una palabra y se advierte que posee **varios significados**, es importante comprobar cuál es más adecuado al **contexto** en el que aparece o en el que se desea emplearla.

5.1.2.3 Los diccionarios y las nuevas tecnologías

Los **Diccionarios** también se van adaptando a las **nuevas tecnologías**. Son muchos los diccionarios que existen ya en **CD-ROM**, **DVD** y **en línea** (*en inglés, on line, a través de **Internet***). Su gran ventaja es que aumentan la **eficacia** y la **rapidez** de las consultas.

Sus principales **CARACTERÍSTICAS** son:

- **BÚSQUEDA ALFABÉTICA** de las palabras, del mismo modo **BÚSQUEDA INVERSA**, es decir, localizar una serie de palabras con la misma terminación.

- Se pueden **UTILIZAR por separado o** con un **PROCESADOR DE TEXTOS**.

- Son **HIPERTEXTUALES**. No se leen linealmente de principio a fin, emplean ENLACES para hacer remisiones y situar en contacto distintas partes del contenido.

- **CORRECTOR ORTOGRÁFICO**. Encuentra la palabra solicitada aunque esté escrita erróneamente.

■ Buscan la **ENTRADA ADECUADA** en el supuesto de que la palabra tecleada esté en plural o en una forma conjugada de un verbo.

■ Sus **CONTENIDOS** se pueden TRASLADAR **AL TEXTO** que se está escribiendo.

5.1.3 ENCICLOPEDIAS

Las ENCICLOPEDIAS procuran explicar todo cuanto se sabe, es decir, **informar sobre asuntos relacionados con materias muy diversas.** Las enciclopedias se diferencian de los diccionarios generales en que explican con más detalle las cosas e incluyen informaciones que no aparecen en esos diccionarios (*personajes de la historia, países, ciudades, etc.*).

Un DICCIONARIO GENERAL no informará sobre un escritor pero una ENCICLOPEDIA informará sobre su biografía, su obra, sus características literarias.

Las ENCICLOPEDIAS **amplían la explicación verbal con ilustraciones y mapas** que dilatan y aclaran aún más la información. Son elaboradas por numerosos **autores especialistas** en cada materia y pretenden ser **objetivas** en la presentación de los contenidos.

La **INFORMACIÓN** viene ORGANIZADA, como en los diccionarios, por **palabras ordenadas alfabéticamente** que sirven de **entrada** a los diversos contenidos. Desde el **siglo XVIII** (*Siglo de las Luces, siglo de la Ilustración*) se han creado muchas enciclopedias.

Enciclopedias muy conocidas son la **Gran Enciclopedia Larousse**, la **Enciclopedia Británica** y la **Enciclopedia Universal Ilustrada Europeoamericana**. **Actualmente**, estas y otras enciclopedias se pueden encontrar en **CD-ROM** y en **Internet**, e incluso algunas de ellas solo en Internet.

Las **enciclopedias no deben** ser la **fuente única de información**, pues tan solo proporcionarán una visión general de la cuestión. **Para profundizar** en el tema de trabajo es necesario **buscar libros de consulta de la materia**: **estudios, monografías, manuales especializados**. Este tipo de fuentes se encontrarán principalmente en las **BIBLIOTECAS**.

5.1.3.1 Enciclopedias en CD-ROM e internet

Las obras de referencia como **Enciclopedias** o **Manuales divulgativos** pueden presentarse en **diferentes soportes** (*documentos impresos, documentos en CD-ROM*).

Un soporte enciclopédico es el CD-ROM muy empleado en la actualidad para esta finalidad por su **gran capacidad de almacenamiento**.

La información almacenada en las **ENCICLOPEDIAS** en **CD-ROM** se organiza como en las Enciclopedias impresas, en **entradas ordenadas alfabéticamente**.

El **PROCESO DE DOCUMENTACIÓN** a partir de obras de consulta en **CD-ROM** es sencillo:

- Introducir en el **cajetín de búsqueda** la **palabra clave** que se desea localizar, se obtendrá una **lista de entradas** en la que aparece dicha palabra.

- Examinar la **lista** y **pinchar** con el ratón la **entrada** que **concuerda** con el **objetivo**.

- Si se desea **restringir la búsqueda**, seleccionar **búsqueda avanzada** y dentro de esta, el **tipo de documento** que se quiere consultar *(mapa, archivo de sonido, lectura adicional, etc.)*.

Los **iconos** indican si las entradas de la lista **contienen información sonora, gráficos, animaciones, etc.**

Los **enlaces** permiten **conectar** la entrada seleccionada con **otras**.

La facilidad con la que se corresponden los contenidos en los textos electrónicos enriquece la información, pero, al "*saltar*" de un contenido a otro, **se puede disipar de vista el objetivo de la consulta**, por ello, el **usuario** debe ser consciente de que él es quien aporta la unidad del texto.

En la actualidad presentan protagonismo los TEXTOS MULTIMEDIA.

¿SABÍAS QUE...?

Los **TEXTOS MULTIMEDIA** combinan, de forma simultánea, **elementos verbales, sonido e imagen** (*animaciones, imagen fija y vídeo*) en un documento único.

Por su diversidad, la **transmisión** y **recepción** de estos textos es **multisensorial**, se activa más de un sentido (*vista, oído*) para recibir e interpretar el mensaje que emiten.

La **interactividad es su principal característica**. Entre el receptor y el texto se crea una relación que permite al receptor cierto control sobre el documento: el usuario determina en qué orden accede a los elementos del texto y selecciona los contenidos por medio de menús desplegables, barras de desplazamiento, iconos, etc.

Este tipo de textos son habituales en **programas de aprendizaje** de diferentes materias, *enciclopedias electrónicas, guías de viaje electrónicas, videojuegos...* Sus **soportes** más habituales son el **CD** (*CD-ROM, CD grabable o regrabable*) y el **DVD**, que requieren un ordenador, un reproductor de CD o DVD para la recepción.

Cuando en los textos multimedia se emplea el **lenguaje hipertextual**, es decir, un lenguaje que emplea **enlaces** o **hipervínculos**, aparecen los textos **HIPERMEDIA**.

Un **LENGUAJE HIPERTEXTUAL** es un **lenguaje informático** que permite conectar electrónicamente diversos textos por medio de enlaces o hipervínculos.

Los **enlaces** se muestran como **palabras clave**, recalcadas normalmente con un color distinto, al **pulsarlos**, aparece en el espacio de lectura (*pantalla*) **otra ventana** que muestra la nueva información.

La **recepción** de un texto creado con el lenguaje hipertextual no se produce como la de un libro, secuencialmente, sino por **asociación**: una fracción de texto se enlaza con otras pertenecientes a textos diversos.

....

5.1.4 GLOSARIOS

Un **GLOSARIO** es una **recopilación de definiciones o explicaciones de palabras que versan sobre un mismo tema o disciplina**, ordenada de forma **alfabética**. Es habitual que se los incluya como **anexo al final** de libros, investigaciones, tesis o enciclopedias, mostrando todos aquellos términos más importantes, poco conocidos, de difícil interpretación o que no sean frecuentemente utilizados en el contexto en que aparecen.

Un glosario no es lo mismo que un Diccionario, aunque en ambos aparecen palabras de significado tal vez desconocido y tienen la característica de facilitar conceptos, tienen una ligera **diferencia**: en el **Glosario solo se encuentran términos propios de un campo o de un libro específico**, mientras que en el Diccionario se puede encontrar cualquier término.

5.1.5 INTERNET

INTERNET es un **sistema de comunicación que permite transmitir mensajes de forma inmediata desde y a cualquier parte del mundo**. Internet es un red de comunicación que permite relacionar todos los ordenadores conectados a este servicio.

*Internet nace en 1969 a partir de un proyecto de comunicación entre ordenadores denominado **ARPAnet** (Advanced Research Projects Agency Network) y desarrollado por el Departamento de Defensa de **Estados Unidos**.*

***1991.** El instituto francés **CERN** desarrolla la **WWW**, la **Red**.*

***1993.** Marc Andreessen crea **Mosaic**, primer navegador gráfico, en*

***1994** funda la empresa **Netscape**.*

***1995.** Se desarrolla **Java**, programa que revoluciona la manera de **recibir** y de **utilizar la información a través de Internet**.*

Internet permite el canje de texto verbal, imágenes, voz, música, etc., desde un **único emisor** a un **receptor conocido** o a **múltiples receptores anónimos**. Para que ello sea viable, es necesaria la presencia de multitud de **redes de ordenadores interconectados**.

INTER connected **NET** works → *redes interconectadas*

Las **posibilidades informativas** que ofrece Internet son *numerosas*: se puede **recibir** información de una institución, de una empresa o de un particular de cualquier parte del mundo. Del mismo modo, se puede **transmitir** información a cualquier lugar. Con Internet no hay distancias. **Todo tipo de contenidos** puede circular por *las autopistas de la información*. **La información se ha universalizado**.

El acceso a la Red es posible **interconectando** a través de la línea telefónica el ordenador del **usuario** con un ordenador **servidor**, que permite **contactar** con **otros servidores**.

 **¿SABÍAS QUE...?**

La **conexión a Internet** se hace por medio de un **SERVIDOR**, una especie de central de comunicación que **proporciona** al **usuario** los **recursos** necesarios para poder acceder a las **fuentes de información** que necesite.

Internet ofrece **variados servicios**: *páginas web* (*hipertexto*), *correo electrónico* (*e-mail*), *videoconferencias*, *noticias* (*news*), *chats*, *foros de debate*... La **comunicación** puede ser **directa** (*en los chats y las videoconferencias*) o **indirecta** (*en las páginas web*).

5.1.5.1 Página web

Para ordenar la información, se ideó la World Wide web. La **World Wide Web** (*red informática mundial o telaraña mundial*), **WWW**, es un **conjunto de documentos multimedia** conectados entre sí por medio de **enlaces** o **hipervínculos,** es el conjunto de páginas web con que cuenta cada emisor de información. Su documento más tradicional y popular es la **página web**.

 **¿SABÍAS QUE...?**

Una **página web** es un **archivo escrito** en un **lenguaje informático específico** (*Html, Java*...), al que se **accede exclusivamente en la Red.**

Cuando un servidor envía a un terminal un documento web, se precisa un **programa especial** para poder **visualizar** su contenido. Los más populares son **Internet Explorer, Google Chrome...**

Las páginas web contienen **texto verbal** y pueden agregar, además, **imágenes** (*fijas o en movimiento*) y **sonido**. Al estudiar este tipo de documentos, se debe atender a dos aspectos: el **diseño** y el **contenido**.

■ **Diseño**. Es la **manera** en que el **creador** de la página web permite *"navegar"* por ella. Para orientar la navegación, se vale de *índices, iconos, enlaces, etc*.

    Al mover el **cursor** por una página web, si este se transforma en una **mano**, indica la existencia de un **enlace**.

■ **Contenido**. En los servidores de todo el mundo existen millones de páginas web que afrontan cuestiones muy diferentes, sin embargo, pueden diferenciarse **tres tipos generales:**

    – **De venta de servicios o de productos**. Con asiduidad se trata de páginas concentradas en **elementos visuales, con pequeño texto,** de fácil compresión y muy breves, para no cansar al usuario.

    – **Informativas**. En ellas se **enfatiza la importancia del texto verbal**. Si ofrecen **información general**, son de extensión breve, con documentación precisa; si transmiten **información especializada**, suelen ser más extensas y detalladas.

    – **De enlaces**. Se muestran tradicionalmente como una **lista de enlaces** – hipervínculos – sin apenas explicación.

Es preciso **acreditar** siempre la **fuente** de las páginas web, es decir, cerciorarse de quién firma o respalda la información, pues su transmisión a través de modernos medios técnicos no asegura que aquella sea cierta.

5.1.5.2 Documentación en internet

Las páginas web de contenido informativo que ofrece Internet forman un apreciable recurso para la **documentación**. Como su número es fuertemente elevado, los usuarios deben recurrir a los llamados **buscadores** o **motores de búsqueda**. Los **BUSCADORES** permiten encontrar las páginas que existen en la red sobre materias de diferente clase.

¿SABÍAS QUE...?

Los **BUSCADORES** son **herramientas informáticas** que funcionan en la **Red** y que proporcionan una **lista** de aquellas **páginas web** en las que aparece un **término** o una **expresión previamente señalados.**

Existen **buscadores generales**, como Google, Yahoo y Bing, y **buscadores especializados**, son los **buscadores temáticos**.

Los **buscadores** se restringen a **seleccionar** las páginas web, no avalan la información que ofrecen, por ello, resulta **indispensable comprobar las fuentes**.

5.1.5.2.1 Métodos de búsqueda

- Búsqueda Entre Resultados. Tras acceder al buscador, se debe introducir la **palabra** o **palabras clave** en el cajetín correspondiente y pulsar **Buscar** o **Search**; el **buscador localizará** todas las **páginas web** en las que esté la **palabra** o palabras **clave**. Entre ellas, el usuario optará por las que se adecuen más a la indagación.

- Búsqueda Avanzada. Con esta opción **se reduce la extensión de la búsqueda** a **expresiones exactas**, *idiomas, tipo de documento* (*sonoro, gráfico, etc.*), el buscador se limitará solo a páginas en las que figure lo que **más concretamente** desea el usuario.

5.1.5.2.2 El correo electrónico

El servidor permite hacer uso de un servicio muy utilizado en Internet, es el Correo Electrónico o e-mail. Es un servicio que permite el **intercambio** de **mensajes, de cualquier clase de documento** inmediatamente entre usuarios en cualquier parte del mundo. El Receptor lo recibe en el **buzón** de correo de su servidor.

Para enviar y recibir mensajes se emplean distintos **programas gestores de correo** como Outlook, Messenger... en todos ellos, los mensajes responden a una **estructura prefijada**.

¿SABÍAS QUE...?

El **CORREO ELECTRÓNICO**, como las cartas, se emplea para **intercambiar mensajes** personales y en relaciones profesionales, comerciales, etc.

REDACTAR MENSAJES POR CORREO ELECTRÓNICO

- Si el **destinatario** del mensaje es un **afín**, el **TONO** puede ser equivalente al de una carta personal: **INFORMAL** y con **lenguaje familiar**.

- Si es un mensaje **profesional**, se debe ser **EXACTO** y **CLARO**, indicar con exactitud **datos** y **fechas**.

- Si el mensaje enviado es una **respuesta** a otro anterior, es **positivo** realizar una **BREVE RESEÑA** para ubicar al receptor.

Elementos:

- **DESTINATARIO**. En la casilla **Para** se introduce la *dirección electrónica* del **receptor** o receptores del mensaje.

- **COPIAS**. El campo **CC** (*Con Copia*) hace referencia a destinatarios secundarios. No es obligatorio rellenarlo.

- **ASUNTO**. **Tema** del que trata el mensaje. Aconsejable poner un **título** o seleccionar **palabras clave** que den una idea exacta del contenido del texto para que el receptor perciba desde el principio su importancia o urgencia.

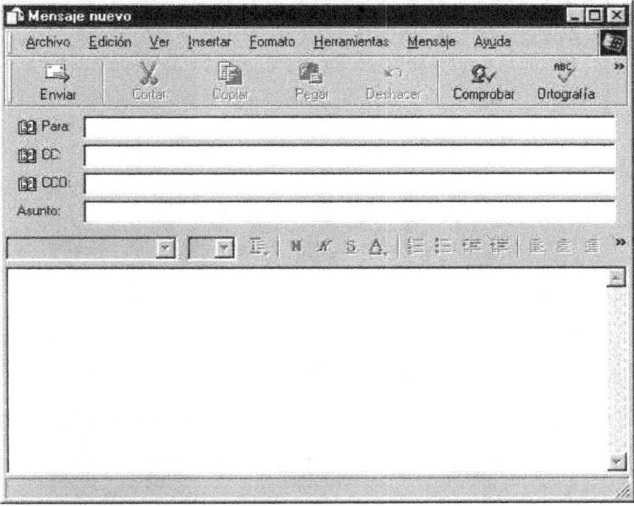

 **IMPORTANTE**

Los programas de correo electrónico permiten **adjuntar documentos** (de *texto, imagen o sonido*), hay que tener en cuenta que la **"*descarga*"** de este tipo de archivos hace más lenta la recepción del mensaje y que es un medio habitual de transmisión de **virus** informáticos, por ello, conviene hacer un uso prudente de este servicio y señalar siempre quién es el remitente.

5.1.6 ÍNDICE

El **ÍNDICE** es otra fuente bibliográfica, consiste en una lista o enumeración breve, y por orden de libros, capítulos o cosas primordiales. Igualmente un **ÍNDICE** es un **catálogo** contenido en uno o muchos volúmenes, en el cual por **orden** alfabético cronológico, están escritos los **autores** o **materias** de las **obras** que se conservan en una **biblioteca** y sirve para hallarlos con facilidad y franquearlos con prontitud a cuantos los buscan o piden.

5.1.7 OTRAS FUENTES DE INFORMACIÓN

Existen, además, de los recursos de búsqueda de información mencionados anteriormente otras **FUENTES DE INFORMACIÓN**, como son: **BIBLIOTECA** y **MEDIOS DE COMUNICACIÓN**, sin olvidar que el **ORDENADOR** se ha convertido en una herramienta imprescindible para la búsqueda, tratamiento y presentación de la información.

5.1.7.1 La biblioteca

En **casa** se puede tener **algunos libros de consulta**, pero resulta **difícil sobrepasar** la cantidad de **información** que ofrece una **biblioteca**. Por este motivo, debe ser un lugar que se frecuente a menudo, no solo por la **ayuda** que ofrece en la realización de un **trabajo**, sino por las **infinitas posibilidades de aprendizaje** que puede abrir. **Las bibliotecas más modernas cuentan además con microfilmes, revistas, vídeos y CD-ROM o DVD.**

Existen **muchos tipos de bibliotecas públicas** y **privadas**. La biblioteca **española más importante** es la **BIBLIOTECA NACIONAL** (*Madrid*).

Otras bibliotecas presentan gran **interés por los fondos históricos** que guardan como la biblioteca de **El Escorial**, fundada en el siglo XVI por Felipe II; la de **Salamanca**, del siglo XVIII; la **colombiana** de Sevilla.

 ¿SABÍAS QUE...?

Existen, además, **bibliotecas** con fondos muy **interesantes** para la **realización de trabajos**: *bibliotecas universitarias, bibliotecas del Consejo Superior de Investigaciones Científicas, bibliotecas de diversas entidades y las particulares pertenecientes a fundaciones.*

5.1.7.1.1 Organización

Cada biblioteca tiene su **forma de organizar los fondos bibliográficos**, si bien, hay **dos aspectos comunes**:

- Los **CATÁLOGOS**. Informan de los **libros** de que **dispone la biblioteca**. Los catálogos más importantes son.

  - **CATÁLOGO DE MATERIAS**. Sirve para **encontrar la bibliografía** que existe **sobre un tema determinado**. Para clasificar los temas, se usan palabras que indican el contenido del libro. Se debe prever, por tanto, qué palabras pueden responder a las necesidades que se tienen.

  - **CATÁLOGOS DE AUTORES**. Contienen las **fichas** de todos los **libros** que hay en la **biblioteca**, ordenados alfabéticamente a partir del primer apellido del **autor** o **autora**.

- La **SIGNATURA** o conjunto de **signos** que hay en las **fichas de los catálogos**, y que indica el **lugar** en el que se encuentran situados los libros.

5.1.7.2 Medios de comunicación

Los **MEDIOS DE COMUNICACIÓN** (*periódicos, revistas, radio y televisión)* tienen gran importancia en la actualidad como **fuentes de información**. Suelen tratar **temas de actualidad** por medio de **exposiciones sencillas, de carácter didáctico y dirigidas a un público no especializado**. Su **desventaja** es la **fugacidad** de la información que transmiten y la **superficialidad** del proceso de algunos temas por la inmediatez que solicita la elaboración informativa.

En los PERIÓDICOS se puede obtener **información** muy valiosa de **distinta clase**, según el **género** periodístico:

- **NOTICIAS**, **REPORTAJES** y **CRÓNICAS** informan sobre **sucesos** de **actualidad**.

- **ARTÍCULOS DE OPINIÓN**. Aportan **valoraciones** y **reflexiones** sobre diferentes temas.

- **CRÍTICA CULTURAL**. Informa y ofrece una valoración sobre temas del mundo de la **cultura** y de los **espectáculos**.

- **SUPLEMENTOS**. Incluyen **informaciones de mayor profundidad** sobre temas monográficos: *educación, ciencia, salud, arte, literatura, motor...*

Las REVISTAS son **publicaciones periodísticas**, pero no de carácter diario. Pueden aparecer cada semana, cada quince días, mensualmente... Habitualmente, suelen tratar **asuntos cuyo interés permanece durante más tiempo** que los presentados en los periódicos. Pueden tener **carácter general**, si incluyen temas de muy variada índole, **o especializado**, si tratan temas muy específicos: *literatura, deportes, política, humor, coches o ciencia.*

Las **REVISTAS ESPECIALIZADAS** resultan interesantes como **fuentes de información**, porque, frecuentemente, son el único medio de **transmisión de nuevos conocimientos**: *las revistas sobre Ciencias Humanas y de Ciencia y Tecnología son buen ejemplo de ello.*

En la RADIO son los **programas informativos** los que mejor pueden servir como **fuentes de información**: el **Diario** (*a horas fijas*), el **Boletín informativo** (*cada hora, de menor duración*) y el **Flash** (*se interrumpe la programación para dar una noticia urgente – última hora -*).

En la TELEVISIÓN hay **programas** que pueden servir como **fuentes de información**: *Entrevistas, debates, programas culturales, documentales* y, por supuestos, los *espacios informativos* (*el más característico el Telediario*).

5.1.7.3 Ordenadores

Los **ORDENADORES** se han convertido en **herramientas indispensables** en la realización de cualquier **trabajo de investigación**. Su capacidad para **almacenar información** y **relacionarla** los ha convertido en herramientas de uso frecuente para cualquier actividad. Sus **funciones son múltiples**, pero, fundamentalmente, **se resumen** en **dos**:

- **Redactar** textos.
- **Archivar** datos que pueden ser consultados y relacionados con rapidez.

 **¿SABÍAS QUE...?**

Las **NUEVAS TECNOLOGÍAS** han manifestado una nueva era: la tecnología puesta al servicio del **conocimiento**. Una nueva forma de entender y aprender la realidad gracias a la universalidad de la información y al trabajo en colaboración.

Algunos **VOCABLOS** de las **Nuevas tecnologías** son: *Acceso, ancho de banda, bajar, buscador, bucear, chat, cibernauta, dominio, enlace, hacker, hipertexto, html, icono, interfaz...*

EJERCICIOS

1. Realícese un resumen sobre las diferentes fuentes de información.

2. Señálense qué elementos de un texto multimedia aparecen en la pantalla de una enciclopedia electrónica (*entrar en una*) que contiene la entrada "Historia".

3. Indíquese en qué elementos de la pantalla se debería pulsar para:

■ Ver imágenes de Egipto.

■ Obtener información sobre la historia de España.

4. Indíquense aspectos positivos y negativos de Internet. Razónese la respuesta.

5. Emplear un lenguaje hipertextual y explicar cómo se llega desde la primera página hasta la última. Localizar en ellas los enlaces.

6. Consultar una Enciclopedia multimedia y localizar información sobre el tema *"El arte en la Edad Media"*, empleando diferentes enlaces llegar a informaciones más concretas. Realizar la misma entrada en una Enciclopedia impresa y comparar las coincidencias y diferencias entre ambas ediciones e indicar en qué radican.

7. Búsquese un ejemplo de cada uno de los tipos generales de contenido de una página web. Señalar en ellas distintos tipos de navegación.

8. Qué palabras clave se podrían introducir en el cajetín de búsqueda para encontrar información sobre: *Zonas de terremotos en España. Tiempo del día. Términos técnicos de Internet.*

5.2 PLANIFICACIÓN, REVISIÓN Y PRESENTACIÓN DE TEXTOS. PROCESADORES DE TEXTOS

Una vez recopilada la información para la realización del trabajo, se continuará con las **dos fases siguientes**: la **COMPRENSIÓN** de los textos recopilados y la **REDACCIÓN** del trabajo. Este proceso se denomina **TRATAMIENTO DE LA INFORMACIÓN.** Se trata de **planificar**, **revisar** y **presentar** el texto sobre el que se está trabajando.

El PROCESADOR DE TEXTOS en el tratamiento de la información, en la actualidad, se ha convertido en una herramienta de estimable apoyo.

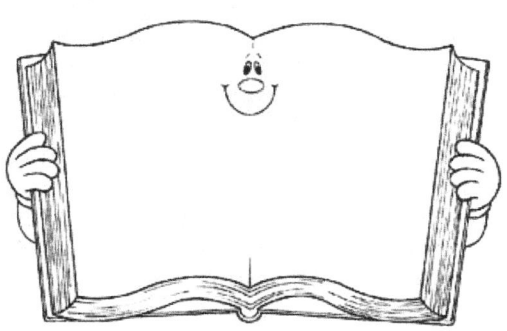

5.2.1 COMPRENSIÓN DEL TEXTO

La **mayor parte de la información obtenida está en textos escritos**. Para obtener el máximo fruto de esa información, se debe **COMPRENDER** exactamente el contenido de los textos leídos y **sintetizar las ideas principales**.

 **¿SABÍAS QUE...?**

En la **COMPRENSIÓN** y **SÍNTESIS** se utilizan una serie de **TÉCNICAS** que facilitan el trabajo y mejoran el resultado: **LECTURA, SUBRAYADO, ESQUEMA, RESUMEN, RESEÑA y FICHA.**

5.2.1.1 Lectura

La **LECTURA** debe ser **COMPRENSIVA**, debe absorber el **significado del texto**. Según el **fin** que se persiga, existen varios **tipos de lectura: lectura de entretenimiento, lectura formativa y lectura de estudio**. Esta última es la que **interesa**, pues permite **encontrar rápidamente las ideas básicas** y los **datos notables** para **comprender**, **analizar** y **asimilar** los conceptos de cualquier tipo de texto.

La **LECTURA COMPRENSIVA** permite **comprender** y **captar** lo **fundamental** de un texto a través de la búsqueda de sus **ideas esenciales**. Para mejorar la **LECTURA DE ESTUDIO** existen unas **técnicas** previas como son:

- ▪ LECTURA RÁPIDA del texto (*acercamiento inicial al tema desarrollado*).
- ▪ LECTURA EN DIAGONAL (*buscar de forma rápida un nombre, un concepto, un dato o una fecha*).
- ▪ LECTURA DE SALTEO (*recorrer la vista de forma superficial sobre el texto para buscar lo esencial del mismo*).

MEJORAR LA LECTURA COMPRENSIVA

- ▪ **LEER** de un **MODO ORGANIZADO** y con **actitud** de **búsqueda activa**. *Leer las ideas, no las palabras*. Encontrar la **IDEA PRINCIPAL** de cada párrafo, distinguiéndola de las secundarias. El resto de las frases tendrá alguna relación con la **frase principal** que siempre será la más general y concluyente del párrafo y resultará imprescindible: *si se quita, el párrafo queda sin significado*.

■ Efectuar **ANOTACIONES** al margen y buscar el SIGNIFICADO de aquellas palabras que se desconocen. Cuanto más amplio es el vocabulario, mejor se comprende lo que se lee.

■ **RELACIONAR** las **IDEAS** leídas con los conocimientos adquiridos anteriormente y efectuar una **VALORACIÓN FINAL**, preguntándose **qué** ha querido **expresar el autor**.

CÓMO REALIZAR UNA LECTURA COMPRENSIVA

■ **VOCALIZACIÓN**. No leer moviendo los labios o pronunciando parte del texto. Se obstaculiza la rapidez de la lectura.

■ **REPETICIÓN MENTAL**. Al estar pendiente de las palabras, se impide su comprensión.

■ **REGRESIÓN**. Volver atrás para leer de nuevo lo leído indica falta de atención.

■ Leer por medio de **GUÍAS**, como *el lápiz, el dedo, la regla o los movimientos de cabeza*. La vista es más rápida que la lectura.

Cualquier texto puede resultar útil para poner **en práctica las técnicas** de **lectura comprensiva**. Para adquirir mayor destreza en esta clase de lectura, existen ejercicios muy sencillos y prácticos.

EJERCICIO

Leer lo más rápida posible un grupo de palabras y reconocer en cada grupo las cuatro palabras relacionadas de un modo u otro con la que encabeza el grupo.

¿Qué palabras están relacionadas con la que encabeza el grupo?

HOGAR. Vehículo, océano, humedad, residencia, calle, aula, baño, pescado, cocina, señal, pasillo.

5.2.1.2   Subrayado

■ Sirve **para impulsar la atención en la lectura y asimilar el contenido del texto** leído. Se ha de seguir un **método ordenado** que consistirá en:

■ **LEER** el texto párrafo por párrafo.

■ **FORMULAR PREGUNTAS** referentes a las ideas expuestas en el texto. Las respuestas serán las ideas que se subrayan.

■ **SELECCIONAR** las **PARTES** más importantes, distinguiéndolas de las que no lo son.

■ **SUBRAYAR** con lápiz las **FRASES** que contiene *afirmaciones*, *definiciones* y *argumentaciones* **RELACIONADAS** con el **TÍTULO** del texto.

■ **SUBRAYAR** solo las **PALABRAS CLAVES** que resultan imprescindibles.

■ **LEER LO SUBRAYADO**, comprobando que las ideas secundarias y los detalles menos significativos quedan fuera.

5.2.1.3 Esquema

Para realizar un **buen esquema** es necesario hacer un **buen subrayado**.

El **ESQUEMA** reside en **escribir de manera organizada** y **jerarquizada** las **ideas** del texto.

Hay que **tener en cuenta** que:

■ La **PRESENTACIÓN** debe guardar **EQUILIBRIO**, con amplios espacios en blanco.

■ Las **IDEAS** se han de expresar con **ORACIONES SIMPLES**.

■ Las **IDEAS PRINCIPALES** van junto al **margen izquierdo** de la hoja. Las ideas menos importantes se colocan a la derecha.

■ Se puede utilizar un sistema de **CLASIFICACIÓN NUMÉRICA**.

■ Es beneficioso la **COMBINACIÓN** de diversos **TIPOS DE LETRAS**: mayúsculas y minúsculas...

■ **UBICAR** las **IDEAS PRINCIPALES** con un simple **VISTAZO**.

Ejemplo

CAPÍTULOS – IMPRESIÓN PROFESIONAL

Introducción

1. Columnas de texto
   - Columnas periodísticas
   - Columnas paralelas

2. Notas al pie
   - Creación y edición
   - Opciones en las notas

5.2.1.4 Resumen

El **RESUMEN** es **presentar de modo abreviado el contenido de un texto.**

El resumen ofrece: **comprobar** si se ha **comprendido** con exactitud el contenido esencial de un texto y **facilita** el **repaso** de lo leído o estudiado (*se ahorra tiempo y esfuerzo*).

CARACTERÍSTICAS

Es una **SÍNTESIS BREVE** pero **CLARA** del contenido. **Resultado**: Escrito que tenga un tamaño no superior al **20** o **30 % del texto** resumido.

■ **NO INFORMACIONES** que NO CONTENGA el escrito.

■ **ORACIONES** que guarden **COHERENCIA** entre sí. No enumeración de frases sueltas.

■ **REDACTAR EN TERCERA PERSONA**, tono objetivo: se resume lo que dice otra persona.

■ **NO INCLUIR CITAS TEXTUALES**.

■ El **ORDEN** no siempre tiene que continuar el marcado por el texto, sino el de **IMPORTANCIA** de las **IDEAS**.

■ **EVITAR ORACIONES EXCESIVAMENTE LARGAS**.

■ El **SUBRAYADO** y el **ESQUEMA** anterior son **primordiales** para un **buen resumen**.

5.2.1.5 Reseña y ficha de lectura

La **RESEÑA** es un **resumen informativo** de un texto al que **se agrega un juicio valorativo**.

 **¿SABÍAS QUE…?**

La Reseña tiene **TRES FUNCIONES**: **extraer** de un texto las informaciones que se suponen interesantes, **presentar** las informaciones extraídas de un modo selectivo y resumido; y **ejecutar** una opinión crítica de lo leído.

CÓMO REALIZAR UNA RESEÑA

- **FIJARSE** primeramente en el **TÍTULO** del texto y en el **ÍNDICE DE MATERIAS** si lo llevara, pues ayudará a comprender el objetivo del texto.

- La **LECTURA** ha de DIVIDIRSE en **PARTES** que admitan estructurar el contenido del texto.

- Realizar **ANOTACIONES** durante la lectura: *ideas importantes, opiniones, etc*.

- Repasar al final de la lectura las anotaciones y elaborar un **ESQUEMA DE LAS IDEAS MÁS IMPORTANTES** por medio de un **orden jerárquico**.

- Emitir una **OPINIÓN CRÍTICA**, justa e neutral, sobre el texto.

Es beneficioso acostumbrase a elaborar **reseñas de los libros que se leen**. Para ello resulta práctico un FICHERO DE LECTURA con una **ficha de cada libro leído**, en la que se archiva toda la **información** que resulte **útil** para un **posible trabajo**.

En la **FICHA DE LECTURA** pueden aparecer: las **referencias bibliográficas** (*nombre del autor, título del libro, editorial, año y lugar de edición, datos del autor, otros libros publicados, etc.*), un **resumen** del libro leído, **citas** de determinados pasajes, **comentarios personales** sobre el libro, el **autor** o la **materia**, y posibles **referencias críticas** realizadas por otros autores.

MANUEL ALCANTARILLA MADRID

La existencia fantástica. Aproximación a "Sombras de Luces". Alcazaba. Zaragoza. 1979.
Este ensayo del doctor Alcantarilla Madrid constituye una esclarecedora aproximación a Sombras de Luces, de María Llanos Puerta. La tesis que defiende el autor es que todo lo que aparece en la obra escénica alude a algún personaje o suceso ocurrido en la realidad. Alcantarilla Madrid lo prueba ampliamente: la "esencia" de los personajes se desvela y gran parte de los contenidos del diálogo adquieren una visión nueva y distinta. Además, la obra es una reconstrucción de la vida campestre del siglo XVIII.

5.2.2 REDACCIÓN DE TEXTOS ESCRITOS

Una vez fijados los contenidos del trabajo, se debe procurar que la **REDACCIÓN** del texto sea **CORRECTA**, **CLARA** y **VARIADA**.

Hay que tener **especial atención al LÉXICO** que se emplea, el **ORDEN** de las palabras en las oraciones, a la **CONCORDANCIA** entre los distintos elementos oracionales y la **ORGANIZACIÓN** de los párrafos.

¿SABÍAS QUE...?

El **texto** debe ser **adecuado** a la **finalidad** que se persigue, **coherente** en la presentación de las ideas, y que los distintos **elementos gramaticales** estén **cohesionados** y **relacionados** perfectamente.

5.2.3 LAS PALABRAS EN EL TEXTO

UTILIZAR el **léxico** de un **modo preciso. Las PALABRAS son las herramientas para transmitir las ideas**. Las **palabras** deben ser empleadas **con precisión** y **claridad**. Los **conceptos** expresados también serán **precisos** y **claros**.

Hay que **tener en cuenta** que:

- EMPLEAR solo PALABRAS CUYO SIGNIFICADO SE CONOZCA CON CERTEZA.
- Preferible utilizar VOCABLOS SENCILLOS que erróneamente palabras más cultas.
- EVITAR los TÓPICOS y las FRASES HECHAS que impiden la originalidad del texto.
- Elegir las PALABRAS ADECUADAS al REGISTRO IDIOMÁTICO.
- Procurar utilizar SINÓNIMOS que dan variedad al texto. Los sinónimos elegidos se deben ajustar al concepto que se quiere expresar.
- EVITAR las PALABRAS BAÚL (*palabras que se emplean constantemente y en cualquier contexto por su amplio significado: hacer, haber, poner*).
- USAR PALABRAS ÚNICAS en lugar de circunloquios o grupos de palabras.
- CUIDADO con las PREPOSICIONES. Cada vez es más frecuente el empleo de locuciones prepositivas incorrectas.

5.2.4 EL ORDEN DE LAS PALABRAS EN LA ORACIÓN

El **ORDEN** de los ELEMENTOS ORACIONALES puede ser **LÓGICO** o **PSICOLÓGICO**. El **primero** sería el formado por **SUJETO + VERBO + COMPLEMENTOS (CD, CI, CC)**, sin embargo, este tipo de construcción se altera por criterios psicológicos: *el tema o la información relevante ocupa una posición destacada dentro de la oración.*

5.2.4.1 Algunos casos en el cambio del orden

- ANTEPOSICIÓN del VERBO al SUJETO: *Ha acontecido algo espantoso.*
- ANTEPOSICIÓN del CD o del CI y su repetición en forma pronominal: *A tu tío lo vio ayer. ¡A vosotros os van a hacer ellos un regalo!*
- ANTEPOSICIÓN del CC: *Ayer vinieron mis abuelos: El miércoles es la prueba.*

■ A VECES los ELEMENTOS ANTEPUESTOS aparecen destacados del resto de la oración mediante PAUSAS: *Esta planta, ¿a quién puede gustar?*

■ ANTEPOSICIÓN del CD transformando la oración en PASIVA: *El chocolate fue tomado por los niños.*

■ Aparición AL PRINCIPIO de la oración de la NUEVA INFORMACIÓN que se añade: *Tres años hace que se fue, no uno.*

5.2.5 CONCORDANCIA DENTRO DE LA ORACIÓN

La **CONCORDANCIA** radica en la **coincidencia de los accidentes gramaticales entre ciertos elementos de la oración**.

¿SABÍAS QUE...?

Las **principales relaciones de concordancia** se producen entre **sustantivo y artículo, sustantivo y adjetivo, sujeto y verbo, pronombre relativo y antecedente**.

5.2.5.1 Casos especiales que originan dudas o errores

■ Ante **sustantivos femeninos singulares que empiezan por a tónica, se emplea el artículo masculino** (*el agua*), pero se recobra el femenino cuando es plural (*las aguas*), ante sustantivos invariables (*la árabe*) o si se intercala otro elemento (***la pequeña membrana***). Los demás determinantes irán en femenino (*esa agua*).

■ Los **adjetivos** que se refieren a **más de un sustantivo deben concertar en plural**. *El ropaje y el pensamiento renacentistas.*

■ Si los **adjetivos** pertenecen a **diferente género** es **recomendable** la **concordancia** en **masculino**. *La pintura y el pensamiento renacentistas.*

– Los adjetivos que se refieren a tratamientos honoríficos concuerdan en género de acuerdo al sexo real de la persona designada. *Su ilustrísima estará cansado.*

241

– Si el sujeto esta constituido por varios infinitivos sin que les preceda un artículo, el verbo irá en singular. *Bailar y viajar es su pasión*.

– Los sustantivos colectivos y partitivos en singular concuerdan con el verbo en singular. *La cuadrilla de amigos se congregaba frecuentemente*.

– El pronombre relativo debe concordar con el antecedente, y si el pronombre relativo actúa como sujeto de la oración subordinada adjetiva, el verbo deberá concordar con el pronombre relativo. *Es él el que se confunde*.

– Los pronombres personales en función de CD y CI deben concordar en género y número con los sustantivos a los que se refieren. *Les darán una sorpresa a sus tíos*.

5.2.6 EL PÁRRAFO

Un **PÁRRAFO** está formado por un CONJUNTO DE ORACIONES CONECTADAS ENTRE SÍ, que desarrollan una **idea** o **aspecto del contenido** del texto. Las **oraciones** obtienen un **significado común** dentro del **párrafo**, complementándose y determinándose unas a otras **con el fin de aclarar la idea principal** de cada **párrafo**.

Se comienza un **nuevo párrafo** cuando se va a **ofrecer una información diferente** sobre la cuestión, o se va a estudiar desde otro punto el tema tratado.

Un párrafo debe reunir las siguientes **CONDICIONES**:

■ **UNIDAD**. **Integración de todas las ideas del párrafo alrededor de una idea central**. Esta puede estar **explícita**, y así emergerá en la oración temática, o **implícita**, y se desglosará del contexto.

■ **DINAMISMO**. **Desarrollo informativo a lo largo del párrafo**. Si todas las oraciones del párrafo dicen lo mismo, aunque de forma distinta, no hay progresión, no hay dinamismo.

■ **COHERENCIA**. **Relación** que se produce **entre** las **oraciones** de un **párrafo**.

■ **FUNCIONALIDAD**. **Papel que desempeña el párrafo** respecto a los otros párrafos y respecto a la estructura global del texto.

¿SABÍAS QUE...?

Según su **FUNCIÓN**, los párrafos pueden ser principalmente de **INICIO** (*sirven para **introducir** en el **tema** del texto*); de **DESARROLLO** (*se **profundiza** en los **contenidos** sobre los que trata el tema del texto*); y de **FINALIZACIÓN** (*sirven para **cerrar** el texto*).

Según la **FORMA DE ELOCUCIÓN** empleada, los párrafos pueden ser **narrativos, descriptivos, expositivos** o **argumentativos**.

5.2.7 PRESENTACIÓN DE TEXTOS

Independientemente del tipo de trabajo de cual se trate, la **PRESENTACIÓN** es **primordial**, ya que un trabajo mal presentado influye negativamente en la valoración que el lector haga del mismo.

Se debe tener en cuenta:

- El trabajo, realizado preferentemente en ordenador, solo **se imprimirá por una cara.**
- Los **diferentes tipos de letra** (*redonda, cursiva, negrita, mayúscula, etc.*) deben **utilizarse adecuadamente**.
- Deben quedar muy **claras** las **separaciones** de apartados y capítulos.
- Hay que dejar **amplios márgenes** en los cuatro lados de la página.
- Las **páginas** irán **enumeradas** para facilitar la confección de **índices**.
- Deben aparecer **elementos complementarios** como *citas, notas, bibliografías, índices, etc.*

5.2.7.1 Recursos de presentación

La **presentación de un trabajo** debe **ayudar a** que el **contenido** sea **más atractivo** por su **claridad** y **organización**. Los trabajos presentados de un modo inconveniente condicionan de antemano la valoración que de ellos haga el lector. La **sencillez** y **limpieza** favorecen su lectura y comprensión.

Por ello se ha **generalizado** el uso de los **PROCESADORES DE TEXTO**. Son de **gran ayuda en la elaboración y presentación de escritos**: *diferentes formatos, tablas, columnas, encabezamientos y pies de página, interlineado, tipo y cuerpo de letra, márgenes, etc.*

5.2.7.1.1 Diseño del documento

Se tiene que elegir el TIPO DE LETRA que se va a utilizar, si es un **MANUSCRITO** o se emplea un **PROCESADOR DE TEXTO** que es actualmente lo más utilizado. Si es un **manuscrito** se utilizará **diferentes clases de letras** según convenga: *El texto general, títulos, comentarios, expresiones a destacar, numeraciones, etc.* En el **Procesador de Textos** aparece un gran **muestrario de fuentes** (*clases de letras*) y *tamaños* (Arial, Comic Sans Ms, Times New Roman, Courier, Tahoma...).

Como **orientación**:

- **Redonda**. Empleada normalmente para componer el texto general.
- **Cursiva**. Suele emplearse en los títulos de obras y composiciones, en palabras extranjeras, en comentarios de diálogos teatrales, en partes del texto que se quieren destacar y en los seudónimos.

- **Negrita**. Principalmente en títulos y subtítulos, palabras o expresiones que se desean destacar.
- **Versal**. Se emplea según las normas de uso de las letras mayúsculas.
- **Versalita**. Se emplea esencialmente en la numeración romana de los siglos (SIGLO XVIII) y en nombres de los personajes de obras teatrales.

5.2.7.1.2 Párrafos

Se tiene que elegir el **TIPO DE PÁRRAFO** según la **sangría**, determinar el tipo de **alineación** y el **interlineado**. Los **márgenes** habituales pueden ser 2,5 cm en todos los lados de la página.

En párrafos de dos o más líneas se debe **evitar** que quede **sola al final de una página la primera línea de párrafo** (*línea viuda*); **o** que quede **sola la última línea del párrafo** al inicio de la página siguiente (*línea huérfana*). El **Procesador de Textos realiza este control** automáticamente **si se selecciona** previamente esta **opción**.

Según la **sangría**, el párrafo puede ser: **ordinario** (*sangría en la primera línea*), **francés** (*sangría en todas las líneas de párrafo excepto la primera*); o **moderno** (*no lleva ninguna sangría*).

5.2.7.1.3 Apartados y títulos

Los **APARTADOS y SUBAPARTADOS** en los trabajos escritos sirven para **estructurar las partes** de un texto. Deben estar marcados claramente y que la jerarquización de las ideas sea nítida.

El **Procesador de Textos** permite elegir el **modelo de división** de apartados que se desea. Las divisiones pueden establecerse de manera automática con **números, letras** o **viñetas.**

Los **apartados** y **subapartados** pueden **organizarse** con *números arábigos correlativos*, también pueden **subdividirse** con *letras, numerales ordinales o números romanos*.

 **¿SABÍAS QUE...?**

Los **TÍTULOS y SUBTÍTULOS** de un escrito sirven para **encabezar el contenido** del texto. Deben ser **breves** y **precisos**.

Se debe tener **en cuenta** en los **TÍTULOS** y **SUBTÍTULOS** que:

- Deben **destacar por su tipo letra** (*diferente al resto del escrito*). Pueden escribirse en negrita, cursiva o versalita, pero con la misma fuente que se haya elegido para el resto del texto (*Arial, Time, etc.*).
- **No** se debe escribir **punto al final** del título.
- Los títulos están **separados del texto por un interlineado más amplio** que el que tiene las líneas dentro del párrafo.

5.2.7.1.4 Página de presentación

La **PORTADILLA** es la **primera página impresa** de un trabajo escritor, ***no* se debe *confundir* con la portada** o ***cubierta***. En ella solo aparece el **título general** y el nombre del **autor**.

Para **realzar el título** se puede emplear el cuerpo y tipo de letra, color o **cualquier** otro **efecto que sirva para destacar** y **llamar la atención**. Se debe evitar la ornamentación, innecesaria en el trabajo de investigación y se debe tender a la **sencillez**.

Alfredo Fernández Porras

EL ARTE DE LAS 28 PIEDRAS

Tratado del dominó contemporáneo
1ra. edición revisada y ampliada

5.2.7.2 Elementos complementarios

En la realización de trabajos de investigación es indispensable la utilización de algunos **elementos necesarios** en las fases previas a la redacción y cuya inclusión en el trabajo puede resultar conveniente. Son elementos que *aclaran las fuentes, añaden informaciones, informan de la organización del trabajo, etc.*

5.2.7.2.1 Fichas de lectura

La **información obtenida para realizar el trabajo**, es necesaria que aparezca **ordenada** de una forma clara y manejable, por lo tanto, los **FICHEROS**, son muy útiles. *Se pueden crear ficheros bibliográficos, de lectura, temáticos, de ideas, de citas, etc.*

Los FICHEROS DE LECTURA resultan muy prácticos ya que recogen una **ficha de cada libro** que se ha leído, e incluyen **información** que pueda ser **necesaria** para la **elaboración del trabajo**.

Deben **incluir**:

- **Referencias bibliográficas**: *nombre del autor, título del libro, editorial, año y lugar de edición.*

- **Información acerca del autor**: *otras publicaciones, datos relevantes sobre su vida personal o profesional, pensamiento, etc.*

- **Resumen** del libro.

- **Fragmentos** del libro que pueden ser citados en el trabajo.

- **Comentarios personales** sobre el libro leído, sobre el autor o sobre el tema que se va a desarrollar.

- **Otros aspectos** relacionados con el libro, con el autor o con el tema.

En el fichero TEMÁTICO aparecen **fichas ordenadas por temas comunes** encontrados en distintas lecturas. Se redacta una ficha que tenga el **tema** y contenga un **resumen** que indique dónde encontrar información necesaria para un trabajo determinado. Describir con precisión las referencias bibliográficas.

Las fichas de CITAS son útiles para **recuperar fácilmente las citas** que pueden integrarse como parte del trabajo. **Reproducir fielmente el texto** que se va a citar. **Contienen**:

- Nombre del autor
- Nombre del libro
- Editorial
- Fecha
- **Copia exacta de la frase o del párrafo**
- Una palabra clave en el extremo superior que indica el tema de la cita

Las **FICHAS** deben presentar una **letra clara**, estar escrita **por una sola cara**. **Destacar los aspectos más relevantes**. Los **ficheros** deben ser **intercambiables** para variar el orden al añadir nuevas informaciones. Es conveniente emplear **palabras-clave sencillas** para facilitar la búsqueda.

5.2.7.2.2 Esquemas

El ESQUEMA sirve para **expresar mediante una estructura gráfica las ideas fundamentales de un texto**. Con un buen esquema se puede asimilar la **relación jerárquica entre las ideas** de una manera visual y fácil. El esquema debe basarse en un buen **subrayado** previo. Se trata de **seleccionar las ideas básicas e importantes** de un texto, **expresarlas en pocas palabras y organizarlas de un modo claro y sintético**.

El ESQUEMA DE LLAVES un uno de los más empleados. Otro tipo de esquema es el ESQUEMA NUMÉRICO.

5.2.7.2.3 Prólogo

El **PRÓLOGO** es el **texto que antecede** al cuerpo del trabajo. **Se presenta al autor y se explica la idea** que se expresa en el trabajo.

Otras modalidades de textos previos son: La **Presentación**, La **Introducción** o La **Nota Preliminar**.

5.2.7.2.4 Citas y notas bibliográficas

Es habitual que en los trabajos **se citen textos de autores con el fin de sustentar algunas de las ideas expuestas**. Los fragmentos citados no suelen tener demasiada extensión. Es indispensable que se anoten **de forma clara el autor y** la **fuente** de la cita.

Las CITAS que hagan referencia a un **LIBRO** deben puntualizar al menos los siguientes **datos**:

- Apellido y nombre del **autor**.
- **Título del libro**. Si el trabajo se presenta a mano, el título se subrayará, sí es mecanografiado, en letra cursiva.
- Nombre de la **editorial**.
- **Ciudad** donde se ha realizado la **edición**.
- **Año** de la **edición**.
- **Página** en que **se encuentra** el **fragmento** citado.

A. M. MAYOR: *España en la luz*. Soria. Castillo. 2001, p. 201.

Si el **fragmento** pertenece **a una REVISTA o** a un **PERIÓDICO**, deberá aparecer el **título** del artículo entre comillas, **el nombre** de la revista o periódico en cursiva, el **número** *(en las revistas)* y la **fecha de aparición**.

La **CITA** del fragmento **se puede hacer**:

■ Dentro del texto, entre comillas y con un número volado *(superíndice)* al lado para citarlo a pie de página:

... se encontraron, "la playa mostraba su esplendor y ellos se embelesan en su belleza"[9].

[9] ARLT, M: *Playa Maravillas*. Guadalajara. Ed. Coraza. 2000, p. 95.

■ En un párrafo aparte sin comillas.

Pasaron al banquete de los cien premiados. [3]

[3] X. BC: *Los recuerdos*. Sevilla. Ed. Mus. 1995, p. 35.

Las NOTAS son advertencias o explicaciones que se hacen al texto. Pueden ir colocadas al margen, al pie de página o al final del trabajo.

TIPOS DE NOTAS

■ De **COMPROBACIÓN**. Sirven para **informar** de las **fuentes de información** de un concepto.

■ De **AMPLIACIÓN**. Incluyen **información específica sobre el tema**, pero **secundaria respecto** al **contenido del trabajo**.

■ De **CLASIFICACIÓN**. **Explican conceptos** no incluidos en el texto.

■ De **SUGERENCIA**. Si **relacionan** los **contenidos con otros temas**.

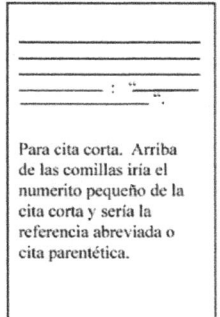

Para cita corta. Arriba de las comillas iría el numerito pequeño de la cita corta y sería la referencia abreviada o cita parentética.

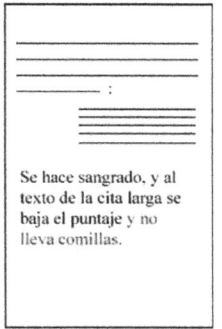

Se hace sangrado, y al texto de la cita larga se baja el puntaje y no lleva comillas.

Las **NOTAS se indican con una llamada** tras la palabra o frase señalada para hacer una aclaración. El número o signo que figura en la llamada se repite en la nota. Seguidamente, aparece el texto de la nota. **Las notas pueden señalarse con letras, asteriscos o números volados** (*superíndice*).

La **colocación** más frecuente es **a pie de página**. Las notas a pie de página se separan del resto del texto mediante una línea fina o una línea en blanco. Si la nota es muy larga y no cabe en la página, se continúa en la página siguiente.

El **Procesador de Textos permite insertar notas** con números. Estas notas pueden situarse al final de página o al final del documento. La colocación la realiza automáticamente el ordenador.

5.2.7.2.5 Bibliografía

Al final del trabajo se debe incluir una **LISTA DE TODOS LOS LIBROS y ARTÍCULOS** que se hayan consultado para realizarlo. Los datos bibliográficos se ordenan **alfabéticamente por autores**. La **bibliografía** debe aparecer **antes de** los **índices**.

5.2.7.2.6 Documentos electrónicos

Actualmente, entre el material utilizado como fuente documental hay DOCUMENTOS ELECTRÓNICOS. En este caso, se incluirá la **siguiente información**:

- **Autor** o **entidad** responsable del contenido.
- **Título**.
- Tipo de **soporte**: *en línea, CD-ROM...*
- **Edición** y **lugar** de **publicación**.
- **Editor** o **editorial** y **fecha** de publicación
- **Acceso**: *dirección electrónica*.

5.2.7.2.7 Glosario

El **GLOSARIO** es una **recopilación** de términos, en el que **se incluyen palabras o expresiones** que **precisan** de una **aclaración**. Puede ir **delante o detrás de la Bibliografía**. Fundamentalmente aparece en trabajos que involucran la utilización de una terminología técnica que puede resultar confundida para el receptor común.

5.2.7.2.8 Apéndices e índices

Puede incluirse al final del trabajo los APÉNDICES, que son **textos anexos que refuerzan el texto principal**: *listas, textos complementarios, informaciones adicionales, etc.*

Por último, aparecen los ÍNDICES que ayudan al lector a **encontrar** las **páginas** en que **se cita** o **se trata una información concreta**:

- **ÍNDICES DE CAPÍTULOS**. En orden los capítulos y epígrafes desarrollados.
- **ÍNDICES ALFABÉTICOS**. Presentan en orden los nombres propios o las materias.
- **ÍNDICES CRONOLÓGICOS**. Presentan en orden las fechas y sucesos que se citan en el trabajo.

EJERCICIOS →

■ **1.** A qué se llama "tratamiento de la información".

■ **2.** Realícese un resumen sobre la comprensión de un texto.

■ **3.** Realícese un resumen sobre la redacción de textos escritos.

■ **4.** Realícese un resumen sobre la presentación de textos.

5.2.8 EL PROCESADOR DE TEXTOS

¿SABÍAS QUE...?

Un PROCESADOR DE TEXTOS es una **aplicación informática que permite crear y desarrollar documentos escritos.**

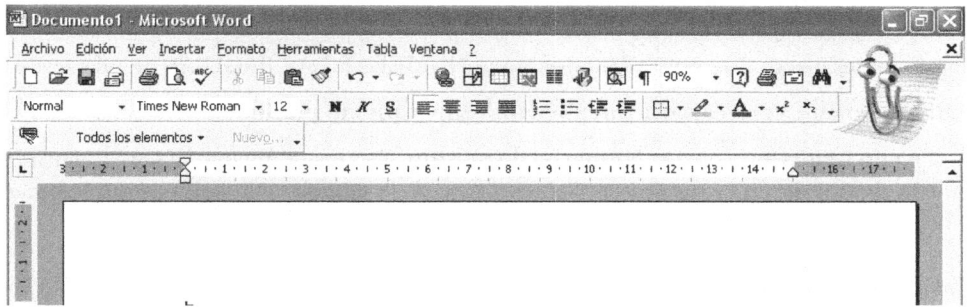

Los **PROCESADORES DE TEXTOS** se tratan de **programas informáticos** que permiten **escribir** un **texto** determinado. El texto se **visualiza** y se **trabaja** en la **pantalla del ordenador**; y solo cuando se considera que el trabajo está completamente finalizado, **se imprime**.

Este tipo de programas permite, **asimismo, conseguir una presentación adecuada del trabajo**, pues posibilita el justificar márgenes, centrar los títulos, utilizar diferentes tipos de letras y realizar sin esfuerzo las correcciones necesarias.

Al **ABRIR** la aplicación aparece en la pantalla una **página en blanco** y unas **barras** con una serie de **botones** que, al ser pulsados, permiten realizar diversas tareas relativas a la **composición** de textos.

Estas **barras** son: La **Barra de menús** (*Archivo, Edición, Ver, Insertar, Formato, Herramientas, Tabla, Ventana, Ayuda*), La **Barra de Herramientas** (*nuevo, documento en blanco, abrir, guardar, correo electrónico, imprimir, vista preliminar, ortografía y gramática, cortar, etc.*) y la **Regla**.

5.2.8.1 Configurar página

El procesador de textos permite **configurar la página** en la que se trabaja, es decir, establecer en ella los siguientes elementos:

- Los **márgenes**: *superior, inferior, izquierdo y derecho.*
- El espacio dedicado al **encabezamiento** y el **pie de página**.
- La **orientación** y el **tamaño** del **papel**.

Para ello, se debe pinchar en el menú **Archivo**, seleccionar **Configurar página** y **elegir** ahí la **opción** correspondiente.

5.2.8.2 Encabezado y pie de página

El **ENCABEZADO** y el **PIE** de página son espacios en blanco que aparecen, respectivamente, en la **parte superior** e **inferior** de un escrito. Pueden contener **información visual** (*gráficos, logotipos*) y **textual** (*títulos, numeración de las páginas, autor, notas, etc*).

Para crear estos dos espacios, se debe desplegar el menú **Ver** y seleccionar la opción **Encabezado y pie de página**. Aparecerá entonces una **barra de herramientas** que permite insertar automáticamente datos como *la fecha, la página, el nombre del archivo...*

5.2.8.3 Numeración de páginas y de líneas

El procesador de textos ofrece **dos posibilidades para** NUMERAR LAS PÁGINAS de un escrito.

- Seleccionar en el menú **Ver** la opción **Encabezamiento y pie de página**.

- Elegir en el menú **Insertar** la opción **Números de página**. En la ventana que se abre a continuación, se puede determinar la **posición** (*en la parte superior o inferior de la página*) y la **alineación** (*izquierda, centrada o derecha*) del número.

Para NUMERAR LAS LÍNEAS de un texto, se debe **seleccionar** primero **con** el **cursor**, después, en el menú **Archivo**, elegir la opción **Configurar página** y aquí, pinchar la pestaña **Diseño de página** y marcar **Números de línea**. Se puede escoger entre numerar todo el documento o solo una parte.

5.2.8.4 Símbolos e imágenes

Para incluir elementos visuales en un documento, se elige en el menú **Insertar** estas opciones:

- **Símbolos**. Son elementos tipográficos (*fuentes especiales, flechas, cuadratines, pictogramas, números...*) cuyo tamaño (*cuerpo*), estilo y color puede ser modificado.

- **Imágenes**. Desde esta opción se puede incluir **Gráficos** e **Imágenes prediseñadas**. Si se desea incluir una **imagen propia**, se tiene que archivar previamente; si se trata de una **imagen escaneada**, se debe seleccionar **Desde escáner.**

5.2.8.5 Las fuentes

Las **fuentes** son las distintas **familias tipográficas** de letras: Arial, Comic Sans Ms, Courier, Times New Roman, etc. El Procesador de textos ofrece un amplio repertorio de fuentes para utilizar la más adecuada a cada tipo de escrito.

Si se selecciona en el menú **Formato**, la opción **Fuente**, además de cambiar la familia tipográfica, se puede modificar estos otros aspectos de la letra:

- El **estilo de letra**: *cursiva*, **negrita**, ***cursiva negrita***...

- El cuerpo o tamaño de la letra 10

- Los efectos sobre la letra: subrayado, VERSALITA, ~~tachado~~, ~~doble tachado~~, contorno, subíndice$_1$, y superíndice^2...

- El color de la letra

En la mayoría de los casos los cambios pueden realizarse desde los **botones** de la **barra de herramientas de Formato**.

Para realizar cualquier cambio sobre las letras, hay que **seleccionar previamente el texto** que se va a modificar, aunque en algunos casos basta con situar el cursor sobre la palabra.

5.2.8.6 Efectos tipográficos

El Procesador de textos ofrece diversos **efectos tipográficos** para **resaltar** elementos de un texto, como los títulos.

Pulsar el botón **WordArt** que aparece en la barra Dibujo, seleccionar en la **Galería de WordArt** el **estilo** que se prefiere, a continuación, **escribir el texto** que se desea resaltar e insertarlo en el documento pulsando **Aceptar**.

Cada vez que se sitúa el cursor sobre el texto de WordArt que se ha insertado, aparecerá la **barra de herramientas**.

Pulsando los **botones** se puede **cambiar el estilo de WordArt** seleccionado, el color de la letra y la sombra, la alineación y posición del título, rotar las letras... hasta obtener un título que se desee.

5.2.8.7 Párrafos y columnas

Los escritos se constituyen en PÁRRAFOS cuyo formato puede **definirse** cuando se inicia el documento o **modificarse** según se avanza en la redacción.

Para establecer las características de los párrafos, se debe seleccionar en el menú **Formato** la opción **Párrafo**. En la ventana que se abre a continuación se puede determinar la **alineación** *(izquierda, centrada, derecha, justificada)*; la **sangría**, es decir, el espacio en blanco que se deja al inicio de las líneas de un texto; el **interlineado**, o sea, el espacio entre líneas y el **espaciado** entre párrafos.

Igualmente, los párrafos que componen un texto pueden distribuirse en COLUMNAS. Para ello, se debe seleccionar en el menú **Formato** la opción **Columnas**. Se abrirá entonces una ventana en la que se puede elegir distintos tipos de columnas *(una, dos, tres, izquierda, derecha)*.

5.2.8.8 Numeración y viñetas

La **inserción de números** o de **viñetas** en un documento permite **destacar** un **párrafo** o presentarlo como una **secuencia**.

- Se selecciona en el menú **Formato** la opción **Numeración y viñetas**. En la ventana que se abre pueden elegirse entre **Viñetas, Números** o **Esquema numerado**.

- Una vez elegida la opción, se puede seleccionar las viñetas, las letras o los números predeterminados, situándose sobre uno de ello, pulsar **Personalizar** para modificar el color, el tamaño, la posición en el texto, etc.

Si se tiene a la vista la barra de **Formato**, se puede activar las viñetas o los números pulsando el **icono** correspondiente.

5.2.8.9 Cuadros de texto

Los CUADROS DE TEXTO son **espacios definidos** por el usuario en una **página**. Para incluir un cuadro de texto, seleccionar en el menú **Insertar** la opción **Cuadro de texto** o pinchar el botón correspondiente en la **Barra de dibujo**.

Los botones de la **Barra de dibujo** permiten designar al cuadro **fondos** o **líneas** de color, **bordes** de distinta forma y **grosor, sombras**...

Si lo que se desea es **modificar** el **formato** del texto incluido, **pinchar el cuadro** y seleccionar en el menú **Formato** la opción **Cuadro de texto**.

5.2.8.10 El corrector gramatical

El procesador de textos permite **corregir la gramática** de un escrito.

Si se desea tener **activada siempre** la **corrección gramatical**, seleccionar en el menú **Herramientas** la palabra **Opciones**, elegir **Ortografía y gramática** y marcar **Revisar gramática mientras se escribe**.

Para revisar la gramática de un **escrito concreto** y obtener **sugerencias de corrección**, seleccionar el texto, elegir en el menú **Herramientas** la opción **Ortografía y gramática** y marcar **Revisar gramática**.

5.2.8.11 Sinónimos

El procesador de textos permite **localizar sinónimos** de una palabra. Para ello, se debe **seleccionar el término** que se desea sustituir y elegir en el menú **Herramientas** la opción **Idioma**, y dentro de ella, **Sinónimos**.

Un método más rápido consiste en pulsar la combinación de teclas **Mayúsculas + F7** o **seleccionar la palabra**, botón **secundario** del ratón, **Sinónimos** y **elegir** el que se desee.

Hay que recordar que los **sinónimos dependen del contexto** y que, por tanto, no basta con elegir uno cualquier, sino que ha de corresponder al **sentido** que el término tiene en el **texto**.

EJERCICIOS

■ **1.** Trabájese con el Procesador de textos en el siguiente documento.

■ **EL BUSCON**. Nace en Segovia, su madre y su padre son delincuentes. Interviene en travesuras infantiles y entra al servicio del joven Diego Coronel. Viven por razones de estudio en casa del licenciado Cabra, que los mata de hambre. Marcha D. Diego a estudiar a Alcalá y Pablos lo acompaña como criado. El desgraciado Pablos, aleccionado por la dureza de su vivir, se transforma en pícaro y realiza hurtos menores. Recibe una carta de su tío, el verdugo de Segovia, comunicando le que ha ahorcado a su padre, va allá a cobrar su herencia. *Quevedo* retrata el abominable modo de vivir del verdugo. Con los dineros cobrados, Pablos marcha a Madrid, a medrar a costa del prójimo. Ingresa en una cofradía de falsos mendigos y ladrones. Va a la cárcel, de la que se libra comprando a la justicia. Enamora a una muchacha de algunos recursos económicos, pero resulta ser prima de Diego Coronel, al reconocer este a Pablos, hace que lo apaleen. Se hace actor, va a Sevilla, vive del juego haciendo trampas. Una noche se emborracha con sus amigos y matan a un agente de la justicia. Se ocultan en una iglesia y ahí termina la novela, cuando el BUSCON se dispone a marcharse a América. Quevedo comenta: " y fuele peor, pues nunca mejora su estado quien muda solamente de lugar y no de vida y costumbres.

■ **LA VIDA ES SUEÑO**. Al nacer príncipe *Segismundo*, el horóscopo ha vaticinado que, derrocando a su padre el rey Basílio de Polonia será un tirano del pueblo. Para evitar que el vaticidio se cumpla, el rey lo hace encerrar en una torre. Pero, ante el temor de haberse equivocado, ordena que, narcotizado, se le traslade a palacio, y sea tratado como un rey. La prueba fracasa: Segismundo mata a un criado, y amenaza a Basilio y a los cortesanos. Es devuelto a la torre, donde piensa que todo ha sido un sueño, excepto Rosaura, de quien se ha enamorado. El pueblo quiere hacer le rey, y Segismundo, liberado, se pone al frente de una sublevación contra su padre, pero escarmentado con su experiencia anterior, toma aquello como un sueño y decide obrar bien como le ha enseñado su maestro Clotario. Vence a Basilio pero le perdona la vida, renuncia a Rosaura para que se case con Astolfo que la había deshonrado, contrae matrimonio con Estrella y ordena encerrar en la torre al soldado que dirigió la sublevación a favor suyo, "que el traidor no es menester, siendo la traición pasada". Todos admirarán su prudencia.

■ **EL ESTUDIANTE DE SALAMANCA**. Narra los crímenes e impiedades de don Félix de montemar, cuya amada, Elvira, abandonada por él, muere de pesar. Una noche se le aparece, él la persigue por las calles de Salamanca y en una nueva visión, contempla burlón su propio entierro. En la mansión de los muertos, se desposa con el esqueleto de Elvira, y muere sin contrición. S. XIX.

5.3 PRESENTACIÓN DE LOS TEXTOS RESPECTO A LAS NORMAS GRAMATICALES, ORTOGRÁFICAS Y TIPOGRÁFICAS

A la hora de **presentar un texto**, **no** hay que **olvidar** que se deben respetar los **Principios Básicos de las Normas Gramaticales, Ortográficas, y Tipográficas**. Un escrito con faltas de ortografía se mengua, pierde valor.

La **presentación de un trabajo** debe **ayudar a** que el **contenido** sea **más atractivo** por su **claridad** y **organización**. Los trabajos presentados de un modo inconveniente condicionan de antemano la valoración que de ellos haga el lector. La **sencillez** y **limpieza** favorecen su lectura y comprensión.

Por ello se ha **generalizado** el uso de los **PROCESADORES DE TEXTO**. Son de **gran ayuda en la elaboración y presentación de escritos**: *diferentes formatos, tablas, columnas, encabezamientos y pies de página, interlineado, tipo y cuerpo de letra, márgenes, etc.*

La **GRAMÁTICA** constituye la parte de la Lingüística en la que se estudia la **regularidad de las unidades lingüísticas, su relación** y **funciones** dentro de una lengua determinada. La Gramática incorpora una **orientación normalizada** al señalar las construcciones y formas lingüísticas **correctas** frente a las no admitidas. Los estudios gramaticales de una lengua se complementan con los lexicales que contemplan las unidades léxicas. Es la Gramática el **arte de hablar** y **escribir correctamente** una lengua.

La **ORTOGRAFÍA** es la parte de la Gramática, que enseña a **escribir correctamente** por el acertado empleo de las letras y de los signos auxiliares de la escritura. Son las Normas Ortográficas.

Respecto a la **TIPOGRAFÍA** *(impresión)* tener presente que también es trascendental una **Portada atractiva** en la presentación de un trabajo, una **letra clara** si es un manuscrito, **separación en capítulos** del trabajo y **epígrafes** *(títulos)*, utilizar **diferentes tipos de letras**: *para el propio texto, los títulos, subtítulos...*

Se debe tener en cuenta:

- El trabajo, realizado preferentemente en ordenador, solo **se imprimirá por una cara.**
- Los **diferentes tipos de letra** (*redonda, cursiva, negrita, mayúscula, etc.*) deben **utilizarse adecuadamente**.
- Deben quedar muy **claras** las **separaciones** de apartados y capítulos.
- Hay que dejar **amplios márgenes** en los cuatro lados de la página.
- Las **páginas** irán **enumeradas** para facilitar la confección de **índices**.
- Deben aparecer **elementos complementarios** como *citas, notas, bibliografías, índices, etc.*

 **IMPORTANTE**

Tener en cuenta lo aprendido en este tema, en los anteriores y especialmente, en cuanto a Ortografía, el punto "Uso de las reglas de Ortografía" del tema 2.

EJERCICIOS

1. Realizar un trabajo escrito sobre un tema y posteriormente exponer oralmente dicho trabajo.

SÍGUENOS EN INSTAGRAM Y ACCEDE GRATIS A NUESTRA BIBLIOTECA DIGITAL DURANTE 30 DÍAS.

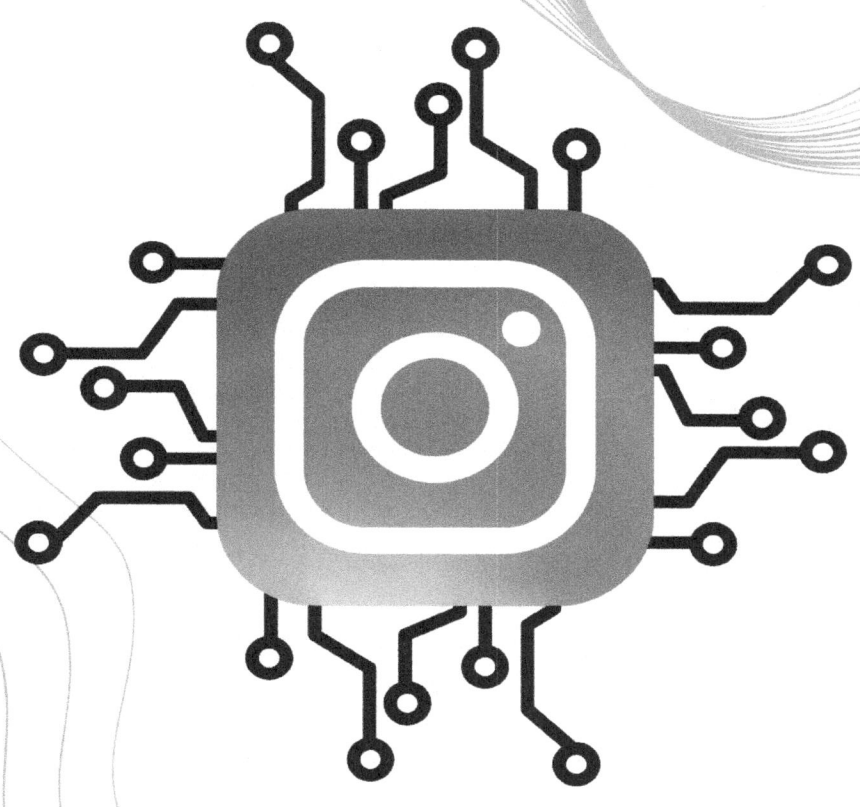

@grupoeditorialrama

¡ENVIANOS TU MAIL POR PRIVADO!

Grupo Editorial
ra-ma

40 ANIVERSARIO

OSÉ
ANTONIO
PAGOLA

PASTORAL **R** RENOVADA

LOS RELIGIOSOS EN LA IGLESIA

PPC